名幕循吏
汪辉祖系年评传

九州出版社
JIUZHOUPRESS

图书在版编目（CIP）数据

名幕循吏汪辉祖系年评传 / 廖小勤，冉华森著. -- 北京 : 九州出版社，2023.9

ISBN 978-7-5225-2244-9

Ⅰ. ①名… Ⅱ. ①廖… ②冉… Ⅲ. ①汪辉祖（1731-1807）—评传 Ⅳ. ①K827=49

中国国家版本馆 CIP 数据核字（2023）第 190448 号

名幕循吏汪辉祖系年评传

作　　者　廖小勤　冉华森　著
责任编辑　沧　桑
出版发行　九州出版社
地　　址　北京市西城区阜外大街甲 35 号（100037）
发行电话　（010）68992190/3/5/6
网　　址　www.jiuzhoupress.com
印　　刷　唐山才智印刷有限公司
开　　本　710 毫米 ×1000 毫米　16 开
印　　张　17.75
字　　数　300 千字
版　　次　2024 年 3 月第 1 版
印　　次　2024 年 3 月第 1 次印刷
书　　号　ISBN 978-7-5225-2244-9
定　　价　78.00 元

记述坎坷人生，再现学人风骨（代序）

冉华森先生嘱托我为其《汪辉祖系年评传》写一则序，写序是不敢当的，只能算是先读为快的心得。读完书稿，深为冉先生的精神所折服。先生工作繁多，却能完成一本只有静下心来才能完成的著作，这需要多大的定力和精力。该书是系年评传类作品，可以说集学术性、历史性、知识性和趣味性于一体。

该系年评传详尽展现了汪辉祖的一生，是我们目前认识传主的最好文献。之前为汪辉祖作传的只有清代阮元的《循吏汪辉祖传》，只简略概述了汪辉祖的生平和做知县时的功绩，不足两千字，可谓相当简略。评传把传主放在一个宏大的历史时代来加以考证，既有利于我们在一个立体感的世界里去认识一个真实的汪辉祖，又有利于我们进一步了解和认识那个特定时代的特点。作者首先把汪辉祖所在的萧山和汪氏家族放在整个历史长河中加以考察，为传主的诞生和成长确立了一个宏大的时空环境。然后，作者从雍正八年传主1岁开始记述和评论，一直到嘉庆十二年传主78岁为止，以系年的方式尽量详尽地展现了汪辉祖78年的人生历程，包括入学启蒙、辗转求学、参加乡试会试等各类考试、结婚生子、亲朋去世、历任塾师、历任幕僚、交友游历、官场沉浮、赋闲生活、学术著述等。每一岁穷尽史料计其事，旁及其他人事变化，还解释与传主有关的郡望的变迁、典章制度的演变、古代礼俗的内容、人伦关系的称谓等，这让读者既可以学知识长见闻，又可以加深对传主的认识。

系年评传以传主为主线，涉及众多与传主有一定关联的人，作者都能根据他们与传主的关系，作或详或略的交代，考证严谨。这些人物中既有与传主有密切关系的亲人师友，如父亲汪楷、恩师孙景溪、挚友严果等，也有与传主交往不多的一般人，如薄夫子、家中访客、塾师张嗣益等；既有平常百姓，如幕僚骆彪、郎中徐梦龄、师爷钱谷朱某，也有达官贵人，如安徽巡抚胡文伯、东阁大学士王杰、湖南巡抚浦霖等，既有县衙小吏，如长洲知县郑毓贤、钱塘县知县芮泰元、训导张义年等，也有文人学士，如四库全书馆任编修邵晋涵、方志学奠基人章学诚、乾嘉学派代表毕沅、《四库全书》总纂官纪晓岚等。特别是对传主有较大影响的人，作者在简要梳理他们生平事迹的同时，详细考证了汪辉祖与他们的交往。在评述这些历史人物时，作者抓住了他们的主要特点，用语不多，但却能给人留下深刻的印象，如嫡母方氏的包容与慈爱、叔父汪模的可怜与可恨、安徽巡抚胡文伯的缜密与宽宏等。可以说，该书虽然是汪辉祖的系年评传，但众多历史人物事迹的勾勒，却让该书具有了再现历史人物群像的特点。

系年评传用传主的亲身经历，让我们从一个特殊的视角了解清代科举考试的特点和对读书人的影响，进而更具体地感知那段历史。汪辉祖在雍正十二年（公元1734年）五岁时入塾发蒙读书，乾隆八年（公元1743年）十四岁时研习科举课业，乾隆十一年（公元1746年）十七岁时参加府学组织的童生考试，进入复试后又参加了全省统一组织的院试，最终成为秀才，得以正式进入官学。从乾隆十二年（公元1747年）十八岁时参加乡试，后在二十一岁、二十三岁、二十四岁、二十七岁、三十岁、三十一岁时先后参加乡试，直到乾隆三十三年（公元1768年）三十九岁时才在乡试中胜出，成为举人，历经22年八次考试。从乾隆三十四年（公元1769年）四十岁时赴京参加礼部会试，后在四十二岁、四十三岁、四十六岁时先后参加会试，并在最后一次会试中得以中进士，历经7年四次考试。从汪辉祖十七岁参加童子试，到四十六岁中进士，历时30年，经过考试或者面试约十五六次。在此漫长的过程中，科举考试一直是汪辉祖生活的重心，拜师学艺、娶妻生子、入塾授课、入幕为僚、养老送终、结交友人等，都是围绕科举考试展开的。而且，汪辉祖在参加乡试前，进行了两次祈神抽签，在第一次参加会试落榜后也进行了祈神抽签，从中可见，读书人在科举考试面前那种既感无助又无限期待的矛盾心理。此外，系年评传还记载了在当时科举考试中流传的一些灵怪事件，如汪辉祖第一次参加乡试的乾隆十二年（公元1747年），据汪辉祖回忆，就有一考生在考棚内昏睡，梦中有人让他在手心手背各写一个“好”字，结果醒来发现字写在了试卷上，加上考生的中邪着祟之像，让当时人相信考棚内有鬼祟出没。还有汪辉祖中举人的那次考试，据考房房师象山县知县曾光先讲，在评阅汪辉祖试卷时也发生了灵异事件。汪辉祖参加科举的经历以及这些与科举有关的传闻，让我们自然想到了小说《儒林外史》。范进是小说中儒林人士的典型，他的遭遇是那个时代众多儒生遭遇的缩影。读完《儒林外史》，我们会批判小说中丑态百出的儒林，为范进羞耻的同时给予深深的同情，读完《汪辉祖系年评传》，我们会深刻认识现实中真实的儒林，为汪辉祖感叹的同时给予深深的敬佩。

系年评传以记事为主，也常常随文发表议论，或切中时事，或抒写主观感想，都能做到精当而发人深省。在汪辉祖十七岁考上秀才时，作者对当时的策论考题作如是评论："明、清科举考试的策论中，往往在'四书''五经'中寻章摘句为题，既考查考生对'四书''五经'里相关章句及其背景的理解和掌握，还考察其由此申发的思辨论述的能力。而今公务员招考中的《申论》科目的考试，其实就是曾经在新文化运动中被绝大多国人唾弃的科举八股考试中的'策论'的翻版而已，就此而言，透过历史烟尘回观数百年间八股取士对人才选拔的得失，被组织考试者津津乐道的所谓'申论'科目，于治国理政人才的选拔，其鸡肋之实，恐怕也无须过多引证论述了。"又如评论汪辉祖中举人时的灵异传闻，认为在科举考试中能够登科及第并实现个人理想抱负的人少而又少，"得偿夙愿的人，其归因于社会体制家族环境和个人主观努力之外的祖德阴骘和宿命前定之类，其意义并非只是消极和负面的。单就其社会伦理层面而言，其积极意义在于，将其归因于积善成德的福报，其实是人类自身对于最根本的良善的道义礼敬，对此，我们不能肤浅甚至粗暴地加以否定"。这类议论不随大流，皆能理性和客观地评论历史事件和文化传统。

清代学者众多，还有不少不太知名的人不为世人了解。就是知名的学者，也往往只为学术圈内的少数人熟知。《汪辉祖系年评传》以评传的方式展现清代学人的风采，既有学术的严谨，又有历史故事的通俗生动，便于一般读者认识和了解清代学者及其所处的时代。我们期待这类著作不断涌现。

高正伟

二〇二一年九月

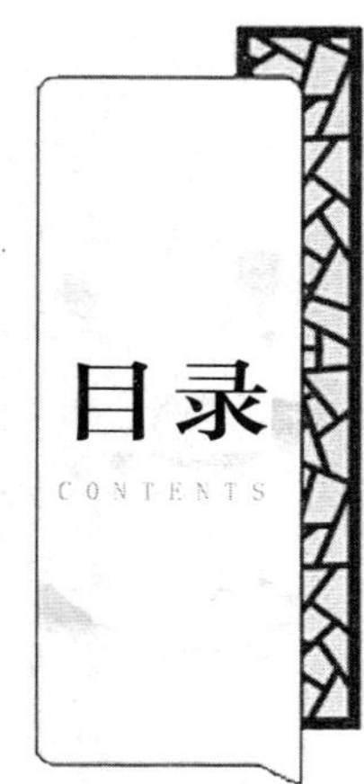

故里山河　钟灵毓秀

志笃德醇　焕曾辉祖

附录

故里山河
钟灵毓秀

古越萧山　崇文大义

古越萧山，今属浙江省杭州市，地处浙江省北部，位于钱塘江之杭州湾南岸。

元朝至正年间任萧山县教谕的浙江金华人赵子渐，在其所撰写的《萧山赋》中对萧山有如是之颂赞：

粤若萧山之形胜也，雄哉伟乎分峦峙！句践之役长江，界吴越之区。浮虹跨山阴兮，其程萦乎诸暨；渔川指春江兮，其源出乎桐庐。都三八而歧分兮，乡十五而环布。西陵通南北之商，古驿候往来之使。亭灶课煮海之程，乡民羡湘湖之利。或蚕丝以资生，或力田以输赋。若乃县署爽垲，市井周匝，车马骈阗，纵横阡陌。上下之岸人烟嚣杂，东西之桥盘贩云集。土产所宜，品类不一。春波漾湘水之莼，秋霜染固陵之橘。夏里莹点朱之樱，佳山坼如拳之栗。给长山之薪炭，利小江之舟楫。广凤凰之竹笋，袭兔沙之纸角。谷雨采茗山之芽，端阳劚仙严之药。罗东暨之野雉，拾龛山之海错。名园贵水仙之花，市桥品渊明之菊。均大小之兴贩，资贫富之可给。且夫习俗奔竞，词烦案牍。明宰廉勤，解求民瘼。爰集俊彦，起废兴学。晨昏闾里，弦歌声续。至若境界萧爽，风景或殊。骚客宦游，寄隐于兹。江寺表文通之第，许寺着元度之居。夏暑造竹林而借爽，春晴访桃源以追娱。至如名门望族，衣冠赫奕，仞墙环待制之府，茂林隐尚书之室。王庵崇侍郎之墓，重兴镇征君之宅。荆榛荒厉帅之址，庄园积史官之粟。矧兴废之或异，谅地灵而人杰。彼科第之文人，纷宏达于今昔。呜呼！江山险阻兮吴越故疆，人才渊薮兮梦笔故乡。伟衣冠之尘迹兮，滋感慨以成章。

赵氏以其如椽巨笔，任情纵意，挥洒恣肆，写出了萧山的人杰地灵，物华天宝，山河壮伟，市井繁华。

清初，邑举人郭伦以家山情怀和故园襟抱所写出的《萧山赋》，更是在山海情满意溢外，对萧山之人文渊薮和地理物阜，如数家珍，汩汩滔滔：

萧山之为县也，氿其强哉。东绣山阴，南错暨阳，北濒沧海，西乱钱塘。截补五十里，纵横在郡西方。肇域于汉，定名于唐。若夫都列三八，乡分十八；碛堰中开，浦阳西吐。带海襟江，重峦叠坞。籓篱之所居，会稽之所部。山则百药嶒崒，众草皆馨；九峰巃嵸，群卉所扃。西山如嶂，北干如屏。洛思蜷嵼于东北，石牛崚嵬于西南。文笔环季真之宅，仙岩投元度之簪。城山栖越王之甲，郭墓瘗孝子之男。凤坞马谷，觉海长潭，蒲蓬蒙茅，冠笏甑龛，娜潘横沃，狮虎蛇鲇，云门石峡，或莉或参。九龟五凤，或伏或嵁。长山东趋，尖山参天。祖龙驱石，范蠡遗鞭。历冒虞帝，蜂附梅仙。苾苾白墅，迤迤谢尖。屠湖似玦，石盖如簟。道林岸岸，杜同蟠蟠。犬螺形异，茗菊名刊。崛崿岊峭，巀嶪嵚盘。窟藏鹿麃，岩夥猴玃。水则潘水名旧，湘湖泽多。回环七十余里，溉灌九乡之禾。蓄兮有时，放焉有科。创于杨而定于赵，培于魏而清于何。十湖二渎，沉璧恬波。金泉为井，白龙成涡。山溪水库，乃堰乃坡。以潴以泄，泽并江河。浦阳注潮，南北分强。罗刹溯流，潮汐喷碌。旱驱魃虐，涸驾艅艎。长波泱渫，洄湍涴汪。乘飓抉潦，大汛溃塘。村民惶惑，败我稻粱。渔浦汇歙婺之浸，西江合山会之防。物产则有湘湖之莼，长山之术，埭上之杨梅，长河之蜜橘。雷笋春舒，雪桃冬实。枫将落兮蟹输芒，桃欲实兮鲤逐匹。抉蚬江沙，踏蛏瓜沥。拆栗佳山，采茶响铁。盎背有鲫，巨口有鲈。豆有虎爪，糯有羊须。芡有头兮菱有角，瓜有瑙兮枣有蒲。潘水之银鱼鳞细，湘湖之鸳鸟味殊。龛山之树桑遍里，北海之熬汁满区。煮竹为纸，编竹为桴。骈集河上，远达京苏。小满缫丝，寒露掇棉。茅檐雪积，编户霜悬。临浦龛淮苏之粟，义新引衢婺之船。太平久而庲无隙地，徭役轻而农有衍钱。俗重世系，民好讹传。家藏酿酒，户诵成编。牛运有车，脚桨有船。清明上冢，男女牵连。丽服靓妆，扬舲驾鳊。羊豕之祭，富室皆然。昔耻卒隶，今重市廛。衣冠华胄，渐流为舆皂。诗礼苗裔，多走及幽燕。狐胡为而假虎，民胡博而舍田。市靡领而非貂，野靡履而非鲜。冀风俗之还淳，惟丞令之无愆。封建废兮郡县兴，政教修兮循良著。凡厥士民，咸瞻喜怒。贪戾则虽去犹仇，慈惠则其来何暮。岁余几千，人鲜可数。懋德杜公，县东虎渡。高第游杨，道南风树。顾兴水利，赵立湘旁。主簿诛劫，保障一方。苏罢樱贡，施筑城隍。沉汙陈坝，民不能忘。国朝徐贯，继起郑王。郑称一贯，王号无妨。民怀吏畏，沁入心肠。蕞尔偏隅，

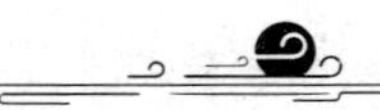

屡为战区。东浙孔道，西陵畏途。夫差败越，王郎拒吴。高迁屯卒，查渎潜趋。孔凯作达，吴喜执殳。渔浦济师，同市获俘。杨素夺知慧之岸，钱镠歼刘董之愚。士诚抗明，钱清受荼。方马截江，王师所诛。屹嵋施城，远逸倭奴。山川既隘，人物亦寥。厥稽所树，今古同昭。德以忠孝为大，品以隐逸而超。两试花如桃李，三立珍拟琼瑶。仁义都尉，行必让路。太学博士，耕必束腰。木石人心晋夏统，芝草嘉禾唐戴恭。贺秘书赐鉴湖之曲，孙云骧挫凭海之锋。渭仅刺草而名闻朝右兮，伯会遘旱而泉涌庐东。或河渠著绩兮，或台阁生风，或布衣兮垂训诫，或县令兮耆童，或片言而驰党禁兮，或正论以豁愚蒙。或晦迹于市廛兮，或抱石以赴池中。若夫硕德期颐，魏文靖允矣伟人；复仇遣戍，何孝烈壮哉男子。张枫邱见惮于宁王，来马福除残于副使。蔡都司刳肠而殒，陈吏目连袂而死。烈烈县丞，朅朅典史。秀才自经，不愧明伦；医士生埋，无非合理。更有童家义徒，赵家孝子，倪家友兄，郭家悌弟。门闾终辉，声称长系。胡为忘敦本之桑梓，徒远行而游说。路迢递兮难穷，遇迍邅兮未际。由少壮而奔波，将迟暮其奚济。望海角兮心摧，走天涯兮身毙。若乃淳风茂德，历世留言。孝弟名乡，大义名村。殷旦入朝，百官失色。黄渊处里，六行克敦。善丁侯之里济，慕吴公之默存。怡怡长者之宅，草草学士之轩。倪苑马避窃以善族，王侍郎徙垣以睦邻。楼全善著书以济世，来两山致仕以怡身。谢居士造派出桥以疗疸，姚太常奏瘠田以苏民。黄梅悬来尹之鉴，乌犉转单叟之轮。山西巡按鹰鹯忤阉，山东邑宰蟋蟀思亲。同爨则楼家兄弟五世，除妖则管氏甥舅三人。咸哲夫之至行，历百世而常新。至于腹似书林，群推来老。笔如镳铲，争羡毛君，绳讹摘谬；倘湖《樵书》，博洽多闻。泛西河兮怀四友，陟北干兮忆二门。来相遗憾兮恤崔，戴侯抱惭兮斩袁。盖位高兮责重，虽一眚兮终论。如孝童救母，仅传郭氏；王怿救父，时方九龄。翳皆孺子，克蹈天经。若夫婆娑穷巷之居，婉娩幽闺之守。堂号志姜，滩名烈妇。潭以怨投，堰成割股。义著恤邻，孝能豁瞽。杀盗复仇，媳为舅苦；属殓纳棺，女因就土。心同金石之坚，名勒图书之府。风教明而户识贞淫，节义重而家多寡姥。泣血椎心，酸风苦雨。坊也有几，指不胜数。漫夸美人之入吴，更异将军之救父。而且取石有亭，梦笔有圯；秦君有里，大成有碑。咸前人之胜迹，乃流寓之所遗。呜呼！浑沌既开，阴阳广运。茫茫九州，逮秦而郡。余暨一区，会稽之晕。天地胡私，能者克振。域靡大小，邑有忠信。山川莫移，富贵代进。方来未艾，已往如瞬。

望西岑之多冢，叹东蜀之已芜。矧庸夫之窀穸，费千金于碣趺。弗树千秋之业，空负七尺之躯。伦也家无四石，乡列八都。盘溪九曲，阳湖一隅。类鹪鹩之巢木，似凫雁之依蒲。五十里之弹丸，奚夸人世；二十世之井里，亦爱吾庐。

另有邑人杨祖绳所撰之《萧山赋》，除对其时即将离任的萧山县令李庭兰的称颂之辞，多有溢美，对萧山的山川地理、风物特产和历史人文、掌故风华，亦小大不捐，铺陈彰扬，不一而足：

会稽旧郡，于越岩关。疆分浙水，邑著萧山。位当少阳之城，度居牛斗之间。卦为巽而日为丁，辰属丑而星属权。在商为藩篱之地，于秦著余暨之名。新莽以余衍号邑，句吴以永兴称城。经天宝而名凡四易，迄圣朝而邑不再更。乃分隶乎绍郡，供输挽于神京。其乡则都维廿四，今昔有合并之殊；图凡九四，坊里有分编之等。如陈村、徐潭、百步、朱村、黄村、史村、社坛、许君诸图，皆崇化之所领也。赵墅、永丰、五里、安射、滨浦、秦君、去虎、涝湖诸图，则由化之所领也。山泽、范港、许村、斜桥、杜湖、寺庄、城东、城西诸图，则夏孝之所领也。鸡鸣、安正、亚父诸图，则长兴之所领也。清德、静居、横塘、罗村、鱼潭诸图，则安养之所领也。开善、三基、谢山、马阁、篷村诸图，则许贤之所领也。白墅、香桥、郑村、龛沙、盛村诸图，则孝悌之所领也。凤凰、许贤、高屯、安神、高鸣诸图，则长山之所领也。通远、崇山、方山、曹坞、永福诸图，则桃源之所领也。前濠、莫浦、峡下、冗村、河由诸图，则新义之所领也。安国、孔湖、临浦、西施、朱村诸图，则苎罗之所领也。招苏、朱汀、蔡湾诸图，则来苏之所领也。东京、下浦、陈墅、杨新、佳浦、杨东、杨南诸图，则里仁之所领也。白鹤、大义、新田、瓜沥、章浦、忠义、袁里、龛山、童墅、路西、佳浦、周里、塘头、丁里、翔凤、长港诸图，则凤仪之所领也。牙错云连，花村烟岭。比户可封，同沟共井。集烟火于万家，闻鸡犬于四境。叹生齿之殷繁，藉有司之镇靖。其市则有桥连梦笔，地辟禅关，南开临浦，北设长山。镇则有永兴古道，厥号西陵。南则街通渔浦，东则市接钱清。其岭道则有响铁、吴岭、黄岭可通富春，马叉、岩上、濠岭可通诸暨。其水道则首出西兴，沿江而南曰黄家渡，又南曰上沙渡。治南曰刹江渡，沿江而北曰黄湾渡，折而西曰汀头渡，又折而北曰周家渡，又北曰单家渡，又东曰马社渡，又东曰舍浦渡。治北曰长山渡，东曰丁村渡，又东曰龛山渡。自钱江折而差东曰渔浦渡，又东曰义桥渡，又东曰碛堰渡，又东曰临浦渡。春潮秋涨，雷轰电怒。呷越呀吴，片飘稳度。舟子熙嬉，如逢其故。至若东西六二，南北九十，城围九里，跨山屹立。东曰达台，南曰拱秀，西曰连山，北曰静海。攘往熙来，以出以入。水门凡三，可通舟楫。别有文明，黉宫呼吸。前明赵公，于是焉葺其廨署，则山负北干，河俯菊花。堂有忠爱、牧爱、协恭之异，房有吏户、礼兵、刑工之科。门号龟山之署，宅传退食之衙。面文峰而耸翠，书戒石而称嘉。外则丞厅尉廨标其舍，西兴渔浦分其司。仓有预备，便民存留之目；库有架阁，仪仗黄册之差。军器局设于仓北，税课局建于治西。惠民局为施药之所，旌善亭为崇祀之基。申明亭在凤堰之市，驻节厅在马埠之坻。楼曰镇海，门曰望京。亭则有暑雨、蒙山、民造、一览，庄则有崇义、载义、由化、昭明。山则萧然净土、柴岭碑牌、酒泉石岩、东蜀西蜀、前峡后峡、文笔塔山、尖山长岭、黄竹雾楼、层乌糠金、眉山定山、荷山箬山、蒙山龟山、茗山菊山、北干西山、去虎斗鸡、城山荏山、石井寿山、狮子翠嶂、青山冠山、干姜荚竹、海山黄山、半辨三台、石牛云峰、杨岐开善、白文灵峰、历山镜台、龙门鹤嘴、凤凰马谷、黄岭兔沙、纪山佳山、杜同玉峰、东山甑山、化山横山、篷山峡山、白鹿苎罗、乌石觉海、洛思航坞、螺山龛山、吹楼鳖子、小山大山，莫不巉屼巊峗。别派分支，以出云而兴雨，唯宝藏之是资。至其浙江浙河，发源徽州，翰潮夕汐，一日一周。东则江名浦阳，源出金华，北流诸暨，汇于纪家，东过峡山，注于麻溪；北经乌石，钱清是归。渔浦峡浦，临浦舍浦，水经足补。运河则北至巨塘，东入山阴。双河西河、苏潭菊花、新河阵河，芦竦同科。湘湖则四面距山，九乡灌地，周八十二里，穴一十八处。计广三万七千二亩，溉田一十四万有许，赖疥杨与后魏，得土功之是叙。他如落星白马、净林瓜沥、牧马女陂、清霖厉市、周家杨家、桃湖通济、詹家戚家、干涝卸梓、徐安正湖、后山马社。州口名溪，荷花名池。是蓄是泄，以耕以渔。至于西江塘，则跨苎萝、新义、安养、临浦、富家、渔浦、四都、褚坟诸乡，北海塘则跨长河、西兴、瓜沥、龛山诸乡。其在西者，则有潭头、塘嘴、闻堰、项缺、于池、张堰、上落埠、大门白、汪堰、吴堰、方堰、周堰、傅山、义桥、新坝诸塘。其在北者则为西兴、北海、龙王、巨塘、横塘、瓜沥、万柳、任塘，藉刘公创议，并筑以捍卫，经韩侯分段修葺而益良。又若新林、凌港、龛山、长山、麻溪、临浦、村口、霪头，有坝有闸，是筑是修。大宪有周，太守有游。后先保障，功并于刘。其余横柳、荻径、黄竹、白露、盛港、施河、史池、童湫、石岩、凤林、秦堰、潘浜，杨岐有穴，许贤有霪，河墅石鳅，湘湖湖阴，迤逦周匝，自古迄今。若乃登玩江之楼，瞰两山之亭。或更名于镇海，或四望而攸宁。丽句乃秦系所在，取石系江革之型。或望湖与会景，亦临江而勒铭。江声蜀山，草堂斯在。征士有园，文通有宅。轩棣萼而楼交辉，集词坛之骚客。至若物产之阜，尤极丰盛。杭稻宜炊者则有黄稑白稻。银杏金成、乌嘴羊须、广籼香杭。秫稻宜酿者，则有青秆白壳、胭脂葡萄、老少凹谷、细秆赶陈。麦则有小大之别、荞麦之名。豆则有虎爪、虎斑、江蚕蜿豍黄白赤、黑羊眼、饭青。或时兼乎四季，或性备乎五行。或消长丰歉之各异，或高下早晚之攸分。苟农事之克尽，自嘉谷之频登。他若油白芥姜蒿、虀韭薤萝卜、苋波甜茄葱蒜，则蔬之属也。东西南黄、香甜菜丝，则瓜之属也。杨梅枇杷、石榴樱桃、橙橘梨枣、柿柑香橼、桃李梅杏，则果之属也。菱藕芡实、茨菇茭白，则水实之属也。湘湖有莼，沼沚有荇，则溪毛之属也。茱萸芍药、白术紫苏、茯苓半夏、枸杞括蒌，则花之属也。或一本乎化工，或半藉于灌沃。或取之而不禁，或用之而至足。虽野蔌而山肴，实养生而佐粟。其木则松柏桐槐、樟梓桑柘、黄杨冬青、椿枫榆柳、乌桕香榧，遍生丘壑。竹则金紫青黄、斑毛慈石、凤尾龙孙、依山环郭。花则蔷薇、海棠桃梅、兰桂牡丹、芙蓉紫荆、芍药宝珠、洛阳荷花、罂粟山茶木香，丛生绮萼。草则菖蒲芭蕉、苕荏莎艾、金线吉祥，丰姿绰约。逞丰日之暄妍，写扶舆之磅礴。尔其为风俗也，其君子质直而拙于奔竞，其小人愿悫而安于劳苦。市井之民多便慧而失之诈，乡遂之民多简实而失之鲁。山居尚气而失之竞，泽居尚谋而失之卤。东土多敦朴而鄙琐，西土多缛礼而繁缕。联姻或尚门第而亦重货财，治生多务稼穑而少营商贾。虽实习之多歧，实民风之近古。客曰雄哉伟乎，兹萧山之形胜也。间尝稽之旧闻，亦云峦峙句践之域，江界吴越之区。浮虹程营乎诸暨，渔川源出乎桐庐。都三八而歧分，乡十五而环布。西陵通南北之商，古驿候往来之使。亭灶课煮海之程，乡民羡湘湖之利。或蚕丝以资生，或力田以输赋。若子云云则是县治爽垲，市井周匝；车马骈阗，纵横阡陌。上下之岸，人烟嚣杂；东西之桥，盘贩云集。春波漾湘水之莼，秋霜染固陵之橘。夏里莹点朱之樱，佳山拆如拳之栗。给长山之薪炭，利小江之舟楫。广凤凰之竹笋，集兔沙之纸角。谷雨采茗山之芽，端阳劚仙岩之药。罗东暨之野雉，拾龛山之海错。名园贵水仙之花，市桥品渊明之菊。均大小之兴贩，资富贫之可给。抑闻物华天宝，人杰地灵。善言天者必有验于人，善稽古

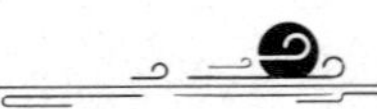

者必有征于今。且夫洗马访越王之迹，浮湘寻许询之居。夏暑造竹林而借爽，春晴访桃源以追娱。前城山而后塔寺，右胥江而左鉴湖。名胜若此，何以加诸。况乃望族名门，衣冠赫奕。仞墙环待制之府，茂林隐尚书之室。王庵崇侍郎之墓，重兴镇征士之宅。荆蓁荒厉师之耻，庄园积史官之粟。彼科第之文人，纷宏达于今昔。岂懿行于芳言，反不可以殚述。余曰：子不闻乎三国钟离，父子济美，智名勇功，有加无已，孙季高平建业而民安，戴僧静破淮阴而乱止。贺知章以清淡而赐湖，王敬素陶土筒以引水。张孝伯力弛党禁、沈公持熟精吏事。张即之雅善六书，魏希哲达通鲁史。张秋颜耿介不移，张景韶权贵不避。顾利宾幼达五经，叶履道少敦六行。来经邦折节读书，盛源之杜门安命。翁五伦歼白莲之魁，来汝贤调丹阳之令。或冠山兮隐居，或江淮兮游学。或叠石以便街衢，或缘堤以勤董督。蒋继曾以孝友著，韩振强以孝弟称。王昆毓奉母归养，来舜和孝义难能。其余刲股椎心、指日誓天、修学赈饥、黜华崇实，奇节堪钦，芳型不一。是皆前辈乡贤，志行昭朗，著千秋之令名，足光价于吾党者也。若夫能吏持筹，观风式化。教孝教忠，无虞无诈。其自嬴秦创邑至今，建利除害，代有其人。而举其最著者则有：若陆凯王雅，夙昭干理；宋卿苏寿，益善抚循。杜守一德能去虎，游定夫狱更称神。华元凯核实丘亩，汪仲举疏浚运河。於善新学校以式多士，尹性施德刑以去烦苛。张晖祖开纪汇，杨时建筑湘湖。郭渊明疏浚湖利，赵善济议缮湖渠。秦尚明酌减赋额，许承周摘发奸胥。朱栻立丁田之法，张选刻黄册之图。韩昌先创立里甲，施尧臣始筑城郛。王念觉纂修图志，彭彦彬禁绝追呼。苏琳免樱桃之贡，顾棻垂房署之模。王一乾申革粮役，刘望海杜绝差输。李巩贷邻郡而振溺，吴公遇岁歉而蠲租。陈仲华剔豪强之弊，沈凤翔退皂役之徒。蒋思泽讼去鞭扑，欧阳公恩免差徭。启双河三桥二塔之功，则陈如松之美迹；除盘借圈赌掠卖之患，则贾苍峤之嘉谟。凡若此者，或赛祭东桥，或立祠西郭。或崇祀于黉宫，或飞升于黄阁。或类孟尝之还珠，或如昌黎之徙鳄。或同彭泽之陶潜，或媲河阳之潘岳。或飞凫等叶县之仙，或驯雉匹中牟之略。类皆蟹筐蝉緌，黄绶铜章。遇盘根而益利，操余刃而无伤。并金玉南金以立品，偕白乌青鹿以致祥。以故系罗公之马，牧缑氏之羊。与汝阴而称神父，随褒德以号循良。门有萧闲之景，庭无争讼之章。今我苏邻李父母之来治吾萧也，任历六年，治臻三善；名列八贤，才高万选。其廉而有守也，则范甑生鱼；其德足感民也，则荀庭集凤。既笠伞而无余，亦葱韭以自奉。

其一尘不染也，则置水以投；其一介必严也，则得锦而送。其侍奉萱帏也，则泉因孝感而成甘；其留心民疠也，则湖以积堰而利用。而且剔三蠹，除五害，揽三江之故迹则时事抢修，步万柳之遗踪则情殷报最。悯我民之犹鱼，免桑田为沧海。洵无惭明府之称，允不愧循良之宰。何乃十奇致咏，三异观成。男以郑字，子以贾名。清呼一叶，绩表三岑。虚堂悬镜，玉壶贮冰。方期锡李常之绢，忽焉攀刘宠之车。徒令望空踯躅，搔首踟躇。揽渔浦之烟光则千层缭绕，盼清江之月色则一片空明。揽北干之松风则涛声远近，把西村之梅雨则爽气纵横。听罗刹之潮声则鼍鸣龙吼，望湘湖之云影则縠川纹。撷书院之遗芬则班香宋艳，对文峰之拱秀则晚翠朝晴。欲拟贤明之宰，难绘图画之形。思攀辕其莫及，徒卧辙而难停。泪既沾于古碣，肠复断于离亭。大江东去，曲水遥经。伍子之涛头涌白，严君之滩上含青。所由述全萧之形胜，忆曩哲之典型。叙九乡二十四都之概，绘两湖八十二里之程。缕土宜与物产，骈士习与民生。用掇一方之纪，略参三政之情。溯甘棠之遗爱，摹苗黍之专诚。痛花残于潘县，悲琴罢于宓声。公则为山中宰相，民乃失堂上神明。（此何）论志邑乘者前有张崇诸辈，赋萧山者后有子渐诸公。而即景写情，因人赋物，其词虽异，其心则同。盖虽在乡言乡，不雕不琢，亦聊以谨酬我客，而奉献乎我公也。（按：嘉庆七年，邑令李庭兰去任，民怀其惠，各作诗赋文辞以赠行，汇刻之曰《遗爱录》。）

萧山之地周属越国，周显王三十六年（公元前333年）楚灭越国后，萧山即属楚。

秦始皇二十六年（公元前221年），大秦帝国锋镝所向，天下归一。秦始皇帝统一六国之后，实行高度专制集权的郡县制，置会稽郡，萧山属会稽郡。

西汉元始二年（公元2年），置余暨县，仍隶会稽郡。

三国东吴黄武年间（公元222—229年），余暨县改名永兴县，仍属会稽郡。

唐天宝元年（公元742年），以其域内萧然山而改永兴县为萧山县，属越州。萧山为县邑之名，自此而始。据《汉书·地理志》中余暨县下载有萧山（萧然山）之得名缘起，相传越王勾践战败于吴王夫差时，曾率一众残兵剩勇驻留此山，越王面对眼底表里山河，不复旧日风光，四顾萧然，心生悲怆，此山自此而称萧然山，亦名萧山。

南宋建炎四年（公元1130年），宋高宗赵构为金人剑锋所迫，奔窜于吴、越之间，次年正月初一驻跸越州，大赦天下。并敕曰："绍奕世之宏休，兴百年之丕绪。爰因正岁，肇易嘉名，发涣号于治朝，霈鸿恩于寰宇。其建炎五年，可改为绍兴元年。"由此升越州为绍兴府。萧山县隶属绍兴府。

元至元十二年（公元1276年），改绍兴府为绍兴路，萧山县隶绍兴路。

明洪武二年（公元1369年），绍兴路复为绍兴府，萧山县仍隶绍兴府。明、清两朝沿制。

清咸丰十一年（公元1861年），太平天国义军占领萧山期间，因避西王萧朝贵、南王冯云山二人名讳，改称萧山为莦珊。清同治二年（公元1863年），太平天国军失守，复莦珊县为萧山县。

民国时废绍兴府，萧山县为浙江省直管。

新中国成立后，萧山县先后隶绍兴专区、宁波专区，公元1959年改隶杭州市至今。公元1988年萧山县改为萧山市，仍由杭州市代管。公元2001年萧山市撤销，设杭州市萧山区。

萧山，历史悠久，自古即为越中望邑，襟带江海，山河奇胜，风物阜厚，人文渊薮。据《萧山县志稿》（彭延庆、姚荣俊纂，张宗海续修，清道光十五年即公元1835年版）载：

"（萧山）绍兴属邑，居浙东之上游。江海之襟带，河山之奇胜，风物之阜厚，名人才士之德望，自昔甲于诸邑。""习俗奔竞。""民以耕读为事，士以气节相尚。""下至蓬户，耻不以诗书训其子，自商贾鲜不通章句，舆隶亦多识字。""越中素号人文渊薮，萧为越之望邑，历代以来实多健者。观于诸家著述，经史子集，众体俱备，各抒其所心得，卓然成一家言，则信乎作者之林也。"

这些多少带有自我夸耀成分的载述，是极容易让人想起江山壮丽、物华天宝、人杰地灵之类的辞藻语汇来的。而作为传主汪辉祖的籍贯地，其人文渊薮影响下的民俗乡风，无疑是其成长成才的客观环境和重要因素。概而言之，一是萧山乡俗中耕读为事的传统，在农耕文明时代，既是世家大族家声族望传承的不二法门，更是一时一地乡风化成淳厚的内核和表征。二是尚义重节的民风传袭，尚义便厚德崇仁而明是非知礼仪，自然重气节、尚操守。三是有竞奔之习尚，乡人积极向上而不甘于沉沦、耻于落伍的禀赋养成，由斯而来。由此三者，萧山名人才士之功业德望自然甲于诸邑，人文渊薮，蔚为大观。

萧山瓜沥大义里汪氏一脉，自其先祖汪大伦公迁来萧山，至传主汪辉祖出生，已历十九代。世世代代，祖祖辈辈，营谋生计或耕或商，但立家无不以读书为本，而所读之书，自然是资修身、助齐家、能治国、戡平天下的儒家经典之圣贤之书。生于斯邑长于斯境的汪辉祖，在这样的自然人文环境之中，秉耕读之本，浸节义之风，染竞奔之俗，乡俗家风的浸润传习，一生之中，或经商或坐幕营生，均不释书卷，求学问道，孜孜以求，而不改初心宿志，秉道执义，终成一代名宦循史、硕儒大家。

萧山县之得名，据传来自县域内的萧然山，而萧然山，当远溯至已然“礼崩乐坏”的春秋时越王勾践与吴王夫差征伐鏖战，当年战败的勾践率众勇执戈仗剑流连驻足于此山，心中不免悲怆，四顾萧然，故而得名，此山乃吴越之境中历来兵家必争之地，金戈剑芒的凛凛毫光便是此山的先天禀赋。而同在萧山境内，与萧山比肩相峙的航坞山，相传也曾因为吴越王钱镠为征战所需而至此放步踏勘才得名王步山，其刚阳剑气自不输萧山。萧山之邑的江远海阔和峰戈峦剑，恐怕于汪辉祖的情怀抱持的形成也大有因缘关系。当然航坞山上迟自北宋熙宁（公元1068—1077年）年间即结庐成筑的白龙寺及其缭绕其间数百年之香雾氤氲、经诵梵音，毫无疑问，也或多或少影响着汪辉祖的禀赋性情。

家世源远　祖德流光

汪氏乃江南望族大姓，古来有自。汪辉祖虽出身寒微，起于毫末微贱，其家世虽不显赫，但溯远追祖，汪氏一脉也曾有过煊赫得不可一世的过往，而并非起于泛泛蓬蒿的暴发户。

凡我华族子孙，无论其当下的穷达贵贱，只要还是一种鲜活的社会存在，倘溯源稽古，笃定都曾有过荣华富贵、甚至封侯拜相的祖上，不然即使按自然、社会的法则，而今当下的存在就是一种不可能。所谓家风传承，于家风而言，当归于文化之范畴，文化之根本在于"文"，文化的功用在于"化"。"文"，是一种价值的审美，唯"文"方能"化"之，价值审美的力量必然具有一种历史的惯性，缺乏历史底蕴的所谓"文化"，"文"不起来，也没有"化"的动力。"汪始于颍川侯鲁成公黑肱次子，夫人姒氏生侯，有文在手曰汪，遂以名之。后有功于鲁，食采颍川，号汪侯。子孙因以为氏。望鲁之平阳。"（明程尚宽《新安名族志》）清代名儒汪琬（汪琬，生于公元1624年，卒于公元1690年，江苏长洲人，字苕文，号钝翁，顺治乙未科进士，曾任户部主事、刑部郎中、翰林院编修等职，以疾告假归。结庐太湖滨之尧峰山，闭户撰述，研究六经，精古文辞。著有《钝翁类稿》《尧峰文钞》《读书正讹》等）在其《尧峰文钞·汪姓缘起考》中，对汪姓之来历有专门的考证：

按《越国公行状》，汪姓其先汪芒氏之后，或言鲁成公支子食采于汪，因氏焉，又按旧谱，鲁成公庶子生而有文在其手，左水右王，故名曰汪，其后子孙遂氏之。窃疑春秋时，诸侯命大夫之族，于是大夫有以王父字为氏者，在鲁如展氏、臧孙氏、孟孙、叔孙、季孙氏之类是也。不闻氏王父名者。周人以讳事神，逮事王父则讳王父名，安敢取以为氏？鲁君亦不当以此命大夫也。至若季公鉏之后为公鉏氏，伍员之后为员氏，此皆后世不知礼者所为，春秋时不当然也。故吾汪氏之得姓，当从食采为正，盖始则以采地为氏，继则以氏为姓也。

汪琬的此一说法，同样得到了萧山大义村同为汪氏苗裔的汪辉祖的认可，并由此推演出萧山始祖汪大伦之源流世系：

旧谱言鲁成公幼子初生，手握三日乃启，左文“水”，右文“王”，命名曰汪，其后遂以为氏。钝翁谓周人重讳，不当氏以王父之名，则或云汪之得姓，以食采于汪始，似可为据。自汪以来，传三十一世，有名文和者，汉建安三年为会稽令，始居始新（始新，旧县名，东汉建安十三年，即公元208年，孙权将歙县一析为五，在保留原歙县建置的同时，于其东乡置始新县，即今浙江淳安县，南乡置新定县，西乡置犁阳、鸺阳二县，又改黝县为黟县，并以此六县置新都郡）。又五世，晋歙令曰道献，始居歙。又八世，至唐越国公华，笃生八子，于是子姓蕃显，罗布吴越江楚间，所在成族。族于萧山大义村者，始大伦公，出越国公七子爽后。

由此，自鲁成公庶子食采于汪而得汪之姓始，传三十一世，有汪文和于东汉建安三年（公元198年）为会稽令，始居始新之地。汪文和又传五世，至晋时汪道献者，任黟县令，始居歙之地。汪道献再传八世，而至唐代越国公汪华。

明代大儒凌迪知在《万姓统谱》中对汪姓之汪文和、汪华均有载述：

（汪文和）字国辅，建安中以龙骧将军为会稽令，之地，始迁居于新安，子孙遂为新安望族。

（汪华）唐绩溪人，少以勇侠闻。隋末兵乱，以土豪应郡募，保据郡境，并有宣、杭、睦、婺、饶五州，建号吴王。唐武德间，籍土地兵民纳款，高祖授以总管歙、宣、杭、睦、饶、婺六州军事，歙州刺史，封越国公。郡人十姓九汪，皆华之后。

以上文字载记，足见汪文和、汪华二人在汪姓氏族衍生流变中的地位和作用。

凌迪知，字稚哲，生于公元1529年，卒于公元1600年，浙江湖州织里人，系《二刻拍案惊奇》之作者凌濛初之父。明嘉靖三十五年丙辰科进士，官工部郎中，贬定州同知，后升大名府通判、常州府同知。后罢官归乡，闭门著书，并校核群书，雕版印行于世。一生著述颇丰，著有《万姓统谱》《历代帝王姓系统谱》《姓氏博考》《史汉评林》《增定荆川史纂》《大学衍义补英华》等。

汪华（公元586年—649年），原名汪世华，字国辅，一字英发，歙州歙县登源里（今安徽绩溪）人，隋大业年间（公元605—617年），以保境安民为旗帜，起兵割据歙州、宣州、杭州、饶州、睦州、婺州，建立吴国，自称吴王。施行仁政，境内百姓安宁祥和。义宁年间（公元617—618年），迁治于歙县乌聊山。唐高祖武德四年（公元628年），主动放弃王位，率土归唐，被授予上柱国、越国公、歙州刺史，并掌管歙、宣、杭、饶、睦、婺六州军事。唐太宗贞观二年（公元628年），奉诏晋京，被授左卫白渠府统军。贞观十七年改授忠武将军、右卫积福府折冲都卫。贞观十八年唐太宗征辽，汪华留京，被授九宫副监，位极人臣。贞观二十三年殁于京师长安，葬歙县北七云岚桥。唐太宗赐谥忠烈。

汪华以其显荣，被尊之为汪氏别祖。汪辉祖在其《双节堂庸训·述先·本系》中，对萧山大义村汪氏的祖源族流进行了如是梳理：

我汪氏系出唐越国公华第七子爽后。爽传十二世曰道安，迁婺源。又五世曰惟谨，迁庆元之鄞，今宁波府鄞县也。惟谨生元吉，元吉生永渐，永渐生思信。思信长子大伦公在鄞，娶夫人高氏，生存中。宋嘉定十年（公元1217年），高夫人卒，继娶夫人为萧山大义村刘氏女，因家大义。

汪大伦（字叔彝，号冰谷，迁萧山始祖）——汪述（字天锡，子三）——汪演（汪述长子，字宗三，子二）——汪溥（汪演长子，字克洪，子五）——汪涣（汪溥第三子，字巨渊，子二）——汪游（汪涣长子，字龟沼，号一斋，旅殁黔中——相传殁时与山阴贾人同厝，比迁柩，二馆毁，椟骨以归，两家秤骨分葬，故号秤骨府君，子二）——汪椿（汪游长子，字春龄，号养拙，子二）——汪璋（汪椿次子，字廷章，号居易，子四）——汪缵（汪璋次子，字克承，号逸庵，行彤三，子三）——汪范（汪缵次子，字居贤，号乐遂，子三）——汪天秩（汪范长子，字宗礼，号锐庵，行练二，子四）——汪栋（汪天秩次子，字克隆，号成轩，行宏八，子三）——汪时忠（汪栋次子，字靖共，号秋庄，子三）——汪应元（汪时忠三子，字世魁，号惺台，行明五十九，子四）——汪造（汪应元第四子，字玉华，行信八，子三，汪辉祖高祖）——汪必正（汪造第三子，字孚夏，行仁七十一，子三，汪辉祖曾祖）——汪之瀚（汪必正第三子，字朝宗，号毅庵，行三，子二，汪辉祖祖父）——汪楷（汪之翰长子，字南有，号皆木，子一，汪辉祖父亲）——汪辉祖。

汪氏一族自汪大伦迁萧山大义村至汪辉祖，已历十九世，在汪辉祖的直系十八世先祖中，或力农耕作或坐贾行商，并无科第入仕的显达之人。其祖父汪之瀚，“少孤，读《四子书》未竟”。虽“中年文、字并工”，但亦未曾得尺寸功名。其父汪楷，少年时虽以儒学为业，但入学之后，乡试屡试不第，亦终究未获能出仕入宦的尺寸功名。成年后为营谋生计不得已而改习刑名幕学，但佐幕不到两年，因觉得刑名师爷这个职业以佐官听讼断狱为事，难免有损阴德之事，便改行经商，后以其经商赢利所得置田百亩外，还以其余资捐纳入官，选授河南卫辉府淇县典史。

有清一代，县衙官吏的品级等第，知县为正七品，是为官长，属吏中，县丞为正八品，主簿为正九品，巡检为从九品，典史排在巡检之后，有职位而无品秩，属于未入流的官吏。

对汪辉祖父亲汪南有，在清钱大昕的《汪南有传》中有这样的记述：

君少从蒋季眉（即蒋拭之，生于1668年，卒于1739年，季眉乃其字，号蓼庄，浙江鄞县人，是全祖望的舅父，乾隆元年进士，次年被贬谪而归里家居。工诗能文，前后课徒达五十年之久）先生学举子业，试不利，弃去。习法家言，既而曰：“刻深者不祥，惧损吾福。”又弃去。为贾，以羡置薄田百亩，属弟收租入养父母。而纳赀为官，选得河南淇县典史。典史主县狱，故时囚之系者，狱卒奴使之，食尝不饱，衣垢不得涤，有病不及时疗，官数日一至检狱具，它弗问。君在县日，省囚而问其疾苦，狱卒不得苛虐，囚无瘐死者。丞簿以下，例不受民词，黠者藉事恐猲，取其酬，上官以其薪薄而所取少，不禁也。君自廉俸外无所取，常屑荞麦和米为饭，佐以豆腐羹，妻妾亲纫箴以给，僚友都嗤之曰：“我辈佐杂，欲入《循吏传》耶！家中岂少麦饭、豆羹，做官如此，不如早归！”君干笑而已，亦不与辩。在职八年，以亲老引疾归。归则弟私鬻所置田垂尽，或言受产者率以博簺句致，告之官，可复，君终不言。父殁，罄所有营丧葬，又为弟偿所负恶少钱，生计大窘。乃跳身游岭南，无所遇，益郁郁，遂病死番禺，年四十有六。

从《汪南有传》中不难看出，汪南有先生有三点是值得称道肯定的，一是处世堪称精明能干。科举不第，并不执意于一棵树上寻死觅活，转而学法言而做刑名师爷，又转而经商，而且经商颇为成功，置田上百亩，并以余资捐纳入官，得授县衙典史一职，以捐纳而得实授者，有清一代，尤其是清代中期，其实并不多见。由此可见，汪南有经商暨营谋之才与力，不可小觑。二是为人可谓仁厚迂阔。学刑名而入幕，却恐因“深刻”而“不祥”，竟然放弃了这个在当时收入方面算得上是丰厚的职业。捐纳入官而主狱政，却厚待囚徒，甘守清寒，耻于从中枉法渔利，以致一家衣食不给。弃职返乡后，对“博赛句致”从其胞弟汪模手中侵夺其家产的恶少，因顾及胞弟颜面，亦放弃合法的追究讨索。三是有守敬知止之操守。经商营利求财，以其田租所入，即以能赡养其父母为限；为官俸银所入，但求能勉强糊口度日，中止为幕生涯，以亲老引疾归乡，罄其所有为父营葬等等行状，即是守敬知止的体现。尤其值得申明的是，汪南有先生放弃刑名幕师职业的理由，是一个冥冥之中可能发生作用的“不祥”，在现实逻辑中，这理由并不充分，但却诠释了他对自己未知的并且自以为并不能自我完全把控主宰的神明的敬畏。往往一个人对神明的敬畏，其实是对普遍的、基本的道义的一种绝对的无条件的遵循的具体体现。

汪楷先后娶有妻妾三人。原配夫人方氏，乃萧山太学生、考校州同方麟长之女，生有两女。方氏于雍正十二年（公元1734年）五月二十九日病故，其时汪辉祖已五岁。继娶夫人王氏，乃会稽县学生王雍文次女，生于康熙五十二年（公元1713年）十二月二十日，雍正十二年（公元1734年）十一月二十一岁时成为汪楷继室，乾隆四十年（公元1775年）三月二十六日卒，享年六十三岁，其时汪辉祖已四十六岁，并于是年会试中试。妾徐氏，乃鄞县儒生徐茂之女，生于康熙五十一年（公元1712年）十二月十二日，雍正七年（公元1729年）五月初八，被汪楷纳聘为妾，乾隆二十七年（公元1762年）三月十七日病逝，享年五十一岁，是年汪辉祖三十三岁，汪辉祖长子汪继坊已出生，六年后汪辉祖才在乡试中中试。徐氏出身寒微，九岁时父母双亡，其兄无法抚养，由其舅张某送至山阴县亲戚家寄养。方氏育有两女，王氏育有两女一子，其子名汪荣祖，生七月后而夭折。徐氏生育汪辉祖，乃传主。

华夏一域，凡正史甚或稗官野史有所载录的姓氏，无论“赵钱孙李、周吴郑王”，还是“费廉岑薛、雷贺倪汤”，只要有心有力修纂家乘谱牒者，无不将先祖远追于开天辟地三皇五帝的风云之中，再寻迹于或秦皇汉武或唐宗宋祖文治武功的烽烟里，不过是以此饰门庭观瞻而壮家望声色，并不能对自己的生计有所助益，即便是对光耀门庭恐怕也起不到多少现实的实质性作用。正如鲁迅笔下未庄的阿Q，虽坚信自己姓赵，而且祖上曾经确实地“阔”过，但也丝毫没能阻挡住赵太爷跳将过来打在他脸上的大耳刮子。然而，自一姓定居某地而称始祖以下，代代脉络清晰，便不敢胡乱牵连攀附，大多只能有一说一。从迁萧山大义村汪公大伦而至汪辉祖一脉，瓜瓞绵绵之中，并无显达之人。汪辉祖的寒微家世，注定其功名成就必然要经历比之世家子弟更多的艰难与顿挫。

志笃德醇
焕曾辉祖

寒门孤露　艰困长成

1730年　雍正八年　庚戌年　一岁

雍正八年（庚戌年）阴历十二月十二日，汪辉祖生于萧山县瓜沥昭东大义村中巷尚友堂。

据当代汪辉祖之后人，曾任中科院院士、首都医科大学血管外科研究所名誉所长的汪忠镐回忆，民国时汪氏宗族故园尚存之建筑，乃清初江南民居风格，占地约2000平方米，为前（南）台门后（北）正房、左右（东西）厢房结构，中间为前高后低之三进会客厅，东西两侧厢房、北面正房，均为砖木结构，为两进连排两楼，白墙黛瓦，绿树掩映，更有小河萦绕而过，颇具江南水乡意韵。汪忠镐先生记忆中的汪氏宗族故园，单就从其格局气派而言，恐怕已非汪辉祖出生时的祖屋，但从其所描述中的江南民居格调的建筑风貌，也应该是在其祖屋基础之上的改扩建而成的。

汪辉祖出生时，因其父汪楷谒选入京未归，嫡母方氏病重未愈，其生母徐氏在生下汪辉祖四天后，在萧山天寒地冻的腊月天，即不得已下地汲水煮饭，产后未得将息的过度劳作，让徐氏落下了脾泄之症的病根，至老未愈。汪辉祖生母的这一相伴终身的病痛，也成为汪辉祖“终身罔极之痛”。

1731年　雍正九年　辛亥年　二岁

汪辉祖父亲汪楷谒选留京，与同在京城谒选候缺的山阴人王宗闵（字坦人）相交结谊，感情笃厚。在上年的六月，王宗闵夫人生下一女时，汪楷即与王宗闵相约，如有孕在身的汪楷夫人生男即订婚约。至十二月十二日，汪辉祖出生后，汪楷与王宗闵即为双方儿女订下婚约。此乃朋友间的君子之约，并无市井中的媒妁之证。这个并无媒妁之证的口头婚约，并没有因为多年后汪家由小康而坠入困顿窘迫、王家的相较昌达而毁信弃约，而且似乎还因为汪楷的早逝，王家基于婚约而对汪辉祖扶持、提携的缘故，从而影响了汪辉祖择业乃至终身执业及其成就。

1732年　雍正十年　壬子年　三岁

是年，自幼体弱多病的汪辉祖才刚刚学会走路。

汪楷通过捐纳谒选而得授河南卫辉府辖淇县典史之职。

卫辉府，明洪武元年（公元1638年）设，府治在汲县，辖汲县、胙城、获嘉、淇县、辉县等六县，明中期后辖汲县、胙城、新乡、获嘉、淇县、辉县、延津、浚县、滑县、封丘、考城等十一县。清沿置，仍治汲县，辖汲县、新乡、获嘉、淇县、辉县、延津、浚县、滑县、封丘等九县。明思宗朱由检即认为地处中原腹地的卫辉府“南连十省，北拱神京”，具有极其重要的战略地位。明、清两朝中，卫辉府即以其地扼中原腹地的区位优势而为冲要繁剧之地。

淇县，明、清两朝均为卫辉府辖县，并曾一度曾为府治所在。古代为殷商后期国都，古称朝歌、沬、雅歌、临淇等。周初为卫国首府。春秋时改为朝歌邑，属晋国。战国时属魏国。元时始置淇州，并置临淇县；明洪武元年改淇州为淇县，隶卫辉府。清沿之。

典史，官名，为州（散州）、县之佐杂官。元始置，明、清因之。明洪武间，其月俸为米三石，清时年俸银三十一两五钱二分，养廉银八十两为限。主管州（散州）、县治安、缉捕、稽查、监狱之事，由吏部铨选，皇帝签署任命。一县（州）之中，与知县（州）、县（州）丞、主簿、巡检均为朝廷命官，清时别称“少府”“右堂”，品级在从九品之外，属州（散州）县衙门中有职无品级之吏。但在一县（州）之中知县（州）属吏县（州）丞、主簿、巡检等被裁减时，其事权概由典史兼任。

典史一职，虽为并无品秩的佐杂之吏，但由于协助知县（知州）主管一县（州）之治安、狱政等，算是手握一定实权的职官。从来行政施治的官僚体系中，无不是因事设职，事有权宜，方得衡平周全。职司其事，即掌其权，权宜从事，利在其中。在权、利这对从来就没有须臾分离的孪生兄弟中，有权在手即有利可图，对善于营谋者而言，无疑是县（州）衙属吏中一份不错的肥缺美差。

1733年　雍正十一年　癸丑年　四岁

是年，汪辉祖在萧山大义村生长。其嫡母方氏尚在，虽为庶出，但系大义里汪之瀚一脉长房长子，故深得嫡母方氏宝爱。

在中国传统的婚姻家庭关系中，嫡庶有别的讲究是婚姻制度的核心内容之一。在合法的一夫一妻多妾的制度下，妻、妾的地位是并不平等的，妻在象征家庭地位的服制、车制等方面，与其夫的地位是平等的。而妾的地位往往却十分低下，并与是否受其夫宠溺无关。这种妻、妾地位的不平等，也具体体现在妻、妾所生子女在家庭地位、家庭财产分配继承上的不平等。嫡生庶出，高下有别，所谓嫡，指正妻及其所生的子女，而庶即指妾及其所生之子女。男子娶妻须通过媒证婚书，其程序规制仪式非常严格，要通过媒证婚书标明所娶女子的家庭门第、出生嫡庶、年龄等基本情况，迎娶过程和仪式规范而隆重，一般要经过三书即聘书、礼书、迎书和六礼即纳采、问名、纳吉、纳征、请期和亲迎，方礼成婚配。正妻讲究门当户对，在不犯七出（即不孝顺父母逆德、无子绝嗣、淫祸乱宗、妒忌乱家、恶疾不可共粢盛、多言离间家庭、盗窃反义）的情况下，夫家是不可随意休弃的。除正妻之外，男子还可以纳一名或多名女子为妾，纳妾一般不会考虑其门庭家世，仪规也简单随意，所纳之妾其在家庭中的地位较为低下，可以随意逐出门庭甚至转赠他人。宋元以后，妾的地位虽有所改善，但并无根本性改变。明、清时，嫡、庶尤其是体现子女等第尤其是家庭财产分配继承方面，较前更有较大改善，而嫡、庶界限依然明显，等级界限仍旧森严。汪辉祖虽系庶母徐氏所生，但嫡母方氏未生男丁，基于汪家传宗接代的需要，故嫡母方氏即将之视同己出。后来嫡母方氏病逝之后，嫡继母王氏虽曾生过一子，但不幸夭折，基于同样的原因，嫡继母亦十分宝爱汪辉祖。这让童年的汪辉祖在家道衰落的生计艰困之中，得以享受着嫡母、嫡继母和生母的慈祥母爱的无尽呵护与温暖。

1734年　雍正十二年　甲寅年　五岁

是年，汪辉祖入塾发蒙读书。

五月二十九日，其嫡母方氏病故。

据汪辉祖生母徐夫人转述，其嫡母方夫人虽然体弱多病，但自汪辉祖出生后，即将汪辉祖视为己出，对其非常疼爱。在哺乳期，方夫人因担心汪辉祖生母徐氏年轻无哺育婴儿的经验，加之白天家务冗繁劳累，晚上或至入睡太沉，有耽误按时哺乳之虞，每到晚上总是亲自抱着汪辉祖睡觉，一旦汪辉祖啼哭时，即亲自送到徐夫人房间喂奶，喂完之后再抱回自己房间。汪辉祖小时候的襁褓和屎尿布的更换，从来都是嫡母方氏亲力亲为。方氏临死之际，还拉着汪辉祖的手，一再叮嘱汪辉祖的两位同父异母的姐姐，要好好照看这个自小体弱多病的弟弟。

汪辉祖祖母沈氏，性情严峻，治家苛厉，对晚辈家人的过失，从不包容宽贷。而方氏不仅自己处处对婆母沈氏体谅忍让，还现身说法，要求家中晚辈们一体遵循。据汪辉祖在《双节堂庸训》中回忆，方氏曾如此多次谆谆告诫家人："若慎勿干太孺人怒，吾向非爱若，恐高年人不耐气耳。"

一次，家里请来做衣服的裁缝师傅，在替沈氏做衣服时，不小心将新做好的衣服的衣襟熨焦。方氏为免沈老太太为此动怒生气，赶紧悄悄将自己的衣服质押到当铺，用换来的现钱另外买来完全一模一样的布料，嘱裁缝师傅连夜将沈老太太的衣服重新赶制出来。

在《论语·为政》篇中讲过这样一个故事，当鲁国大夫孟懿子向孔子请教"孝"的真正内涵时，孔子给出的直接答案只有"无违"二字。孔子并没有就何以谓之"无违"，对孟懿子做进一步的阐释。但"无违"之义，通俗地讲就是"顺"，古人家庭伦理核心之"孝"，便是对尊长之"无违"，或直言之"顺"，可以这样认为，"孝"是家庭伦理中的一种价值追求的目标，而"无违"或"顺"，即是实现这种价值追求的实践过程或途径。汪辉祖嫡母方夫人对其祖母沈老太太之"孝"，用具体生动的实际行动诠释了"无违"之意涵，为孝亲敬老者，树立起了一个践行孝道的鲜活榜样。

十一月，汪辉祖祖父汪之瀚为其父汪楷聘继室王氏。

1735年　雍正十三年　乙卯年　六岁

是年，汪辉祖随继嫡母王氏、生母徐氏及已故嫡母方氏所生的两位同父异母的姐姐等一家五口，一同赴河南卫辉府淇县其父汪楷任所。

是年，家里聘请淇县薄夫子（淇县人，汪辉祖自己回忆，因当时年纪幼小，后来已不能追记这位薄姓老师的名讳、字号）至淇县县署汪楷任所为塾师，课学汪辉祖。

后又聘请同族汪崇智至淇县县署家里，课学汪辉祖，直至汪辉祖十岁。

1736年　乾隆元年　丙辰年　七岁

是年初，汪辉祖祖父汪之瀚从浙江萧山到河南淇县县署。在平素家长里短的闲谈中，汪之瀚向汪辉祖讲述了其小名“垃圾”的来历：汪之瀚五十九岁时才喜得孙子，非常高兴，故取乳名为垃圾。之所以取这样一个难登大雅之堂的小名，乃是因为垃圾不仅至贱而多，并且是于农家稼穑有助益的肥料。在中国中原文化占主导地位的民间乡俗中，有一种朴素的生衍观念，认为一个人的乳名至贱，便容易养活，汪辉祖的乳名被其祖父取为“垃圾”，除此至贱而可茁壮成长的美好初衷而外，更有虽然至贱却有益稼穑的良好愿景寄寓其中。由此可知，汪之瀚对汪辉祖的成长成才，其用心是极其殷切深厚的。

汪辉祖五岁拜师入学启蒙时，取独占鳌头之意，正式取名叫汪鳌。入学之后，见其对文字字义有很不一般的理解能力，是一块读书的材料，将来可望折桂蟾宫，光宗耀祖，方改定名字叫汪辉祖。

幼年时的汪辉祖或许是受祖、父辈及成年人日常生活习惯的浸染影响，小小年纪，便喜欢饮酒。一天，独自背着大人偷饮家中宴客时剩下的烧酒，以至因饮酒过量而醉得不省人事，家里的大人们为了促其醒酒，将汪辉祖的头发浸在凉水中一整晚上，到第二天方才酒醉昏睡中苏醒过来。自此醉酒事故之后，汪辉祖终身滴酒不沾。

一日，家中一客人来访，见汪辉祖小小年纪就能朗声吟诵唐代大诗人李白的诗。对这个喜欢读书的孩子，客人很是喜爱，便有意为难一下汪辉祖，就以汪辉祖所诵读之诗的作者的名字为题，出对“李白”，让其作对。客人话音刚落，汪辉祖便应声而对出“杨朱”二字，如此敏捷的表现，让客人不禁大为惊叹。汪辉祖能用战国初期开一代学术先河之杨朱之名对之于唐代诗仙李白，从内容到形式，无不对仗贴切工稳，足见其聪颖早慧，才思敏捷。

旧时常以吟诗作对作为检核一个人才智学养的试金石。单就作对而言，出对，即出题，出对人往往是饱学之士，所出之对，既有题面所指的意涵指向，也包含与题面相关联的内容粘连，回对之人，能从形制和内容上满足甚至超越出对者的题面要求，那是需要相当的才情学养才能做到的。就这一点而言，少年汪辉祖不仅做到了，而且其优异的表现还超出了常人的意想。

1737年　乾隆二年　丁巳年　八岁

是年，汪辉祖继续在淇县父亲汪楷官署家中读书。

一日，汪辉祖家里的两只陶器一同坠地，器壁较薄的那只陶器一着地便摔碎了，而较厚的另一只却完好无损。其父汪楷举着那只坠地后完好无损的陶器，对汪辉祖讲了这样一番道理：做人须要笃实厚道，才能够经受得起摔打。就如同两只同时坠地的陶器一样，厚实者无损，而轻薄者却破碎了；也好比做衣服的料子一样，轻薄的缎子虽然好看，但却并不耐磨，是穿不了几年的。即便以纸来打比方，做人也应该如同厚实的茧纸一样，因为厚实，即便从中分剖剥离出几层来，也不易破裂，而不应像那轻薄的竹纸，用手触摸时稍一用力就会破裂。这番道理寓理于物，朴实深刻，形象生动，鲜活易懂，耐人寻味，在汪辉祖幼小的心田中烙下了极为深刻的印记。

汪辉祖一生之经历阅阀与事功名望，从根本上而言，其笃实厚道的品性养成，是起着关键性决定作用的。笃实是事业成功者必需的基本品质，笃于志，便能始终如一，执信坚定；实在诚，信实诚恳，不欺于人，而人自不欺，实于行，自可脚踏实地，行稳致远。而厚道更是成功者不可或缺的情怀与襟抱之所在，厚于德而志于道，才可载物承重，海纳百川的宽广豁达中，方有推己及人的知人之智和自知之明。而这种性情的养成，无疑得益于汪辉祖自小父辈言传身教的教育与引导。

1738年　乾隆三年　戊午年　九岁

是年，汪辉祖仍在淇县官署家中读书。

汪辉祖之父汪楷职任典史，官微薪薄，职司所权虽然并非一无可营谋牟利中饱私囊之可能，但由于其清高自命，操持廉洁，除了微薄的俸禄外，并无额外的收入。因为家口众多往往而至衣食难给的地步。其洁身自好的操行守持，更是如挺秀于林中之木，多不为同僚所容。家庭经济的拮据窘迫，官场中被同僚视为异类而时时处处受到排挤打压的无可如何，让汪楷这位虽以捐纳入官，却心怀尽忠报国赤忱的县衙小吏，感到了仕途宦海的走投无路。官场中职官官守的操持秉执，体现的是为官者做人的底线，若因其操持秉执而不见容于同僚，对自身的伤害痛苦无疑是双重加倍的。一方面来自自身不甘墨污沉沦却不得不置身其间，所带给自己精神上的折磨和伤害。另一方面更有来自周遭群体甚至给这个群体提供合理合法庇护的体制的群殴打压与摧折羞辱。于是，不堪这种双重加倍的伤害所带来的痛苦，汪楷便萌生了离职去官之意。

在清代官吏选任升除和罢免废黜制度中，职任之官，无论其官阶大小，因个人原因而主动辞任的正当理由，不外告老、告病或告归奉养双亲三条理由。此时的汪楷正值壮年，尚不算年老，也不在病中，而告归奉养双亲，因其尚有胞弟汪模在乡，显然也不符合规制。当然因薪薄清廉而生计维艰的真正理由，因操持清白而不见容于同僚的真正动因，不仅摆不上台面，恐怕更因其有违碍历朝历代当政者为维系其执掌权柄的正当性，应该也必须粉饰和维持的官场清廉正义形象的大局，而不敢摆上台面。当然，中国至少从汉以来的察举制起，在历朝历代的正常的封建王朝制度下，对负有国家管理之责的各级官吏的选任，无不是在德才兼备的旗号下进行的，因此在任的千千万万官吏中，便不乏难以数计的历代良臣循吏存籍留史。清者自清，浊者自浊，清浊分野中，清官廉吏中不乏守志安贫而衣食不给者，而徇私渔利的贪官墨吏也更有富可敌国之人，具体而到哪朝哪代何人，与汪辉祖的父亲汪楷并无直接的关系，在此便不赘述，但由此形成了代代相沿的官场文化，却是绝对影响着汪楷这位县衙小吏的。当然，汪楷的辞任告归之意，也恐怕与其胞弟汪模嗜赌成性而荡尽家财的特殊原因有关。

此时的汪辉祖少不更事，家道中落的经济拮据，恐怕于其对生计维艰的感知并不深切。但少年汪辉祖，从深夜昏黄的油灯下，两位母亲为了贴补家用纺纱织布的机杼声中，以及随后一家人穷窘归乡旅途上的一路潦倒落魄的颠沛中，肯定并非是一无所感的。至于后来其父汪楷为营谋生计而客死他乡，及其叔父汪模对汪辉祖母子的种种欺侮凌虐之举，作为一种客观环境的存在，无疑对汪辉祖人生成长甚至人生道路的选择是有着至关重要的影响作用的。所谓“出身不由己，道路自己选择”的说法中，如果将“出身”的意涵理解为理所当然地包括其家庭的背景和由此决定的生活环境，那么其所自主选择的人生道路，与其“出身”之间却是有着客观的必然的逻辑关系的。

1739年　乾隆四年　己未年　十岁

正月，汪楷以其父母年迈需要归家赡养为由，请求辞官归乡。但因家中尚有胞弟汪模，按例未得到允准。后只得以自己身体有病难堪职任为由，再次提出申请，方才得到批准。汪楷称病辞职，病自然是装的，按说这是一种欺骗朝廷的不忠之举，是应该受到查实究治的。但往往托病辞官不仅不会受到追究，而且大都会得到允准，这其中自然是不乏讲究的。一般说来，上宪其实是并不在意辞任者其职任中的功成考绩，更不可能去深究其所称之病是否真确，在于任何朝代，官位职权无不攸关利益，从来都是一种稀缺的社会资源，职位空缺之后，谒选任用，其间多有公权甚或私益的运作空间，于当局者而言，称病辞官，无关衙中考绩治声，无伤同侪官誉大局，恐怕是有百利而无一害的，自然会乐襄其成。故托病辞任之官，除须向皇帝请辞的封疆大吏、朝堂重臣外，往往一概均能得到允准。

三月，辞官获准的汪楷领着阖家大小从河南淇县出发，取道山东济宁，向远在千里之外的家乡浙江萧山进发。客居宦游者的归乡之路，一般而言，乡思之愁，羁旅之苦，无疑是会给归心的箭镞提供加速的动力的。淇县官场的形形色色、林林总总，恐怕于此时的汪楷并无多少值得挂怀的丝丝缕缕。但辞官卸职的汪楷，或许心中并不排除有几分两袖清风的自得，拖家带口而囊空如洗的窘迫，更多的应该只有“近乡情更怯”的凄惶。因盘缠拮据，不能雇大车，只能雇独轮小车载着有孕在身的王氏和体弱多病的徐氏及一家妇孺九口，辗转颠簸两个月，方才回到家中，旅途艰辛劳顿，尽在不言之中。一路上有孕在身的王氏和身患脾虚之症的徐氏，更是饱受煎熬，苦不堪言。

五月，汪楷一家方抵萧山大义里家中。不久，王氏诞下一子，取名汪荣祖，出生后七月即夭亡。

汪荣祖夭亡后，汪辉祖作为萧山大义里汪氏宗族汪之瀚一支孙辈中唯一的男丁，更深得其祖父的宝爱。

据汪辉祖在其晚年所著的《病榻梦痕录》中回忆，其祖父汪之瀚每次外出观看戏剧演出，一定会将汪辉祖带在身边，待观剧回家后会有意问及一些关于所演剧目、剧中人物姓名及其在剧中所表现出来的品行等等问题，如果汪辉祖能够对答上来且能称其所意，就会很高兴地将汪辉祖称意的回答向乡里邻右宣扬炫耀。

一次，在观看了《绣襦记》剧目之后，汪之瀚向汪辉祖提出了这样一个问题，剧中主人公郑元和凭着考中状元的功名，是否称得上是功成名就的人。汪辉祖回答道，郑元和虽然考中了状元，就其为人品行上说，终竟是不能称为功成名就之人的。对此回答，汪之瀚非常满意，并时常以此向乡邻亲友们夸耀说，我这孙子虽然小小年纪，竟然已经懂得些怎样做人的道理了。对此事，汪辉祖终身念念不忘，所谓道德教化的浸染滋润及其影响，恐怕莫甚于此了。

《绣襦记》，中国传统经典剧目之一，此剧故事梗概取材于唐代白行简传奇小说《李娃传》。在元代有石君宝、高文秀，明代有朱有燉、徐霖、薛近兖等人编写的同题材剧本。在各地方剧种兴起并基本成熟的清代中、晚期，《绣襦记》题材也成为多数地方剧种演绎的对象。汪辉祖此时随同其祖父汪之瀚所观之《绣襦记》，当是绍兴戏，即越剧。该剧主要讲述常州刺史郑儋之子郑元和携巨资赴京赶考，因离考期尚远，便一路游山玩水。一日，观景览胜路过一个叫平康巷的地方时，在一家门首邂逅一绝色妖艳的女子，郑元和为其美艳所动，便故意坠下手中的丝鞭，借此驻足回头偷窥其芳颜，不料一见芳华，即倾春心。当得知此女子乃一风尘女，名李亚仙，年方二八，吹弹歌舞技艺无所不精，便下定了不惜一切赢取其芳心的决心。当即拿出随身携带的百两白银以租房攻书为由入住李家，见钱眼开的鸨母摆宴接风，留下了郑元和。在酒席上，李亚仙就已认出此人即是日前故意坠鞭借此偷窥自己芳颜的那位风流公子。郑、李二人一见即生恨晚之情，郑元和更是沉溺于儿女情长的男欢女爱之中，早将赴京赶考博取功名之事抛到九霄云外去了，而与其伴行的随从竟盗银而遁，还编造了郑元和途中遇盗被害的谎言，哄骗搪塞其父母。后来，郑元和床头金尽，被势利的鸨母设计逐出娼门，在贫病交加、衣食不给的穷窭境况下，幸被专替丧家唱挽歌的东肆主所收留，教其演唱挽歌赖以糊口活命。在一次两凶肆比拼挽歌时，郑元和登台献唱，被其上京赴任的父亲认出，郑儋憎其自甘堕落，将其痛殴致气绝，即抛尸荒郊而去。郑元和气绝未死，幸被路过此地的乞儿救活，自此只得与乞儿为伍，沦为流丐。郑元和沿街乞讨时，被李亚仙认出，李不顾鸨母百般阻挠，将其迎回家中，精心调养至身体完全康复后，激励其专心攻读，最终进京考中状元。郑儋为李亚仙善行义举所感，不以娼女身份为嫌，允郑元和娶其为妻。最后一家团聚，皆大欢喜。

还有一次，乡里邻右中有一位县学生在岁考中被评定为劣等，因此而受到了市井众人的排遣耻笑。少不更事的汪辉祖也跟着起哄，出言讥讽嘲讪。其祖父知道之后，对汪辉祖呵责道："人家好歹是入学的秀才，才有岁考的等第，你连参加岁考被评等第的资格都没有，怎么能够去耻笑人家呢！"在汪辉祖跪着承认错误之后，其祖父进一步训诫开导他："我希望你将来能够穿着秀才的青衿，来我的墓前祭拜我。"汪之瀚对孙子的挚爱之深切，并非如一般隔代亲那样的一味迁就溺爱，而是体现在对其管教管束的严格严厉上。具体而言，爱之厚，厚在方方面面，爱之切，切于面面俱到；管之严，严于点点滴滴，束之厉，厉在处处在在。值得特别一提的是，在家庭教育的方式上，无疑汪辉祖的祖父为我们提供了非常值得学习借鉴的范式，即在寓教于日常、经常中，更注重施教者与受教者之间的交流互动，这种交流互动，一方面保证了教育的及时性、针对性，另一方面更保证了教育的有效性、长效性。

汪辉祖父亲汪楷，从雍正七年（公元1729年）捐纳入京谒选，到雍正十年选授淇县典史之职，至乾隆四年（公元1739年）引疾辞官回乡，离乡十年，做典史八年。典史任上，汪楷虽兢兢业业，恪尽职守，但官小职微，考成功绩，自然一无建树。位低权轻，俸少薪薄，再加之清廉自爱的操守，以至官俸所入难以维持一家人的生计，一家人连麦饭、豆羹之果腹之食也时常难以为继，两位夫人不得不以针凿手工活计来补贴家用，并由此引来同僚们的讥讽与嘲笑。辞官归家时的一路窘迫与狼狈，正是其为官清廉的明证。

十月，汪辉祖同父异母的二姐出嫁到孙家。

在其二姐出嫁那天，调皮的汪辉祖悄悄跑出家门，爬上一艘停靠在河边的小船，去看来接二姐的花轿，不小心失足落水沉入船底，幸被及时发现救起，才拣回一条小命。汪辉祖由此受到了其祖父的痛挞责罚。

十一月二十日，祖父汪之瀚病逝。

是年，汪辉祖仍师从汪崇智（静山）先生门下，修习儒学课业。

1740年　乾隆五年　庚申年　十一岁

正月初一，正值新春佳节，衣食所足的人家无不洋溢着喜庆祥和的节日氛氲。大义村正在走向破落困顿的汪家，自然也不例外。少年汪辉祖自以为节庆之期当可嬉戏游玩，无须如素常一样温书习课，便与其他邻右少年一起玩起了蹴鞠之戏。被其父亲汪楷看见后，当即受到了呵责制止。汪楷将骈文大家陈维崧所结集印行的《陈检讨四六》一书找出来，郑重其事地交给汪辉祖，要求每天必须精读半篇，不完成这一额外的课业任务，便不许下楼玩耍。汪辉祖在后来佐幕时，因能写出十分漂亮的骈体文而受到主官胡文伯先生的赏识与推崇，与其自此时起在四六文方面打下的扎实基础有着莫大的关系。由此可见，任何技艺的养成，都是能够有用于时的。而且习技养艺，须得假以时日，非下一番苦功不可，且非年少而难成。

陈检讨，即陈维崧，江苏宜兴人。字其年，号迦陵，生于明熹宗天启五年（公元1625年），卒于清康熙二十一年（公元1682年）。明末清初著名词人、骈体文大家。是阳羡词派开山鼻祖和领袖。阳羡词派，是清初活跃在诗坛的重要诗派之一，主要活跃在清顺治至康熙前期，因其领袖陈维崧乃江苏宜兴人，而宜兴古称阳羡，故称阳羡词派。阳羡词人崇尚苏轼、辛弃疾一流，词风雄浑豪犷、悲慨健举。当时，以陈维崧为领军人物，在其身边聚集了一大批志趣相合、词风相近且创作实践丰富的词人，如曹贞长、万树、蒋景祁等，一时之间，相互唱和、引声动势。清中期的很多词家如蒋士铨、洪亮吉、黄景仁等，颇受其影响。陈维崧之父乃名噪一时的“明末四公子”之一的陈贞慧。陈维崧十七岁应童子试，被阳羡令何明瑞拔为童子试第一，与吴兆骞、彭师度一起被当时名闻天下号称“江左三大家”之一的吴伟业称为“江左三凤”，后与吴倚、章藻功一起被时人推为“骈体三家”。入清之后，随其弟陈宗石迁居商丘，屡试不第，郁郁不得志。直至清康熙十八年（公元1679年）五十五岁时，才得以举博学宏词科，被授翰林院检讨，故世称陈检讨。曾参与《明史》的编修，著有《湖海楼诗集》《湖海楼文集》和《迦陵词》。其所编辑的《陈检讨四六》二十卷，颇富声名，被《四库全书总目提要》称为“根柢六朝，才力富健，以笼罩诸家”。

是年，汪家塾学延聘萧山秀才郑嘉礼（字又亭）为师，汪辉祖入郑又亭门下，开始接受以应科举考试为目标的儒家经学的专门修习。

汪楷在捐纳入官前，通过经商所得而购置的百亩田产，被其胞弟汪模用以偿还赌债而典卖殆尽。其辞官归家之后，有人告诉汪楷，被其胞弟用以偿付赌债的田产，是可以通过诉讼讨要回来的，但汪楷不忍心由此为难其胞弟并使之难以立世为人，便主动放弃了。不仅如此，还罄其所有为其弟汪模偿还了所欠的其余赌债。受此牵累，以至到了一家人生计难以维持的地步。由此事可知，汪楷堪称真正厚道之人，可见其曾借家中瓷器作喻，教育汪辉祖须做一个笃实厚道的人，不只是停留在口头上的。对于家风的传承，言传身教，缺一不可，身教更甚言传。汪楷在营建好其父汪之瀚的坟墓之后，迫于生计，不得已只得去投奔时在两广总督衙门任幕宾的妻弟王冠臣，以图借其荐举而谋取一坐馆为幕的营生来养家糊口。汪楷初入市井，曾以坐馆佐幕为职业，专务刑名，后因其认为此类营生多少有造孽的成分，故选择了主动放弃。而此时却打算远走他乡且欲重操旧业，足见此时的汪楷已经迫于生计而不得不放弃自己曾经高企无朋的洁身自好之价值追求了。形势比人强，这句世故之言，可见是多么的深刻入骨。当一个人对社会环境的妥协有悖于自己的价值审美时，无疑是对其心志的最无情摧折，哀莫大于心死，真正的心死难道不是价值追求中对其审美内核的被迫放弃么？这正是一个心死的并不以时日计较短长的漫长过程，汪楷此时心中的痛苦可想而知。

八月十五日，时值万家团圆的中秋之节，汪楷却不得不带着年幼的儿子奔波在营谋生计的路途上。中秋之夜，团圆之月，本色当然地曾引动无数羁旅宦游之人的无尽背井离乡的情愫，有家难归，自是一种迫于生计的无奈与情感乖离的痛楚。而此时正在为生计而寻找离乡背井的去处的汪楷，恐怕内心更是别有一番滋味的。此时，本该是皓月高天的萧山，却笼罩在绵密如织的秋雨之中，汪楷因欲投奔妻弟而乘船绕道去会稽岳父家，估计为的是向其岳丈讨取一封向其妻弟荐举自己的家书。船上，汪辉祖枕在其父的左臂上，在凄风苦雨的江上卧行二十余里之后，汪楷抚起汪辉祖，推开船篷，望着其实在星月无光的秋雨中什么也看不见的船舱外，问汪辉祖道："儿知吾此行何为者？"十一岁的汪辉祖是不能真正走进一生高傲的父亲，在走投无路中不得不求告于门的酸楚与沉重的心境的，当然不能回答父亲提出的问题。汪楷自问自答道："垂老依人，非吾愿也。幸老亲尚健，不及此时图生理，儿将无以为活。"说着说着，不禁悲从中来，老泪纵横。受此感染，少不更事的汪辉祖似乎也明白了其中的辛酸与苦楚，亦随之泪流满面。父子对泣，自是悲不自胜。接着汪楷强忍悲痛，抽取汪辉祖所学过的经书里的一些篇目，一一让其背诵，或许勤学聪慧的汪辉祖背诵经书的熟谙表现，使汪楷黯淡阴冷的心境得到了些许的慰藉，仿佛通过汪辉祖此时的表现看到了汪家未来门庭光大的希望和未来，他接着问道："儿以读书何所求？"汪辉祖答道："求做官。"汪楷训诫说："儿误矣，此亦读书中一事，非可求者。求做官，未必能做人，求做人，即不做官，不失为好人。逢运气当做官，必且做好官，必不受百姓诟骂，不贻害子孙，儿识之。"显然，在汪楷的价值审美的觉识中，读书仕进并非是光大门庭的全部意涵，在他看来，人生一世，做人比做官更重要，唯有做好人才能做好官。接着又分别列举《论语》中"学而""孝弟"等篇章，一一对汪辉祖加以讲解阐释。父子交谈，直至午夜时分，方才各自睡去。

到了会稽之后，汪楷又亲手交给汪辉祖一册《纲鉴正史约》，并且嘱咐道，长大成人之后，应该认真研读此书。

汪楷从会稽讨取到荐举自己的家书，回到萧山之后，不日便踏上了远赴广东谋生的旅程。

一个人的成长过程，家庭环境的熏陶浸润发挥着不可或缺的作用，而其中的庭训父教更是至关紧要的。这次会稽之旅，在暗夜秋雨之江中船舱里的父子对话，对初省人事的汪辉祖而言，是特别重要的一次父教庭训，也是其人生的最后一次，自然让其终生难忘。尤其是汪楷关于做人与做官的精辟论述，对汪辉祖人生价值的取向，起到了真正意义上的导航定向作用。懂得真正人生价值意义的人，从来都必须也只能以如何做人为第一要务，做好事而做好人，便是真正的人生真谛。汪辉祖的成人成才而成功成名，恐怕于此别无其他更为重要的说道了。旧有得意忘形之说，何以谓之得意忘形，恐怕不外两种境界，一是指真正悟透人生真谛，此种境界之人，无须我等凡夫俗子置喙，其所忘形，自是进入一种无拘无束的自由之王国，起码也是如孔老夫子之所谓“从心所欲而不逾矩”。另一种则是人生自以为进入了那种高光的境地，得意之状，至多不过是举手投足，无所遵依，更无所顾忌，如入无人之境；忘形之态，竟至忘掉了自己由来之路，更不知自己将向何方，甚至忘掉自己本来的面目，也不去思考自己当然的面目，忘形便无所敬畏、无所禁忌，自然无所拘束，如此得意忘形者，市井林林总总、形形色色，其最终的下场，不过是将自己自以为的无限风光活成了旁人眼中的无穷笑谈而已，无须一一列举。

《纲鉴正史约》，又称《正史约》，明代顾锡畴著。顾锡畴，江苏昆山人，字九畴，号约斋，又号端屏。万历进士，官翰林院检讨。天启中，因与魏忠贤不协，被削籍为民。崇祯时复为礼部侍郎，后进尚书。又与马士英不协，被贬去温州，寓江心寺，为总兵贺君尧所害。除《正史约》外，还著有《秦汉鸿文》等。《正史约》之主要内容旨意，顾锡畴在其序中是这样申明的：“本欲留之家塾以示儿辈，有好之者，遂付之梓。盖‘约’之一字，士林所便耳。噫！今之为学者，不独病不博，兼病在不约。非不能约也，无可约也……本书虽不脱少微、理斋蹊径，然二千余年主德昏明，朝政理乱，人才消长，民生苦乐，疆围坚脆，差有本末。学者以此为基，而渐求之……即令守此一编，亦不失嘉隆以前诸公也。”陈弘谋在《重订正史约序》中对其旨意做了进一步的补充发明，不仅让我们能够更深了解这部书的著作旨意，也能让我们能够得以明白汪楷将此书亲授汪辉祖的深苦用心：“盖全史既难令学者谇读，而此书较他本纂集为良。先生丁明之季，风裁凛凛……平生抱负，奄有史氏三长。所约一轨于正，真史学之津梁，艺林之要筏也。学者第熟复是编，自是即事明道、援史译经，其于体用一原之理，庶或循循有得焉。”

从《纲鉴正史约》这部书的主旨要义，我们不难看出汪楷在即将远赴他乡谋生之前，将其郑重其事地交给自己的寄予顶门立户希望的儿子，并嘱托其将来一定要认真研读此书，是大有深意的。

常常见到一些可以指点一片江山的人，满以为自己已然肩负着指引他人人生之责，便总喜欢向别人推荐一些所谓的必读书目。在我看来，书必读，在于书能解疑释惑让人洞明事理，还在于能娱情解颐让人不至烦闷落寞，如此等等而已。但却未必是某一书目即是某一人甚或某一类人之必读书，著作之人，大多立意教化甚至不乏跳将出来指手画脚，譬如史家总结前人过往之人、事，无论是经验抑或是教训，总能鞭辟入里、头头是道，但倘若反观其自身经历之成败，恐怕并不尽然。于此而论，我赞成尽信书不如无书的观点。当然为师为父兄者，职司所在，给弟子、子弟开列些必读书目，应当应分，不在此例。

十月，汪楷到广东，未能如愿谋得幕宾之职，却不幸身染腹疾。

十一月，汪楷求职无着，本欲预订船只北归还乡，但念及“母老子幼，归益无以为生”，故未能成行。在忧愁踯躅的煎熬中，未能得到及时诊治的病势，不断加重。

十二月十五日，汪楷腹胀病重不治，客死于广东南海县一旅店之中。

1741年　乾隆六年　辛酉年　十二岁

是年，汪辉祖继续在郑又亭先生门下读书。

四月，汪楷灵柩自广东南海归萧山。此时的汪家，一门孤寡，家计维艰，无以营葬。

汪楷客死异乡，汪家顿失顶梁柱。祖母沈氏已年逾七旬，方氏所生两女，分别是十六岁、十四岁，王氏所生两女，分别是四岁、两岁。嫡继母王氏年仅二十八岁，生母徐氏也才二十九岁。正所谓一门孤寡，衣食难给。“家故有负，郭田为小叔斥卖以偿博进，至是岁入无几，索逋者满户外。二氏辛苦营甘膬奉老姑，且衣食其子女，而己则忍饥以为常。或谓可以辞缓索债者，王曰：‘不可以口实贻死者。’鬻簪珥以偿不足，又尽卖其余田，犹不足，相率昼夜勤织作，铢积寸累，三年遂毕偿。”（卢文弨《抱经堂文集. 汪氏双节传》）“励节食，贫纺绩，余功兼糊楮镪自给，昼夜不少休息。”生活的艰困，由此可见。在此境况中，嫡继母王氏和生母徐氏时常训诫汪辉祖：“儿不学必无以为人，汝父无后，吾二人生不如死。”两位母亲在汪辉祖的身上寄予了汪家顶门立户的全部希望，对其成人成才的要求督促自然也就更加严格严厉。

常言之所谓家贫生孝子、寒门出贵子，不仅在于寒门贫家恶劣的环境和人生阶升进步绝少出现的机会，使之不得不承担和不得不抓住每一次可能带来命运转寰的机会，更重要的在于这种承担和对机会的不轻言放弃的过程中，对意志品质和智慧能力的养成。当然，其严厉的家庭教育和自觉的自我约束更是不可或缺的。

1742年　乾隆七年　壬戌年　十三岁

是年，汪辉祖继续在郑又亭先生门下读书。

此时，萧山瓜沥大义村汪氏宗族似乎正在整体性开始走向破败衰落，同族宗亲中的大多数人因家道落败已经难以自立门户。

汪氏宗族子弟中，不少人游手好闲甚至嗜赌成性，沦为了丧德败行的赌徒。汪辉祖叔父汪模，在没有父、兄管束与规约之后，告贷滥赌，更加肆无忌惮。

邻右的赌徒们也多次引诱少不更事的汪辉祖参与赌博，但少年汪辉祖却表现出少有的与其年龄并不相称的定力，丝毫未受当时这种滥赌成俗的社会风气的影响。

汪辉祖的叔父汪模，已经沦为一个输光了家产也输掉了良知善念的赌徒恶棍。在其他赌徒的煽惑怂恿下，竟无端怀疑汪辉祖的两位母亲在其丈夫任河南淇县典史期间，另有小家庭的私人积蓄，并经常为偿付赌债而上门强行寻衅索讨，如若得不到满足，便以当面鞭挞殴打汪辉祖相胁迫，甚至有时会从护着汪辉祖的徐夫人怀里将汪辉祖抢夺过去进行毒殴，逼得汪辉祖两位母亲不得不为之多方求告借贷，以供其偿还赌债。汪模对一门孤儿寡母的欺凌，到了令人发指的地步。

汪辉祖的两位母亲不仅勤劳善良，而且性格坚毅刚强，面对汪模的无赖讹诈和无休无止的盘剥行径，有人劝其“徙居以避”，但“两母以宗坊在，坚不听。往往炊烟不继，至单衣御冬”。王氏、徐氏两位寡居的女人，虽然自己忍饥挨饿，但对婆母沈夫人和儿子汪辉祖赡养抚育的衣食供给，却从未短少过。

1743年　乾隆八年　癸亥年　十四岁

是年，汪辉祖继续在郑又亭先生门下读书。

其时，郑又亭门下共有弟子四人，在这四个弟子中，郑又亭先生对汪辉祖的要求格外严格，汪辉祖每完成一篇课业习作，必定会让其修改三四遍，以致使汪辉祖从早到晚都难有读书作文之外的片刻闲暇。少年汪辉祖为此而感到特别的辛苦疲累，曾就此私下让其姐夫孙世垛（字惠畴）向郑又亭先生打探讯问其中的缘由。郑又亭告诉孙世垛说："此子必可成就，惜不肯潜心，吾鞭辟就里，或可望其向学，纵之，则终身误矣。"郑又亭先生这句切中肯綮、入人肺腑的话，让汪辉祖一直念念不忘，感戴终身。

严师课徒，其苛求厉责，往往会让人觉得不近人情。但在升平时期的科举体制机制下，天下读书求仕的莘莘学子，唯有寻章摘句的科举一途，除天资才情而外，恒常勤苦，笃实用功，方才有望在科举之路上，脱颖而出，第进阶升。其中严师之苛责厉罚的作用，恐怕对于处在少不更事心志长成阶段的少年学子而言，是非常必要的。

是年底，因王、徐两位夫人实在支付不起塾师郑又亭先生的薪酬，靠坐馆课徒营生的郑又亭，只得另谋他馆而去。

1744年　乾隆九年　甲子年　十五岁

是年，失馆之后的汪辉祖只得附学于族叔汪奂若家塾中，拜上虞徐冠周先生门下研习科举课业。

徐冠周先生年近七十，其子尚幼，对聪慧好学的汪辉祖视若己出，特别宝爱，在教导训诫方面非常用心用力，并依其名而为汪辉祖赐表字为"焕曾"。

古代有身份地位的人，或自认为将立身行世一展宏图、大显身手的读书人，在自己的称名之外，都另取字，亦称表字。名，是立身行世时的个人符号。字，在字面意义的关联上，常常是名的解释和补充，与名互为表里，故称表字。名与字的关系，清代学者王引之在其《春秋名字解诂》中进行了如是归纳：一是同义互训，意义完全相同或相近，可以相互解释。比如汉代张衡字平子、三国时诸葛亮字孔明、宋代秦观字少游、陆游字务观。二是意义相反或相对，相互之间有内涵上的警策惕厉作用，如宋代朱熹字元晦。三是连类推论，意涵相顺，互相关联，比如三国时赵云字子龙。四是据义指实，意义相延。比如唐代白居易字乐天、宋代晁补之字无咎。五是辨物统类，意涵所指向乃同类物事，比如建安七子之一的陈琳字孔璋。徐冠周先生据汪辉祖之名而赐表字焕曾，辉祖与焕曾之义，即有相互诠释、补充之关系。

汪辉祖家与族叔汪奂若的家塾相隔着一条小河，汪辉祖每天早出晚归上学，生母徐氏都要亲自护送。而徐冠周先生对汪辉祖家里所遭之变故与劫难也是有所了解的，不仅给予汪辉祖深切的怜恤矜悯，还对汪辉祖的学业与成长予以特别的关怀照顾。每次在汪辉祖放学回家时，都一定要站在塾学门口，目送汪辉祖走过小河之上的那座小桥，确认其安全归家之后才肯回塾。他曾经勉励鞭策汪辉祖说："若不勉学，不能成立，若母无出头日矣。"此一情景，让汪辉祖终生难忘，每次回想念及，无不泫然泪下。

曾经的塾师郑又亭先生批阅作文时要求极为严格，对汪辉祖的课业多持批评否定的态度；而徐冠周先生在教学时却多用激赏鼓励的办法，对汪辉祖在课业方面的进步从不吝惜夸赞之辞。因此，汪辉祖在晚年回忆求学经历时，对这两位少年时的恩师都给予了极高的评价，认为自己能够写出通达晓畅的文章，仰赖郑又亭先生的严格要求，使之打下了非常扎实的遣词造句、驾驭语言文字的基础。而徐冠周先生的鼓励奖掖，却让其体会到了读书作文中的意趣快乐。正是二位恩师各不相同却又相得益彰的教育教学方法，才成就了汪辉祖自己一生立学著述乃至佐幕施治的不凡能为。

在《论语》中，孔子在其与众多弟子游学施教的具体实践中，演绎了根据门生子弟的天资禀赋，因材设教而助其成长成才的鲜活范例。其实，因材施教的全部意涵，除有根据不同的个体差异给予不同的教学内容和采取不同的教育方法外，更包括个体客观上存在自身成长成才的不同的多样性需求，给予不同的教育内容和采取不同的教育方法的要求。汪辉祖对影响其一生成长的两位恩师的不同教育风格的终身铭记，无疑是对这一理解的最好佐证。

在汪辉祖这段附学的经历中，恐怕少不了让其有寄人篱下的种种委屈、辛酸甚至屈辱的不愉快经历。倘不如此，何以让他在《双节堂庸训》中有"不宜轻令子弟附学"的谆切家训：

独学无耦，则孤陋寡闻，敬业之所以乐群也。然附学他处，同门人众，品诣必有参差，苟蹈群居之戒，即鲜广益之功，全在择师而事，不宜徒骛虚声。倘人师难得，又不若扃户下帷，严惮父兄之教矣。故冀子弟不染习气，以家塾延师为尚。

在这段文字中，对"不宜轻令子弟附学"只谈了两个方面的理由，一是"同门人众，品诣必有参差”，而若“蹈群居之戒”之嫌，又难免“鲜广益之功”之弊。二是附学他处，必缺少“父兄之教”。或许，倘结合汪辉祖附学时的家庭境遇，与生母徐氏在其上学时的护送和徐冠周先生放学时的目送之举，恐怕还有更多可以想象却不便明言的“不宜轻令子弟附学”之种种在这段文字之外。

是年，汪辉祖岳父王坦人任山阳县典史。当时萧山汪辉祖家乡一带坊间市井中纷传，汪辉祖与其叔父汪模一样，染上了赌博恶习，于是就有好事者向王家进谗言说，王家与汪家的婚约，当初并没有媒证聘书，基于汪家的现状和汪辉祖的表现，王家是可以悔婚的。由此让王家人深陷于此类流言蜚语之中而难以自拔。尚待字闺中的王坦人女儿王氏，虽然为此种种飞短流长而日夜哭泣，但依然将不愿悔婚背约的想法，明白地告之于自己的母亲。王氏的想法不仅取得了自己母亲的认同，也得到了父亲王坦人的理解与支持。在积毁销骨、众口灼金的流言喧嚣中，王氏不愿毁弃婚约的想法，恐怕并非是基于对汪辉祖这个从未谋面的未来夫婿的品德修养和现实表现有多少真正的了解，仅仅只是受礼教浸染而在头脑中形成的从一而终的观念的坚执，她与汪辉祖之间的婚约，虽无媒证，但却有难违的父命。表面上看，王氏的这一想法不过是一种迂执，但其中所透露出来的是大家闺秀应有的“孝”的修养，不违父命，即是“孝”的最基本最起码的要求。

这个时候，附学于汪奂若家塾的汪辉祖正在学习写诗，有感于此一事件呈现出来的“人心惟危”中的炎凉世态，即写下了“事有难平处，心无不用时”。又在《题牡丹图》中申明“图成莫讶开不早，开时便得称花王”，还在一首长短句中写下了“肠似黄河迴九折，一折一番愁。河流无尽头，愁到几时休”。这些诗句，表达了汪辉祖此时的无奈、困惑、忧愁、愤懑与志存高远并不为流言蜚语所动的定力。同乡邻右中的好心人将汪辉祖写的这些诗词，有意传给了远在山阳的王坦人，王坦人读过之后，评价道：“此子能处忧患，虽辛苦，终当有成。”自此之后，那些无中生有、恶意挑拨的流言才逐渐平息。

所谓流言止于智者，所谓智，当然包括于喧腾的流言之中去探明并确认其中所掩藏的真相的智慧和能力，但更为重要的是需要一种基本的价值判断与道德情怀涵养起来的坚定执信。

山阳县，今属陕西省商洛市，西晋时始置丰阳县，北宋开宝九年（公元976年）属永兴军路，咸平元年（公元998年），因地处商山之南而改名山阳县。金、元废，明成化十二年（公元1476年），将商县丰阳巡检司改设山阳县，属西安府直隶州商州，清沿置，隶潼商道商州直隶州。

山阳与萧山之间相距千里之遥，而关于汪辉祖染赌的流言却不胫而走，辗转传至千里之外，由此我们不仅看到了流言蜚语传播的可怕，更从中看到着意传播者阴暗心理中所折射出来的人情凉薄。试想，早年汪楷与王坦人结为儿女亲家时，同为在京等待谒选的候任之官，可谓是门当户对，经斗转星移的十余年，汪楷弃职归里，又客死异乡，穷窘几至已不能营葬归安的地步，汪家家道中落渐次而至于不堪。而王坦人尚在朝中衙署为官，考成经历和官声人望，让其恐怕还有上进阶升的可能。汪、王两家的儿女婚姻之约，已经失去了最重要的门户登对的基础，自然这段婚姻便不再被市井中的绝大多数人所认同认可了，这无疑才是流言传播最深层次的原因。

待字闺中的王家小姐面对甚嚣尘上的流言蜚语，除了恐怕仅仅只是对未来夫婿的担心外，并没有因为势利而改变自己的心志，而王坦人也能通过好心人传递过来的汪辉祖输诚明志的诗句中探究真相、明辨是非，并没有因为门庭的等第变化而做出毁约悔婚之事，自是便值得大书一笔加以赞许肯定。当然在流言满天飞的时候，将汪辉祖的诗文传至山阳者，也不妨在此给予格外的嘉许：世道维艰、人心惟危之中，有此等宅心仁厚之端人所释放出来的情怀与温度，何以不是温暖并激励汪辉祖一生一路孜孜求善的真正动因。人心惟危，最易受到环境左右的人心，却有特立卓然自外庸常市井的恒常良心，究其根本，在于良心虽然是个体内心的价值判断，但这种价值判断来自客观的外在的普遍社会之中。

1745年　乾隆十年　乙丑年　十六岁

是年，徐冠周先生因衰病而辞去了汪奂若家塾教席，汪辉祖也因家庭经济困难，已无力再另拜其他塾师门下求学。只得跟着两位母亲关在自家小楼里独自修习课业，两位母亲对在家攻读的汪辉祖学业的督促检查更加严格严厉，使之从来不敢跨出读书的小楼半步。

汪辉祖关在自家小楼闭门读书期间，翻检家中先人留下来的书籍时，找到了一部《太上感应篇注》。读这部书稿，让少年汪辉祖开启了一种与其年龄与阅历并不相称的对人生世事的全新体认，让他感受到了从未有过的在立身处世中如临深渊、如履薄冰的警策惕厉。自此而后，他几乎每天早上起床之后，必定会将此书用心诵读一遍。汪辉祖一生之中，事事在在谨小慎微，从不敢放任自己，恐怕于此书中得益甚多。

《太上感应篇》，是道家劝善书之一。最早在《宋史·艺文志》中即收录有李昌龄《感应篇》一卷，《正统道藏·太清部》有《感应篇》三十卷，题李昌龄传、郑清之赞。但并不能确定是书即为李昌龄所撰。清中后期，此书大盛，坊间注疏本较多，汪辉祖所读之书为何人注本，不得其详。

《太上感应篇》计一千二百余字，主要借太上之名，阐释“天人感应”“道教承负”的观点。所谓“太上者，道门至尊之称也，由此动彼谓之感，由彼答此谓之应，应善恶感动天地，必有报应”。感应是指善恶报应，由天地鬼神根据世上人们的所作所为给予相应的奖惩。因此，开篇即以“祸福无门，唯人自召；善恶之报，如影随形”为纲，宣扬“善有善报，恶有恶报”的因果观念，接着指出人要生生多福，必须行善积德，并具体列举了二十六条善行和一百七十条恶行，作为趋善避恶的标准，最后以“诸恶莫作，众善奉行”，“一日有三善，三年天必降之福；一日有三恶，三年天必降之祸”作结，向世人发出最严厉的警诫。

汪辉祖在嘉庆元年（公元1796年）所撰写的《病榻梦痕录》里，所记录的两首《示儿》诗中，对当年在两位母亲的严苛监督下的闭门苦读，有过这样的回忆：

一

昔有两间屋，晨昕西夕照。
长夏苦炎威，炊烟杂茶灶。
我依二母居，一经课后效。
床前书几陈，蚊蚋常缭绕。
摊书纺车旁，形影互相吊。

二

昔有一册书，无多手泽在。
雒诵功易殚，文章溯流派。
一瓻偶借人，何处得津逮。
勤勤克期抄，腕脱敢云惫。

一隅以三反，周行问向背。

在汪辉祖失馆学而勉力自修的两年中，一个人闭门苦读，孤灯寒窗，没有师长的指引，也乏同窗学友的切磋砥砺，但苦读勤思，想必于知识学问亦不乏长进。

治经课徒　修业立身

1746年　乾隆十一年丙寅年　十七岁

是年，汪辉祖依旧在两位母亲的严督下，在家闭门修习儒学科举课业。

是年五月，萧山县学依例举行童生进学考试。汪辉祖为此向两位母亲请求筹集盘缠前往参加考试。两位母亲认为汪辉祖的儒学课业尚未真正修成，加之当时家庭经济十分窘迫艰难，前往县城参加入学考试难免破费，对汪辉祖的要求，一开始并没有同意。汪辉祖却执意要去参加此次童生考试，两位母亲问道："你自己估计能够通过考试而进学吗？"汪辉祖自信自己的知识学问还是挺不错的，就回答说："能。"两位母亲这才告诉他说："你既然自信能够中试进学，我们哪有不让你去参加考试的道理呢？"在家人口食难给的艰难中，为汪辉祖凑足了进城参加童子试的盘缠费用。

农历六月，江南的萧山，赤日酷暑，炎天炙人。汪辉祖来到萧山县城参加童子试，看见前来应试的童生们都穿着轻纱做的凉爽单衫，心中不免艳羡。其中有一个参加岁考的县学生，许诺可以送钱给汪辉祖做这样的轻纱衣服作为报酬，让汪辉祖在县学生的岁考中代为作文。人穷志短的汪辉祖，经不住金钱的诱惑，便答应了这位县学生。等到县学考试揭榜的时候，同族参加考试的一众童生中，有十八人进入了第二轮复试，唯有汪辉祖因代人捉刀的缘故而榜上无名。汪辉祖的落榜让其两位母亲非常生气，当得知汪辉祖是因为了得到别人的钱财替人代考而未能得以进入第二轮复试的真相后，更是怒不可遏，斥骂道："没有志气的儿子啊，竟然为了贪人钱财而不爱惜自己的功名和声誉！"给了汪辉祖一顿痛打，并责令其归还了别人所给予的钱财。汪辉祖由此痛切悔悟，在学习上更加发奋，常常通宵达旦，夜以继日。

八月，汪辉祖参加府学组织的童生考试，同族参加考试的十八人，均未能得以进入复试，只有汪辉祖一人进入复试，完成了全部考试。

九月，参加全省统一组织的院试，被时任浙江学政陈其凝（字秋崖）擢为童生试第六名，汪辉祖得以正式进入官学，成为可穿青衫的秀才，实现了其祖父当年对其寄予的希望。更重要的是，汪辉祖自此拥有了参加科举考试而入仕求官的资格。

清代的童子试，亦称郡试，极其严苛。包括县试、府试和院试三个阶段。县试一般由知县主持，本县未入官学的童生五人一组相互具结担保，外加一名本县廪生担保，方取得参加考试的资格。考试分四到五场，试期多在春夏之季，一般在每年的二月间，考试内容包括策论（即俗之所谓八股文，有类当今之公务员考试之所谓“申论”）、诗赋等，合格者即可参加府试。府试一般由知府、或直隶州知州、或直隶厅同知主持，内容与县试相同，多分为三场，合格后方可参加院试。院试一般由主持一省儒学事务的学政主持，一般只对县试、府试合格的童生确定名次等第，亦有极少的会对其中考试成绩劣等的予以黜落。三个阶段考试合格者即取得入官学的资格，亦同时取得正式参加入仕求官的科举考试中全省统一的乡试考试的资格，可称为秀才。

科举考试中，分别试之以策论和诗赋。实际上是对考生文学文化素养和运用主流价值伦理观解决社会现实问题的能力，两个方面进行全面的考察和检核。单就其对考生的人文伦理素养的考核检校而言，无疑是科学而有效的。在这种考试制度的引领下，对与自给自足自然经济相适应的社会形态的治理而言，首先，这一制度确保了具备统治者所需要的具备较高人文伦理素养的社会治理之精英人才持续供给，而且这种供给方式的机制是公平有效的。其次，保证了参与社会治理的精英人才都是基于对社会主流价值的自觉认知和主动认同的，具有共同一体的政治伦理规范。其三，这种以科举制度为主要手段的社会管理者的新陈代谢方式，客观上确保了社会各阶层尤其是统治集团与被统治集团之间正向积极的合理流动。

汪辉祖以十七岁的年资，首次参加童子试即过关斩将并以全省第六名的优异成绩取得入官学的资格，这在清中期文化相对昌明发达的浙江地区而言，不可谓不是出类拔萃的，此时的汪辉祖自然是春风得意的。因此，其对当年府试的三场考试的题目，汪辉祖直到晚年尚能记忆犹新。

第一题是取自《论语·颜渊》篇中的“盍彻乎”章：“哀公问于有若曰：‘年饥，用不足，如之何？’有若对曰：‘盍彻乎？’曰：‘二，吾犹不足，如之何其彻也？’对曰：‘百姓足，君孰与不足？百姓不足，君孰与足？’”据《左传》载，鲁哀公十二年春，征纳田赋，按亩分摊军费，因是年即下年鲁国皆有虫灾，加之连年用兵于邾，且有齐国犯边之警，故鲁哀公有年饥而用不足之忧，向孔门弟子有若请教疏解之法，而迂阔的有若教之以只征税于田，而不加赋。哀公告之以国用不足之患，而有若告其老百姓生活丰足了，无须担忧国用不足。须要考生阐释论述施行仁政的正确途径应当采取薄赋税的道理。第二题取自《孟子·公孙丑上》篇中“三里之城，七里之廓”章，须要考生阐释论述“天时不如地利，地利不如人和”的辩证关系中所体现出来的“得道多助，失道寡助”的核心意旨。第三题亦选自《孟子》，不过是《梁惠王》篇中的“邹与鲁讧”章，须要考生阐述其中“民为贵，君为轻”，只有“君行仁政”，才会有“民亲其上”“死其长”的君臣一体同心的良好政治局面的内在逻辑关系。

明、清的科举考试的策论中，往往在“四书”“五经”中寻章摘句为题，既考查考生对“四书”“五经”里相关章句及其背景的理解和掌握，还考察其由此申发的思辨论述的能力。而今每年公务员招考中的《申论》科目的考试，其实就是曾经在新文化运动中被绝大多数国人唾弃的科举八股考试中的“策论”的翻版而已，就此而言，透过历史烟尘回观数百年间八股取士对人才选拔的得失，被组织考试者津津乐道的所谓“申论”科目，于治国理政人才的选拔，其虽有资于用而鸡肋之实，恐怕也无须过多引证论述了。

是年，汪辉祖入县学为秀才之后，便受聘担任了两位表弟的塾师，干起坐馆课徒的冬烘营生来。但自己依然一意研习举子儒业，以图科举仕进，实现自己光耀门庭“辉祖焕曾”的抱负。在县学生考期作文时，曾专门向山阴茅绳武先生请教写好科举试文的范式要旨，为此拜其为师。

茅绳武，字再鹿，一字诒孙，系汪辉祖嫡舅父王深甫先生的内侄，亦为县学生，其时正在韩德师先生家任坐馆塾师，跟汪辉祖算是“转拐”表兄弟。

1747年　乾隆十二年　丁卯年　十八岁

是年，值浙江省丁卯科乡试。

汪辉祖为应是科乡试拜山阴县岁贡生张嗣益为师。

张嗣益，字百斯。其时任汪辉祖嫡继母王氏母舅家塾师，教授王氏母舅家子侄共七人，岁修为十二串，其中三串为汪辉祖向其请教科举应试作文的报酬，由汪辉祖两位母亲给付。汪辉祖在其参加浙江乡试前，从师游学四个月。

八月，汪辉祖参加是年浙江乡试，落榜。

是年乡试，浙江省中举名额原本拟定共一百零四名，发榜时却意外减少了十个名额。汪辉祖的落榜是否与减少的这十个名额有关，不得而知。但这减少的十个名额，恐怕与是年浙江乡试科场上的一个不大不小的考场事故有关系。据汪辉祖回忆，在是年浙江乡试第一场考试中，同号的一位考生向考棚提调官时任盐驿道的赵侗敩要求更换试卷，提调官赵侗敩见其七艺科目都已经解答书写完毕，而试卷的前后卷面上却无厘头地写着一个如茶杯大小的“好”字。问其原因，那位考生回答说，在其中一张试卷解答完毕之后，就昏睡过去了，睡梦中见一人掀开考棚帘子进来，对其说道，你今年一定能够考中，并让他在自己的手心和手背各写一个“好”字，不料醒过来一看，这两个“好”字却写在了试卷纸上。同考赵侗敩告诉那位考生说，“好”字拆开来就是“女”“子”二字，你自己扪心自问，平日里曾经有过与女子相关的过犯没有？那位考生再三哀求吁请另换一张考卷重新书写，未被允许。那位考生当时的样子看起来很是恐惧，显然是中邪着祟之象。试想，考棚中竟有鬼祟出没，对参加科举考试的人，哪有不害怕的道理。

赵侗敩，江苏武进人，一说江苏阳湖人，生卒年及生平未详，时任盐驿道道台，后任襄阳府知府，两浙盐运使，学者，刻书家。

1748年　乾隆十三年　戊辰年　十九岁

二月，汪辉祖未来岳父王坦人因担心他为谋生计担任童子塾师影响其科举课业修习，便来函将其招至山阳县县署，让汪辉祖专一攻读举子课业。

为此，汪辉祖即打点行装，只身远赴山阳县。

至山阳县后，汪辉祖按王坦人先生的要求，拜山阳县举人许廷秀（字虚斋）先生为师，从师游学至十月，因患病而回。

十一月，汪辉祖回到浙江萧山瓜沥大义村。一天，有人邀约汪辉祖前去观看社戏，汪辉祖推辞没去。其生母徐夫人告诉他说，今天戏场里再怎么喧闹嘈杂，我都不会心生半点恐惧了。以往每次你去看戏之后，每每远远听见戏场里的闹嚷喧腾之声，我都会为之心惊胆碎，总是担心你挨挤受伤。汪辉祖听完生母的这席话之后，不禁惊悚莫名，冷汗发背，才知道自己稍有一丁点可能面临的危险，就会使自己的母亲处于极度的惊恐之中。自此以后，汪辉祖一生之中再也没有进入过戏场看戏。

社戏，顾名思义，即在乡社里会中进行的一种有关宗教和风俗的戏艺活动。它在中国中原文化占主导地位的民间广泛流行。社戏源于古代官社或私社的祭祀、庆祝活动，随着戏艺形式的多样化，社戏的形式也越来越多样化，因各种戏艺形式细分化和专业化，诸如杂技、戏曲等戏艺形式逐渐独立并成熟，这些专业的戏艺团队又以合作或受邀聘请的形式融入各地社戏表演中。古时绍兴一带的祭社，多有文人士绅行令作诗之类的活动。春祭称为“春社”，是祈农之祭，秋祭称为“秋社”，此时农家收获已毕，立社设祭，是为了酬报土地神。后来发展为以演戏来祭社。社祭中所演的戏便叫“社戏”，因为每年要演，也称为“年规戏”。后来，社戏不限于单单祭祀土地神，演社戏的时间亦不限于春秋两季。凡一村或几村合伙出钱，为祭神而演，大家可看的戏便是“社戏” ，一般在庙台或草台（临时搭建）上演出。

是年底，汪辉祖胞叔汪模带着家眷迁徙远走他乡，其祖母想要一同前往，汪辉祖的两位母亲哭着再三挽留。在《双节诗文初集》之《旌表双节案》中有这样的载述，当祖母沈氏欲随汪辉祖叔父汪模全家远徙时，其生母徐氏劝阻道：“主虽死，有儿在。七十岁老母远离乡井，我主必不瞑目。且他日儿幸成立，何面目见人。”为此，祖母沈氏最终留了下来。汪辉祖的嫡继母王氏、生母徐氏在家庭生计极其艰困的苦境中，不只是在汪辉祖身上寄托了家庭顶门立户的全部希望，而且在汪辉祖未长成之前，代为撑起了在传统社会中只有男人才足以担当起的全部家庭责任与义务，对其祖母的侍奉赡养，自然是其中重要的家庭责任和义务之一。

许廷秀，字虚斋，山阳人，乾隆九年（公元1744年）举人，生卒年及生平未考。

1749年　乾隆十四年　己巳年　二十岁

是年，汪辉祖在王氏舅父家担任塾师，教授两位表弟读书。

在《礼记·学记》中有这样的话："虽有嘉肴，弗食，不知其旨也；虽有至道，弗学，不知其善也。是故学然后知不足，教然后知困。知不足然后能自反也，知困然后能自强也。故曰：教学相长也。兑命曰：'学学半。'"汪辉祖自五岁发蒙，孜孜于学，而至十七岁进学而为秀才起，便开始了课徒授业的营生，前后历时五年有余，此段经历对汪辉祖人生的影响，更是至关重要的。我们从汪辉祖一生行状中，不难发现其对"至道"的不懈追求过程，足以证明其有在"学"中而知其自身的"不足"之明哲体认。而至进学之后，这五年之久的课徒授业，是不是让其在传道授业解惑中，有"学学半"之体认，从其为家庭生计而转而习幕的人生选择中，起码多少表明在汪辉祖看来，"学学半"与家庭生计相权，或许并无更多的优长。当然，这也是并不能由此否认其于兹而得到的"知困"而"自强"的人生收获的。

是年，汪辉祖仍从张百斯先生游学。

十一月，汪辉祖娶王坦人之女王氏为妻，这年汪辉祖刚刚二十岁。二十岁，在中国传统社会中，对男子而言，是人生的一个重要的时间节点。古代贵族男子年届二十岁，即在宗庙里举行庄肃隆重的加冠仪式，以此正式认可并宣告其成年。冠礼一般由其父亲主持，并指定地位尊显且德高望重的长辈在其新束之发髻上加冠三次，以此喻示其已经拥有了治人、治国和参加宗庙祭祀的三项成人男子才有的权力，并由尊显的长辈为加冠者致祝词，且赐予其表达宗族长辈对加冠者美德懿行的期许之美好愿望的"字"，望其将来成为一个受人尊敬的人，即所谓"冠而字"，这一仪式在《礼记》中即有载记。于普通百姓而言，并不一定有此专门的加冠仪式，但男人之成年至二十岁起，却成为深入人心的一种观念，也成为男人必须负起当家立业的责任与使命的一个起点。此时的汪辉祖已年届二十，娶妻便已算成家，自然自以为当负起家庭的全部责任来。

1750年　乾隆十五年　庚午年　二十一岁

是年，山阴县秀才冯思咏在安昌沈家坐馆为塾师，冯思咏是一位久经科场历练的饱学之士，汪辉祖在参加是科浙江乡试之前从其游学。

五月，从月初至月末，坐馆课徒的汪辉祖多次发头眩之病。有一次发病之后，因身边无人，竟晕倒在王氏舅家后花园的水池里，腰以下被淹没于池水之中，甚是危险。黄昏时才被塾馆里的仆人发现，当将其从水池救起来时，尚还处于昏迷中。苏醒之后，就卧病在床了，只好辞馆回家养病。

八月，汪辉祖拖着病弱的身体参加了浙江省乡试，自然落榜而归。

1751年　乾隆十六年　辛未年　二十二岁

是年，汪辉祖受同宗伯父汪锣（字表山）延请，在汪锣先生家坐馆课徒。

是年，汪辉祖与徐梦龄结为好友。

徐梦龄，字颐亭，浙江山阴人，生卒年及生平未详。国子监生，屡试不第，故改学医，对医治疑难杂症颇有造诣，后游医至口外，客死他乡。徐梦龄因与汪辉祖志趣投合，交往密切，系汪辉祖一生之挚友之一。

是年，汪辉祖将自己应举之课业习作邮寄至山阴杨际昌先生之处，请求教正。自此，汪辉祖与杨际昌先生书信往还近一年，算是师从杨际昌游学。

杨际昌，字鲁蕃，浙江山阴人，生卒年及生平未详。乾隆六年（公元1741年）进士，是年馆汪辉祖岳父王宗闵同族从兄家塾课徒。

汪辉祖自乾隆十一年（公元1746年）入县学而成为秀才之后，便立志修习举子儒业以谋求仕进。为补贴家用，除乾隆十三年应岳父王坦人之召赴山阳县署游学八月外，其余时间先后在王氏母舅、汪氏同宗伯父家坐馆课徒。一边课徒谋生，以敷家用，一边拜师习文，准备科考。但塾师束脩微薄，还时有拖欠，以至其家庭生计十分窘迫。在《汪辉祖行述·遗事下》中，对其生活的窘迫境况有这样的描述：

> 分岁后，束修方至，急偿米欠，复赊斗米度岁。慨然知授徒不足为养，次年辞馆习幕。

旧时坐馆训蒙课徒的塾师，多为家境清贫且举业不兴、仕进受挫的落魄书生，可能是饱学之士，但大多数都是寂寂终身、不名一文之穷窘学子。因此，蒙学塾师中的最大多数，一方面是乡里群氓眼中的师尊圣贤，忝列“天地君亲师”位之上，自己多少有些不能放下也真正放不下的“师道尊严”的架子，不得不谨礼守节敷衍出一副迂阔的状貌来。另一方面往往历经科场失意，读书人求学问道的初心尚在，而求取功名仕进的累累败绩早已让读书人的颜面尽失，灰头土脸，穷窭寒酸，往往是其共同的脸谱。迫于生计而坐馆训蒙，于主观心境，只身寄居塾馆之中，远离市井繁华喧嚣，寒窗孤灯，落寞寂寥难免冷清凄惶。于外在客观而言，既有受东家托付、唯恐误人子弟的压力，更有童稚顽劣、不堪造就所给予自己带来的种种难堪与尴尬。当然更有现实中束脩菲薄、不敷家用的种种窘迫困顿。凡此种种，不一而足，修习儒业者坐馆训蒙课徒而为塾师，无一不是情非得已的无奈选择。

入幕佐治　恪职尽守

1752年　乾隆十七年　壬申年　二十三岁

二月，朝廷因第二年即乾隆四十岁圣诞，将举行恩科会试，各省依例于是年举行恩科乡试。

汪辉祖应浙江省乡试，落榜不第。

对这次乡试落榜的原因，汪辉祖在《病榻梦痕录》中回忆道：

是科，三场策问小学，余素未究心，仁和严古缘（果）淹雅贯通，为余历历言之，始得完卷。

第三场所考的“小学”方面的内容，是汪辉祖从来没有认真研修学习过的，故对他而言，是十分生疏的课业软肋，幸在同一考棚内的严果的指点下，才勉强得以完卷。

通过这次考试，汪辉祖与严果结谊订交，成为好友，并由此结识其弟严诚，与严氏兄弟相知相交，数十年如一日。

恩科，即皇恩特许之科举，自隋开科取士以后，朝廷每三年举行一次科举考试渐成定例。至宋时，承袭五代后晋之制，科举中，每三年举行乡、会试，是为正科。遇皇帝亲试时，可别立名册呈奏，特许附试，称为特奏名，一般皆能得中，故称“恩科”。恩科始于宋，明、清亦用此制。清代于寻常例试外，逢朝廷庆典，特别开科考试，也称“恩科”。若正科与恩科合并举行，则称恩正并科。

严果，字古缘，学问淹雅贯通，为人宽厚笃朴，乾隆庚寅年（即乾隆三十五年，公元1770年）浙江乡试举人。

严诚，字铁桥，严果之胞弟，除有较高的学问造诣外，还多才多艺，乾隆乙丑（即乾隆十年，公元1745年）浙江乡试举人。

兄弟二人均为汪辉祖一生交谊深厚之挚友。

是年，汪辉祖岳父王坦人署任江苏松江府金山县知县。

三月十五日，汪辉祖赴金山县衙，入其时署任金山县知县的岳父王坦人幕中。因不愿意以幕宾为业，故只在其县衙幕中任掌书记，依然一如既往地以读书习儒业为主，兼职于衙署中做一些抄抄写写的案牍工作，故月修仅为三两银。

显然，此时汪辉祖虽已入幕佐官，但为幕师不过是其为营生计的一时权宜之计，而求取科举功名，入仕为官才是其人生之追求所在。正如其在《学治续说·进退不可游移》中所剖白的那样："仕而进，经也。不获已而退，权也。"只是这仅为稻粱而谋的一时权宜，后来却几乎成了汪辉祖终身的职业，且成就了他一生的事业与声望，更让他以一代名幕而垂范青史。

坐馆习幕不过是汪辉祖情非得已的一种无奈选择，并非其志趣所在，更不是其所追求的人生目标所在，而终竟使其名满天下，究其根由，在于其用心用力兢兢业业的执业操持，这于许多用非所学、用非所长者而言，于其间当有所启迪，与其怨尤天不假我，毋宁通过改变自己以适应生存生活的状态与环境，从而安其所在，于所在中而有所成。

1753年　乾隆十八年　癸酉年　二十四岁

是年，汪辉祖在金山县衙坐馆为幕，职掌书记。一边在县署衙门里做些抄抄写写的事务性工作，一边继续读经课书修习举业。

汪辉祖以王坦人女婿身份入幕为宾，但在其所著的《学治臆说》一书中之《至亲不可用事》，却有如是申说，似乎其中只有别人家的故事，而并不着一丝半点自己经历的痕迹：

谚曰：莫用三爷，废职亡家。盖子为少爷，婿为姑爷，妻兄弟为舅爷也。之三者未必才无可用，第内有嘘云掩月之方，外有投鼠忌器之虑，威之所行，权辄附焉；权之所附，威更炽焉。任以笔墨，则售承行鬻差票；任以案牍，则通贿赂变是非；任以仓库，则轻出重入，西掩东挪，弊难枚举。即令总核买办杂务，其细已甚，亦必至于短发价值，有玷官声。故无一而可事，非十分败坏不入于耳，迨入于耳已难措手，以法则伤恩，以恩则坏法。

三者相同，而子为尤甚，其见利忘亲者，无论意在爱亲而孳孳焉。为亲计，利势必陷亲于不义，所以危也。余佐幕三十年，凡署中有公子主事者，断不受聘。盖坐视其害，义有不安，以疏间亲，分有不可，目击官之受此累者，比比皆是。乾隆二十九年，诸暨令黄汝亮之重征，五十一年平阳令黄梅之苛敛，并因子累，身干重辟，子亦罹刑，尤炯鉴之昭然者矣。

三月，汪辉祖长女出生。

五月，岳父王坦人从金山县调任常州府武进县任知县，汪辉祖随往，在武进县衙门继续职掌书记。

七月，汪辉祖从武进县衙归乡，应是年浙江省乡试。

汪辉祖在赴省参加浙江乡试途中，顺道归乡，适逢其祖母沈氏卧病不起，汪辉祖自己也因旧疾发作，身体欠佳，故滞留于萧山瓜沥大义村家中有些时日。其时，岳父王坦人以县衙里的公事要办，催促其速返武进县衙。撇开汪辉祖旧疾发作、身体不佳不论，就赴省参加乡试和到武进县衙赴任坐幕两件事，也都是耽搁不得的。但面对重病卧床的祖母，汪辉祖却不忍心辞别垂危的祖母而行。祖母沈氏知道汪辉祖左右为难的情况后，将其叫到自己的病榻跟前，关切地问道：“孙儿这次外出后，什么时候回来呀？”汪辉祖回答道：“如果这次乡试得以考中，大概在九月二十二、三日前后便能回来。如果落榜，因要到武进县衙坐馆为幕，应该要到腊月底才能回家了。”祖母说道：“孙儿一定会金榜题名的。但是无论是金榜题名之后回家，还是落第之后去武进坐幕而到年底才回家，时间都还尚早，我怕是等不到你回来了，你也不要等我的病好起来才启程成行，孙儿不要挂念我。”嫡母王夫人哭着对祖母沈氏说道：“我儿现在还在生病之中，这将如何是好呀？”祖母沈氏安慰道：“毋虑，儿有后福，多寿多儿孙。”祖母沈氏这句安慰汪辉祖嫡母王氏的话，既是汪辉祖祖母沈氏对王夫人担心忧虑的劝慰，更是重病中的沈老夫人对自己孙儿的祈愿与祝福。在此之前，生母徐夫人因为叔母不讨沈老夫人的欢心、加上汪辉祖少不更事等原因，而常常受到牵累被沈氏责罚。在汪辉祖叔父汪模对祖母沈氏弃去不顾而远走他乡之后，生母徐夫人对祖母沈夫人一如既往经年累月地小心侍奉，并且教育汪辉祖要理解顺从祖母的意愿，使祖母得以安享晚年。此时此刻，祖母沈夫人将汪辉祖生母徐夫人叫到病榻前，对她说道：“若善事我，愿若子孙皆如辉祖，子孙娶妇皆如若也。”这既是沈老夫人对孝顺儿媳的极高评价，更是对孝顺者最深挚最美好的祝福。汪辉祖因赴乡试和到武进县衙坐馆为幕，不得已辞别了重病垂危中的祖母。

是年乡试汪辉祖落第，直接从杭州赴武进县坐馆为幕。

十月二日，祖母沈夫人病逝。丧葬事宜由汪辉祖嫡继母王氏、生母徐氏主持料理。汪辉祖因衙门公务，未能回家为其祖母料理丧葬事宜。

中国传统伦理强调“慎终追远”，而“慎终”一事，于儿孙对长辈的尽孝而言，往往更强调侍奉左右以尽天年。但于生养死葬相较而论，恐怕生养之恭顺周全更是大义之基本意涵的真正所在，至于死葬之哀衷表达，其实是并无实质性的意义和作用的。对此自然只能尽力、尽心而为之，力所不逮，是无须非难责怪的。

1754年　乾隆十九年　甲戌年　二十五岁

是年汪辉祖继续在武进县衙坐幕职掌书记。

四月，岳父王坦人因其母亲去世，援例服丧去职。王坦人在武进县衙等候署任者时，有意将汪辉祖推荐给扬州一位程姓盐商，让其为之主管文翰。据称这一职位每年可得酬薪一百六十两银。这份酬薪是每月仅三两银的县衙书记官报酬的近五倍，这对生活困顿的汪辉祖而言，不能不说是极具诱惑的。但汪辉祖因听说这位程姓盐商恃财豪横，待人倨傲，担心难以与之相处，于是便禀请岳父王坦人代为辞谢了这一职位。

六月，因岳父王坦人之荐举，入常州知府胡文伯幕中任掌书记，岁修仅二十四两银，每月不过白银二两。由此可见，汪辉祖在其岳父衙中任书记时月修三两银的报酬，虽然很低，但多少是体现了岳父对女婿在薪酬方面的额外照顾的。

听闻汪辉祖这一选择的人，都为之感到诧异，不明白汪辉祖为什么会放弃年薪一百六十两银子的为盐商掌文翰的职位，而接受了年薪仅为二十四两银的在知府衙门掌书记的差事。不过，在汪辉祖看来，入常州府任掌书记，报酬虽少，但知府能以宾客之礼对待自己。在巨大经济利益的物质价值与人格平等的精神价值的权衡比较中，汪辉祖义无反顾毫不犹豫地选择了后者。对此，其岳父王坦人虽然多少有些责怪汪辉祖行为的清高倨傲，但却也最终认同并支持了汪辉祖的选择。

人，作为“社会关系总和”的人，身为物累，心为形役，莫不是情非得已的不得已而为之，谁甘于置身、心于物累形役之中。而能超然物外、忘形而得意却又不至其特立卓异而沦为市井讥谤的对象，那才算是活出了一番真正自在自如的人生境界。

胡文伯，字偶韩，号友仁，山东海阳人。生于公元1696年，卒于公元1778年。初由副贡授济南府学训导，在任六年，士林翕服。清雍正四年（公元1726年）特旨引进，授河南禹州（散州）知州，嗣后近二十年里，五任知州（县）、府同知。乾隆九年（公元1744年），擢为天津知府，后任常州知府，升任江南苏松粮道，又迁升三任司使（按察使、布政使），乾隆三十四年（公元1769年）以七十三岁高龄被擢升任安徽省巡抚，成为封疆大吏。乾隆三十八年（公元1773年）致仕返乡。胡文伯为官清正廉明，一路升迁，均有良好政声，是有清一代少有的干臣能吏、循吏廉吏。

汪辉祖初入幕时，在其岳父王坦人衙中，虽为主宾，实是子婿。此年入幕常州胡文伯幕中，才算正式开始了他的幕途生涯。

1755年　乾隆二十年　乙亥年　二十六岁

是年，汪辉祖在常州知府胡文伯幕中任掌书记，一家老少的生计和掌书记微薄的酬薪，让汪辉祖感到了生活的无限压力和人生的窘迫狼狈。

二月，汪辉祖向同在胡文伯幕中的幕友诸暨人骆彪（字炳文）先生研习刑名之学。

九月，胡文伯升任江苏督粮道，汪辉祖向其请辞。胡文伯挽留道：“我如愿得到升迁，是不会让先生一直沉沦下寮而受委屈的。”一再恳切挽留汪辉祖，并许诺将其薪酬增至每月八两银。汪辉祖入胡文伯幕中，任书记不到一年，薪酬就陡然增长了近三倍，足见胡文伯对汪辉祖才干的认可和赏识。于是，便随胡文伯一同前往常熟任所。

据汪辉祖回忆，汪辉祖在胡文伯幕中时，胡文伯一直对其优礼有加，其礼遇程度远高于其他幕宾，这特别的礼遇中包含着胡文伯对其才干的认可和赏识。每次遇到重大事项，都会主动与汪辉祖商榷讨论，而对汪辉祖提出的观点和看法，也会受其尊重、重视并多被其所接受、采纳。胡文伯曾经告诫他的儿子们说：“汪先生绝非久居人下之士，将来肯定会成为于国家有用的栋梁之材。你们一定要用对待师长的礼仪待他。”

胡文伯曾经有过这样一段极富哲理的话：“能思则事成，思之为字，田在心上，田中一十字，四面俱到，缺一面则心有未至。”他是这样说的，也是这样做的。胡文伯考虑问题十分周延缜密，被当时的人誉之为三世佛，意思是说他对过去、现在和未来都有极周全的考虑。

胡文伯对汪辉祖的关心也是细致周到、无微不至的。他曾经对人说过，汪辉祖是一个磊落爽直的人，自己要在细致缜密方面对汪辉祖着意进行培养，使之将来有所成就。汪辉祖后来回忆坐馆胡文伯幕中与其交往的这段经历时，对胡文伯于自己人生成长的作用有极高的评价：“余佐幕数十年，得免粗疏之咎，皆公之教也。”由此可见，胡文伯不仅对汪辉祖优礼有加、关怀备至，在认可赏识的同时，还着意加以培养造就。汪辉祖深受其影响，更对此厚待栽培之恩一直感戴莫名。

汪辉祖在胡文伯幕中负责起草处理往来文书，尤其是用骈体文起草的文稿，无一不得到胡文伯的首肯嘉许。一次，代胡文伯为在陕西总督任上谢世的唐绥祖撰写祭章，其中有意写了唐绥祖在湖北巡抚任上曾因受到弹劾而被罢职，后被重新启用一事。古人认为死者为大，为尊者隐、为贤者讳，对死者，尤其是在祭奠时，理所当然对其过往之中过非甚至顿挫落魄，隐而讳之，照例，汪辉祖这一别出心裁的写法，是冒顿唐突的。但胡文伯并没有对这种写法表示出一点不满意来。月余后，翰林院编修杨述在从扬州回京途中路过常熟时，与胡文伯谈及此事，说在写给唐绥祖的八十多篇祭章中，没有一篇超过常熟江苏督粮道写的。事后胡文伯与汪辉祖谈及此事，仍然喜形于色，颇为自得。自此以后，汪辉祖代胡文伯撰写的文书，无一不得到其嘉许。汪辉祖对胡文伯的知遇恩德亦是没齿敢忘，多年以后，依然对此感慨道：“嗟乎，士当未遇，岂不重赖先辈齿牙余论哉！”对当年胡文伯对他的奖掖提携无不心心念念，感怀莫名。

所谓知遇，遇往往只是邂逅巧合，知才是真正的机缘投契，其中蕴含着受知一方人生成长际遇的机会和良缘。但所遇万千，知者能几？在中国封建专制社会中，人的现实社会价值，不外功名富贵，任何能够体认社会价值的人，其人生境遇况味唯穷、达二途，穷窘之境，虽然有“独善其身”的自我宽慰鞭策之别样格局，但正如《吴越春秋》中那位逃亡中自以为身处“穷途”中的伍子胥，除非人生另有转机，恐怕所待之境只有末路而已。

而达之“兼济天下”的境况，自是丽日高天，风光无限，所有“齐家治国平天下”的林林总总之纷繁、形形色色之盛丽，无不尽在其中。然穷、达异途，由穷而达，如果并无“做了女婿换来”之类的机缘，便只有靠自己的修为受知于人、见用于世，方有立言、立功、立德之建树。茫茫人海，芸芸众生，能脱颖而出，能见用于世，除了自己努力使人能知，更重要的是在人生际遇中能被掌握着有限社会公共资源的人所知，否则，“天生我才必有用”，不过只是大醉酩酊之后的痴言妄语而已。因此，为所遇而且能受其知者，便须感其恩而戴其德。从知人者的角度而言，既须有知人之明识，尤须要有知人之德怀。明识并非人所尽有，而德怀往往尤其稀见，受知者，自当感其恩尤须戴其德！

汪辉祖在胡文伯幕中，还有一件让其引为自得而终生难忘之事。当时官府严禁私铸小钱，有一种当时流通于世的铸有“宽永通宝”的小钱，因铸币流通中“宽永”之号，事关朝纲大统，自然引起朝廷的警觉和高度关注，巡抚奉朝廷之命要求严查这种小钱上所铸的“宽永”年号的来历。当时正好汪辉祖手上有一本友人赠给胡文伯的《曝书亭集》，汪辉祖在深夜翻检阅读这本书时，看到该书之《跋》中有“《吾妻镜》云”字样，经汪辉祖考证，《吾妻镜》又叫《东鉴》，前有庆长十年《序》，后有宽永三年国人林道春《后序》。《东鉴》是一本讲日本国历史的书。宽永三年是日本国的纪年年号，与中国相对应的具体时间即明朝天启四年。于是将此一考证结论告之了胡文伯先生，说明了“宽永通宝”这种在世面上流通的小钱的来历，并据此申明开卷必有益的道理。自此以后，汪辉祖只要幕务稍有闲暇，便从胡文伯处借来各种典籍研读诵记，从没有因贪图安逸而有所懈怠。

是年，嫁其同父异母的四妹于山阴县沈仁埃（字有高）。

是年，浙江绍兴府一带因受夏旱而大面积秋粮歉收。

唐绥祖，字孺怀，号莪村，扬州江都人。生于公元1686年，雍正元年（公元1723年）举人，以举人入仕，历任河南封丘、虞城县知县，归德府知府，山东盐运使、按察使，太常寺少卿，广西按察使、布政使，浙江布政使；浙江、山东、江西、湖北巡抚，湖广总督，太常寺卿，陕西总督等职。一生职守干练，操持清白，政声昭彰，虽曾坐事落职四次，然均获重新启用。能文章，但却为政声所淹。公元1754年卒于陕西总督任上。

杨述曾，字二思，号企山，扬州阳湖人，明末清初大儒杨椿（曾编纂《明史纲目三编》）之子，家学深厚。生于公元1698年，乾隆七年（公元1742年）壬戌科榜眼，授翰林院编修，历官侍读、侍讲，后任《通鉴辑览》馆纂修官，以才名文章显扬于世。有《南圃文稿》《使车集》《清史列传》等行于世。

1756年　乾隆二十一年　丙子年　二十七岁

是年春，胡文伯因司督运之职赴山东临清，汪辉祖因病不能随行同往，便辞胡文伯幕。

汪辉祖辞胡文伯幕后，入无锡县知县魏廷夔衙中任幕宾。协助衙中刑名师爷秦君办理刑名方面的事务。秦君是专门研修法家刑名的行家，对大清法律、条令熟谙于心，汪辉祖与其共事期间，在刑名幕务方面所受教益颇多，这也为汪辉祖成为有清一代声名远播的刑名师爷奠定了一定的基础。

当时，无锡县有一个叫浦四的人，因其童养妻王氏与其叔父浦经私通之事发，告官之后，按照清律：大凡没有亲属关系之二人通奸，各杖八十；如果女方有夫，则各杖九十。如果双方有服制关系（即近亲血缘宗族关系），奸缌麻（古代服丧分为五级，即斩衰、齐衰、大功、小功和缌麻五级，缌麻为其中最轻一级，即相互之间必须服丧的最低一级，孝服用细麻制成，服期三月，故称缌麻。凡本宗为高曾祖父母、曾伯叔祖父母、族伯叔父母、族兄弟及未嫁族姊妹。外姓中为表兄弟、岳父母等。均服之）以上亲或缌麻以上亲之妻者，各杖一百徙三年。秦君依此律例拟稿判决当事人浦经充军。汪辉祖就此拟判向秦君提出了质疑，认为，浦四与其童养妻之间的关系，尚不具备真正的夫妻关系，故其童养妻与其叔父浦经通奸，只能作为一般的通奸关系论处。这一观点得到了知县魏廷夔的支持，并允由汪辉祖依此论拟稿申禀。上报常州府之后，被应以有服制关系的通奸罪判决而驳回。汪辉祖坚持自己的观点并一再进行申辩，认为：男女必须举行了正式的婚礼，才有法定的夫妻名分。并引用《礼记·曾子问》中的孔子对婚姻的相关解答作为依据：

“孔子曰：‘嫁女之家，三夜不熄烛，思相离也；娶女之家，三日不举乐，思嗣亲也。’曾子问曰：‘女未庙见而死，则如之何？’孔子曰：‘不迁于祖，不祔于皇姑。婿不杖、不菲、不次。归葬于女氏之党，示未成妇也。’”

汪辉祖引经据典，坚持认为浦四与王氏尚未举行婚礼，并无夫妻的名分，王氏即非浦四之妻，虽称浦四之父为翁，也不过仅仅是遵从乡俗，对年长的长辈的一种称呼而已，在法律上王氏与浦四并无亲属关系，因此她与浦经的通奸仅仅只是普通的男女通奸关系，并不适用于律例中有关亲属服制相关的条款。只是因为王氏自幼受浦家养育，有“疑于近妇”之嫌，可援《尚书》中“罪疑惟轻”之例，比附凡例而有所加重，于杖刑外另处枷号三月，以示区别。汪辉祖的这一判决，虽别具心裁，却多少有违常情俗礼，所以开初并不为上宪所允，经其引经据典的辩驳阐释，方才获允定谳成案。王氏刑满释放后，其娘家将其许配给了浦经，而让浦四另娶，此事得到了圆满的解决。因为此案的判决，使汪辉祖一案成名，并由此得到了时任浙江巡抚庄有恭的首肯。

对这一别出心裁的判例，在后人徐珂的《清稗类钞》中也将其加以翔实载录，引以为有清一代有名的折狱之断，足见其影响深远。

庄有恭，字容可，号滋圃，广州府番禺县人。1713年生，乾隆四年（公元1739年）己未科状元。历任翰林院修撰、侍读学士、中丞，光禄寺卿、兵部右侍郎，刑部尚书、协办大学士，两江总督，太子少保，江苏、浙江、湖北和福建巡抚等。1767年病逝于福建巡抚任上，以其勤政爱民、清操自厉而官声卓著，颇得一时民望。

五月，因知县魏廷夔丁母忧去官卸任。汪辉祖也因参加当年浙江乡试而辞幕告归。

九月，榜告汪辉祖落第。是科浙江乡试虽增广员额十名录取，但汪辉祖依然无缘科名，又一次铩羽而归。

十月，应时任江苏督粮道胡文伯的专函邀请，汪辉祖赴常熟，又回到胡文伯衙中任书记之职。

十一月，胡文伯带着衙署幕中钱谷师爷朱某赴淮安拜谒漕运总督，汪辉祖与二人同船而往。在前往淮安的官船上，胡文伯与钱谷师爷朱某因观点不合，多次发生争执。将要到达淮安时，汪辉祖询问二人一路上何以争执不休，才得知其中原委：因江淮卫之漕船船龄大多已满十年，多有朽损，已不堪敷用。督粮道衙门作为具体负责漕粮运输的官府，就此已向户部提出申请，要求对船龄已满十年的船只发价予以修复改造，但其中有一部分船只因为有两次甚至三次没有担负运输的任务，户部就以不符合相关规定，不能擅自动用库银的名义驳回了此项动议。钱谷师爷朱某按照惯例对此一具体情况申详禀报之后，但依旧未能得到漕运总督的认可。由此，宾主之间产生了争执。朱某就将与此事相关的往来文案交给汪辉祖研阅，并且抱怨道："我是按照成例办理的，我有什么过错呢？"汪辉祖就此向朱某提出了自己的看法和观点："你是援船龄十年即当修造的成例奏请拨款的，而户部却是以担负运输任务的漕船必须要承担过十次以上运输任务来计损的。如果要从户部争取到修造漕船的银两，就必须破除漕船必须要承运十次才能修造的成例。"胡文伯听后高兴地说："这个观点，我还是第一次听说，就按你的观点申详禀报吧。"钱谷师爷朱某借坡下驴地对汪辉祖说："对此我已经竭尽全力，再次拟稿奏请的事，只能有劳于你了。"汪辉祖推辞不掉，只好代为拟稿：

截留漕船，以裕民食，破格之恩，前所希有。是以向来止计十年，而不扣足十运。但船只一项，利于行驶，不利停泊。盖一经停运，久泊河干上之日，日晒雨淋，犹有苫盖银两，时为检点。至船底版片，泥胶苔结，日渐朽损。若因船身无恙，勉强起运，重载米石，远涉江黄，设有疏虞，所关匪细。故不敢因慎重钱粮，致误天庾正供。既满十年，不得不造。

这篇有理有节、滴水不漏而措辞严正的奏议文稿，钱谷师爷朱某读后也大为折服，不禁感叹道："我确实没有想到这一层去啊！"胡文伯于是将此稿抄为正式文本，呈报给时任漕运总督的蕴著，蕴著对此稿持论大加赞许，并且命令胡文伯立即返回浙江杭州会商约请浙江巡抚庄滋圃，联名上报户部，以免万一被户部驳回时还得再行奏请皇上。后来此稿送到浙江巡抚庄滋圃手上时，庄给予了极高的评价："理足词达，必不致部驳。"并且对胡文伯说："这篇文稿完全是另外一种手笔，未必你换了幕友吗？"胡文伯即以汪辉祖的名字回复庄滋圃。庄滋圃告诉胡文伯说，这人以前在无锡县办理一件姓浦的通奸案时，就表现出非同一般的卓见胆识。并建议胡文伯以后上呈的条陈都须经由汪辉祖起草。

自此以后，汪辉祖与胡文伯之间的关系愈加投契，胡文伯对汪辉祖自然也更加倚重。汪辉祖被胡文伯留在常熟督粮道衙署中，掌书记并兼职起草上报条议。

因次年乾隆帝南巡，胡文伯受委饬理所需船只并兼前营差务，虽然这对官场历练丰富的胡文伯而言，并不是什么难事。但因此项差务涉及当朝天子，兹事体大，胡文伯不敢草率从事。其所倚重的汪辉祖自然须得与之同行襄办相关事宜。

十月，汪辉祖即同胡文伯一同前往清江浦，协助佐理胡文伯此次皇差的相关事务。

是年底，汪辉祖因此未能回萧山大义村家中省亲。

乾隆好大喜功，多次巡幸江南，更多的不过是在地方大员们所编排粉饰的天下太平的景象中，彰显其皇恩浩荡而已，其实并没有多少省民愽、接地气的成分，招摇过市，不免劳民伤财。汪辉祖这次随主官胡文伯所办之皇差，当是为乾隆一年后第三次巡幸江南做准备。不过据《清稗类钞》载，乾隆这次巡幸江南，于太湖之上随口问及太湖的面积时，对水东、乌程、长兴、宜兴、武进、无锡、长洲、吴江等处因湖堤溃决、良田荡没造成的赋田减少之事，进行了解决，算是真正为江浙的老百姓办了一件实事，不过这与随主官为之打前站的汪辉祖并无半点关系。

1757年　乾隆二十二年　丁丑年　二十八岁

当年，汪辉祖继续留在胡文伯幕中。

四月，汪辉祖协助胡文伯办理完乾隆南巡江南的相关事务，与胡文伯一同前往江宁府办理报销事宜。汪辉祖寄寓于秦淮河边的一所房子里，得以在公务闲暇时游览六朝古都金陵的名胜古迹。

七月，汪辉祖回到常熟之后，又随胡文伯一道赴海州督办灭捕蝗虫事宜，在海州公干二十余天，结束后经安东再返常熟胡文伯衙署幕中。

十二月初，随胡文伯至常州稽查漕运事宜，其间苏州白粮帮千总姚起濬因事违忤胡文伯，胡文伯决意立马上奏弹劾姚起濬，汪辉祖认为姚起濬不过仅有口舌之过，建议胡文伯不宜为此大动干戈而上章弹劾，胡文伯不听。因与胡文伯意见相左，十二月初五，汪辉祖即从胡文伯衙署辞幕归乡。

这是汪辉祖第一次也是唯一一次在其幕途生涯中因与主官意见相左而决然辞幕，对此，汪辉祖在其《佐治药言》之《不合则去》条中是这样申说的：

“嗟呼！尽言二字，盖难言之。公事公言，其可以理争者，言犹易尽。彼方欲济其私，而吾持之以公，鲜有不龃龉者。故委蛇从事之人，动曰：‘匠作主人模。’或且从而利导之，曰：‘箭在弦上，不得不发也。’嗟呼，是何言哉！颠而不持，焉用彼相？利虽足以惑人，非甚愚暗，岂尽迷于局中？

果能据理斟情，反复于事之当然，及所以然之故，抉利害而强诤之，未有不悚然悟者。且宾之与主，非有势分之临也，合则留，吾固无负于人，不合则去，吾自无疚于己。如争之以去就，而彼终不悟，是诚不可与为善者也。吾又何所爱焉。故欲尽言，非易退不可。”

在汪辉祖看来，坐幕佐治，虽为稻粱谋，却是干办公事，自当秉公持义，尽心则须尽言，公事公言，须持之以公，方能“无负于人”且“无疚于己”，“争之以去就”是其为幕做人行事之坚守底线的体现，决然辞幕就是守住底线不得已的最后选择。当然，辞幕宾之席与辞职官之任，是不可等同视之、同日而语的。幕席曰宾，乃主人官长之客，与主人龃龉而辞幕职，失去的只是幕席这个职位及其相应酬薪，最多会在其幕途生涯中留下不善与主人合作之类的话柄和口实。倘若所辞之主官政声官运兴隆亨通，当然难免会对其今后求职入幕带来不利的影响。但说到底，终竟不过是宾主两个人之间的私事。而辞官则不然，如因个人主观原因挂冠去职，所得罪和有意无意对抗的就不只是上宪大吏，而是整个官场体制，丢掉的就不仅仅是一时之饭碗，恐怕会是自己一生之仕途前程。正因为如此，陶渊明不肯为五斗米为黄口小儿折腰的毅然决然，才成为千百年来身在官场而不得不忍辱折节者心中永远景仰无限的精神丰碑！另一个角度上讲，陶渊明的壮举，虽然并不能让身在官场之中而有所抱持的坚守者有样学样的“景行行之”，而其难能之可贵，多少为抱持有节而不能“挥手自兹去”者出了一口积久于心的恶气，此乃其为千古士子所称颂不已的真正根由所在。

1758年　乾隆二十三年　戊寅年　二十九岁

一百七十二年后，汪辉祖的同乡鲁迅曾经感慨过，旧历的年底毕竟最像年底。或许萧山乡下灰白色沉重的晚云中间，也会时时发出伴着钝响的闪光，空气里也散满着爆竹响过之后留下的幽微的火药香，但此时赋闲居乡于萧山瓜沥大义村的汪辉祖，却并没有多少辞旧迎新应有的心绪。正月，辞旧迎新的纷繁喧嚷恐怕并不能完全冲淡汪辉祖内心深处的郁闷甚至困惑，年前与主官胡文伯的那一场争执，成为汪辉祖内心挥之不去的阴霾。汪辉祖因其岳丈的荐举而入胡文伯幕中，从做书记到渐得赏识并代为起草重要文稿，进而倚重相托机要，宾主之间可谓相知相得。一方面，胡文伯堪称端人，其为人做官的人品官德，深得汪辉祖推崇与敬重，另一方面，汪辉祖的才识学养，也为胡文伯所认可首肯，显然，这是以其宾主之间具有共同的价值审美作为坚实的基础的。因是否对胡文伯的部属进行弹劾而闹到宾主不和，甚至辞馆离职的地步，毫无疑问，此时的汪辉祖的内心是纠结的，事理难以通达，心气自然不可能平和。首先，在他看来，部属与长官的争执，各有立场自然各有观点，理辩分明，是非自有公论公断，而胡文伯作为官长即以此弹劾部属，自然涉嫌以势压人。自己反对弹劾，秉公持义，理所当然，争之去就，并非争之意气中的高下短长，而是义理所该的是非曲直，自己辞幕离职，即“无负于人”，亦“无疚于己”。其次，汪辉祖却不得不作如是之想，自己与胡文伯之间并没有涉及价值观的根本性冲突，自己基于对胡文伯人品官德、平素言行的了解，且完全是站在幕宾为主官尽忠负责的立场上所提出的建议，却得不到主官的认同采纳，其中根由，让汪辉祖难以自圆其说。所以，汪辉祖才会因此郁闷和困惑。当然，这其中肯定也多少包含着失馆失业、生计无着的失意况味。

初八日，胡文伯委派亲戚持其亲笔信札前往萧山大义村汪辉祖家，并让所委之人代其就姚起澹一事向汪辉祖赔罪道歉。再三坚执邀请汪辉祖随其亲戚重回常熟。诚心所至，盛意难却，汪辉祖没有推辞不就的理由。新年一过，汪辉祖便再回常熟，重返胡文伯幕中。

回到常熟之后，汪辉祖即着手办理了一件非常棘手的案子。

常熟城外有一座山叫虞山，此山之上有虞仲、言子两座古墓。两墓相邻，虞墓在上，而言墓在下。虞仲之后代以仲为其姓氏，每次仲姓子孙省祭虞仲之墓时，都须经过言墓墓道，言姓后人认为仲姓子孙这一举动越界侵权，有践门踏户之嫌。每年两姓族人祭墓之时都会因此而产生纠纷，并进而引起两大家族的争斗诉讼。两个家族的此宗官司由县衙打到府衙再打到道台、臬司，甚至打到了巡抚衙门，可官司打了十余年，却未能得到定谳了结。浙江巡抚将此缠讼多年的案子委托胡文伯审理，胡文伯即专委汪辉祖具体承办此案。汪辉祖经多方查实，双方争执的焦点是，仲姓人认为言子墓修在了虞仲墓禁地之内，言子之墓侵占了虞仲墓的墓道，而言氏则从其族谱谱牒中找出依据，说其祖墓之界限在汉代就已明确，是仲姓子孙侵扰了言氏祖墓的宁静。因此，双方各执一端，互不相让。在言子墓道左边十余丈远的地方有一块长满荆榛的荒地，言家想让仲家于此处另辟一条通往虞仲墓的道路，而仲氏子孙又不愿意。因此从前审理这个案件的官员，最终也没能拿出一个双方都能接受的定谳意见来。

汪辉祖在认真仔细了解此案双方争执的焦点之后，认为判决此类案件不能机械地援例裁定，于是便提出了自己的判决意见：

墓前禁地之说起于后世，仲说不足为凭。《言谱》中说，其言墓道起于汉时，亦荒远无稽。虞先言后，相距数百年，虞以让国而逃，必不爱此区区之地。言为道南文学，礼让为先，必不忍与先贤争路。两姓互持，皆非祖宗本意。若舍正途，而另辟荆榛，不惟不便，亦属非礼。应令仲氏展祭俱由言氏墓道而上。墓道之外，不得樵采。庶奠幽魄而杜嚣风。

汪辉祖的拟判意见，其高明之处在于，祭出仲氏先祖虞仲“让国而逃，必不爱此区区之地”、言氏先祖言子“为道南文学，礼让为先，必不忍与先贤争路”两条基于仲、言两族先祖之德的理由，消除双方嚣争起讼的道义基础，犹如釜底抽薪，薪尽自然火灭，由此该案得以案定事结。

虞仲，又名仲雍，为殷商末年周族领袖古公旦父次子，为避让王位与其兄泰伯同奔南方（今江苏无锡、常熟一带），并“断发纹身”，与民同耕，立为句吴，泰伯无子，虞仲继位，成为吴君。孔子在《论语》中称其“隐居放权，身中清，废中权”。其后世建有墓祠，其祠为“清权祠”，中有“至德齐光”“南国友恭”“让国同心”等题刻，以颂其德。

言子，即号称南方夫子言偃，字子游（公元前506—公元前448年），亦称言游、叔氏，吴国（属江苏常熟）人，乃孔门中少年弟子，与子夏、子张、曾子同年辈，于孔子周游列国时入学孔门，虽入学较晚，但学而有成，对孔子所倡导的仁礼之道有特别的领悟，任武城宰时，将孔子之“君子学道则爱人，小人学道则易使”运用于邦国政治实践之中，取得良好的效果，被称为“弦歌之治”，受到孔子的称赞，曾有“吾门有偃，吾道其南”之赞誉。孔子死后，其与仲弓（冉雍）、子夏（卜商）等孔门弟子承担起搜集整理孔子言行的重任，编撰成《论语》，对孔子思想的保留传播起到了决定性作用，后游历于楚、卫、魏、晋、鲁之间，全力传播孔门之学。晚年后，回到故乡兴学传道，对江南文化的形成产生了巨大的影响。

是年，胡文伯欲留汪辉祖在常熟衙中度岁过节，故至十二月二十六日，尚未获准假同意汪辉祖归乡省亲。就此汪辉祖心生腹诽怨尤，即于衙署壁上题诗以表达心中不满：

如归岂复叹他乡，爆竹声中岁欲央。
八口自邻（怜）穷骨肉，一年几得好时光。
殷勤醴酒开东阁，寂寞斑衣负北堂。
记得临分曾有约，椒盘鞠膝捧霞觞。

诗中汪辉祖除表达了每逢佳节倍思亲的怀乡情切，更多的是对有家不得归、一家老小不得团聚的无奈及其对东家不允其告假省亲的怨尤。

第二天早上，当胡文伯见到汪辉祖这首题于壁上之诗后，方才察觉到自己想留汪辉祖在衙署度岁过节的想法，有些唐突颟顸，便向汪辉祖当面致歉道："吾过矣！"庚即亲自雇请快船，专船将汪辉祖送回萧山过节。

除夕日，汪辉祖回到瓜沥大义村家中。

是年，汪辉祖蒙师汪静山先生病逝于京师，族兄汪静山之子汪凤琳扶柩归其丧。

是年，嫁其三妹于同邑陈之柔（字景声）。

是年，因家居之地为大义村之镇龙庄，故汪辉祖自号龙庄，或自称龙庄居士。

1758年　乾隆二十四年　己卯年　三十岁

正月，汪辉祖娶媵婢杨氏为妾。春节休假完毕后，再赴胡文伯衙署就幕。

三月，山东昌邑人孙景溪先生自山东来常熟造访胡文伯。胡文伯吩咐汪辉祖将其所写儒业科举课业之文章呈送孙景溪，借此向其请教举业功课。于是汪辉祖便将自己平时准备参加科考而所写的三十余篇策论习作，誊抄后当面呈送孙景溪。但当汪辉祖将这些文稿送呈孙景溪后，时间过了一月之久，孙景溪竟然对此不置可否，并无任何反馈意见。汪辉祖虽然对此早已心生疑窦，却不敢当面向孙景溪提出来。一天，便斗胆将自己心中的疑惑告诉了胡文伯，想通过胡文伯转致孙景溪。第二天一大早，汪辉祖尚未起床，孙景溪便穿戴齐整地来到了他的住所，开门见山道："子文久阅矣，颇不惬于心。子才可以入彀，而文不合格。妄为誉则不安，直言之又恐见罪。当俟别时奉缴，故不动笔。昨胡公谓我懒，且言子两节母苦教，志在科名。月来见子执礼甚恭，虚心可敬。当以吾意为子评之，毋讶也。"

当天，孙景溪就将汪辉祖先前交给他的三十余篇策论文章，经其一一评改之后的案卷交还了汪辉祖。在交还的文案中，所改之处甚多，有从开篇破题之处便划掉的，有一句挨着一句划掉的，有隔句划掉的。在三十余篇文章中，而被划圈嘉许的仅仅寥寥两三句而已。汪辉祖读着孙景溪对其科考习作的否定性评阅意见，不禁冷汗发背，汗颜无地，但大多不明就里。于是就拿着被孙景溪评改之后的文稿向其当面讨教，孙景溪一一阐明个中缘由，而其中所蕴含的一些道理，都是汪辉祖前所未闻的。孙景溪的观点见解让汪辉祖别见洞天，豁然开朗。自此之后，更以弟子见老师的礼数敬侍孙景溪。每天衙门里的公事完毕之后，即前往孙景溪住所讨教，并请其为自己命题，第二天一早即将自己的连夜完成的习作呈送上去，如此这般两月有余，汪辉祖科考应试之习作文稿，便逐渐得到了孙景溪的认可肯定。

七月，汪辉祖告假返乡应是年浙江省乡试，孙景溪亦启程返回山东。二人从常熟一路同行至苏州。在苏州将别之时，孙景溪到汪辉祖所乘之船上造访座谈时，握着汪辉祖的手说："子技成矣，然得失不可知，吾此行服阕谒选，万一南来，子尚在佐幕，当虚席以待。"汪辉祖小心恭敬地应诺道："我两位母亲身体多病，虽不能远离。但倘若恩师为官的地方，即使远在千里之外，我也一定遵命追随前往。"汪辉祖与孙景溪挥泪作别。

八月八日，汪辉祖参加浙江乡试。

是年浙江乡试第一场、第二场考试内容有所调整，第一场经文第四篇改入第二场，在第一场中增加了一篇策论，第二场增加了写一首五言八韵的排律诗的内容。在八日进入考棚之时，浙江贡院外面即下起了滂沱大雨，考棚内积水甚至淹没部分考生坐板，洪水泛滥，字纸漂浮，贡院考棚里一片狼藉。汪辉祖受此影响，竟身染重疾，因受病势困扰，竟差点没能完成答卷，让其深深感到有负于知遇之恩师孙景溪的谆谆教诲和悉心培养。八月十二日考第二场时，汪辉祖便已因病情加重，到了不能进饮食的地步，他强撑病体勉强完成了第三场考试，便拖着病体勉强匆匆返回家中。

回家之后，汪辉祖病情愈加沉重，已致不能坐立，卧病在床连翻身也需要人帮助才能完成。每天水米难进，只能勉强吃下几枚生板栗，好几次都到了垂死的边缘。病势日重一日，为此，家里连丧葬器物都做了相应的准备。诊视的医生也诊断不确到底得的什么病，随着病状的不断加剧，连他自己都觉得将不治而亡了。

据汪辉祖自己在《双节堂庸训》和《病榻梦痕录》中回忆：

九月初八日夜，“吾母梦：中堂簇簇数十人中，多古冠服者，吾祖、吾父皆四隅侍立。堂中声喁喁，若辩论然。久之，闻一人大言舍多舍少，见一戴红纬帽、隆准高额、须鬑鬑者，向上跪曰：‘该留垃圾（垃圾，辉祖小名也）。’吾祖、吾父叩首出，有号泣以从者，吾祖、吾父皆揖之。”“王太宜人梦中堂有南面坐者数人，东西侍者甚众，吾祖、吾父皆右隅侍。南面者语嘈嘈不可辨，惟东面立者颀而癯，暖帽微须，向上揖曰：‘该留垃圾。’有数人哭而出。吾祖、吾父向上拜跪，若有嘉色。晨起，吾母为余言之曰：‘此有先人呵护，当无害也。’”

九月初九日中午，汪辉祖好友徐颐亭前来探视他，因徐颐亭精于岐黄医道，一番问诊把脉之后，安慰汪辉祖的母亲道：“舅无他病，因闱中水气直达上焦，所以饮食不通，体湿故不能运动。”对症开了一剂加大剂量的人参桂附方，进行疗治。一剂药服下之后，汪辉祖一觉醒来即泄水数升，之后便能自己翻身了。第二剂药服下后，居然能自己坐起身来。没过几天，竟康复痊愈了。对此，汪辉祖在《双节堂庸训•习医宜慎》和《双节堂庸训•亡友》篇中，不仅盛赞徐梦龄“精医术”，还表达了对其救命之恩的深切感念。

人参桂附方，或称参术附桂汤。是中医药基本方剂之一。以人参、白术、附子、肉桂、干姜等主药配伍组方，对症而酌加减。按中医的理论其功在追返患者散失之元阳，主治阴寒直中阴经、斩关直入肾功、命门之火外泄之症。从汪辉祖自幼即元阳不足、体弱多病。此次参加乡试已是第六次了，是年适遇孙景溪提点指导，不免有志在必得的巨大精神压力，加之进入考场之后遭逢杭州初秋大雨，考棚内积水淹及坐板，阴湿侵体。徐颐亭之所以能用此方治愈汪辉祖的病，除了他高超的医术外，恐怕更在于他作为汪辉祖的挚友，不仅对汪辉祖的病程基本掌握，更基于其对汪辉祖的体质状况和人生经历的完全了然。正如在《论语•雍也》中，孔子基于对其弟子伯牛的了解，在探视重病中的伯牛时，对其病状了然于心，发出的那句“斯人也，而有斯疾也”的著名感慨一样。汪辉祖此次所患之病，恐怕还真非其好友徐颐亭而不能救治。中医讲究辨证施治，辩证之法中，即有人、病、药及疗法甚至时机诸多考量，有一句往往只作为庸医不能疗治疾病时的托词，即所谓“药治有缘人”，却颇能切中内里乾坤之要旨，医患之间的结缘与药到病除之间，客观上是存在着内在的必然的联系的。

十月初一，大病初愈的汪辉祖再赴胡文伯常熟幕中。

是年底，汪辉祖辞别胡文伯，受长洲知县郑毓贤所聘，与山阴县娄上舍基（字培安）一起坐幕，共治长洲县衙刑名。汪辉祖入幕治刑名自此而始。

是年，与同邑於士宏（字体乾）交好。

此次夏秋之交的大病，对汪辉祖一生影响颇大，让汪辉祖深信了冥冥之中先灵对孤弱良善的呵护。其在《病榻梦痕录》中有如是之交代：

先是，曾大父以下同堂伯叔三人，从昆弟九人，多强壮，而余最孱弱善病，两母常忧无年。自十月至次年二月，伯叔昆弟先后殂谢，惟存叔父一家客游。而余则自此康强，不复再病。殆两母节孝之苦足以荫庇后人。所谓“该留垃圾”者，实邀先灵之呵护矣。

当然，这场大病也是汪辉祖辞胡文伯幕而从此在幕宾生涯中专治刑名的原因之一，据其在《病榻梦痕录》供述：

素有积负，重以危疾，称贷势不能支，胡公久交，又不能计修，遂坚辞胡公。

汪辉祖在胡文伯幕中职掌书记，虽然宾主相得，颇受信任与器重，但毕竟收入太少，难以养家湖口，但却碍于宾主之间的私谊情面，又不能就薪酬之事与其讨价还价。其在《双节堂庸训・显妣王太宜人轶事》中亦有相类的表述：

自年十五六，以假贷资生，至二十二习幕事，子钱累七百余金。至年三十，岁修尚不满百金。吾母口食不给，而责家之息，付必以时。

为还旧债，一家人甚至“往往忍饥竟日”。而刑名师爷一职，在衙署中所负甚重，于主官考绩甚至身家性命攸关，故岁修丰厚。汪辉祖虽早有此意，并着意研习律令，但碍于其父汪楷曾以为刑名师爷这一职业“不祥”而作罢。这次一场大病，家计更陷于困顿窘迫，才让汪辉祖真正下定了决心，在这个下决心的过程中，受到了嫡母、生母的同声阻止，这样的阻止，是周折，也成为汪辉祖以刑名佐治而高名远播的重要根由。在其《佐治药言序》中，汪辉祖对其中详细经过，有如是精彩的回忆：

闲以余力读律令，如有会心，稍为友人代理谳牍，胡公契焉。比胡公迁苏松粮储道，余以偕行，凡六年，事之关刑名者，皆以相属。则无不为上游许可。而见入幕诸君，岁修之丰者，最刑名，于是跃然将出而有效。嫡母王太孺人、生母徐太孺人，同声诫止曰：“汝父尝试为之，惧其不祥，今吾家三世单传，何堪为此？”余则跽而对曰：“儿无他，舍是无以为生，惟誓不敢负心造孽，以贻吾母忧。苟非心力所入，享吾父或吐及不长吾子孙者，誓不敢入于橐。”二母曰：“然，儿慎勿逛，不惟汝父实闻此言，天高听卑，鬼神皆知之矣。”

汪辉祖两位母亲的一句“天高听卑”，成为其一生治刑名而不敢亏欠天地良心的警戒，也成就了他作为一代名幕的清誉英名。干办公事甚至为官作宦，所作所为，必为天地所知，所谓天地良心，唯心存对天地之敬畏，方不致有须臾良心之泯灭，所谓仰无愧于天地，当作如是观也。

徐梦龄，字颐亭，浙江山阴人。生卒年未考，国子监生，屡试省闱不第，转研医术，精于岐黄之术，对多种疑难杂症有疗治之术，后旅没于关外。为汪辉祖挚友。其第二子徐嘉会继承其医术，成为一时之名医。其第四子徐端揆，以孝友显扬著名。

於士宏，字体乾，浙江萧山峡山人。生于雍正七年（公元1729年），乾隆五十一年（公元1786年）丙午科举人，从己卯年与汪辉祖订交，后历次乡试均与汪辉祖同寓。乾隆五十三年（公元1788年）病逝。汪辉祖评价其“笃行力学，以孝友著闻”。

1759年　乾隆二十五年　庚辰年　三十一岁

这一年，汪辉祖开始了他在长洲县知县郑毓贤衙署幕中的刑名师爷生涯。

当年，长洲县有一桩久拖未决的官司，郑毓贤将此棘手之讼案交由汪辉祖具体承办。县中富室寡妇周张氏，年十九岁时夫亡而守寡。当遗腹子继郎年届十八岁时，原拟定八月成婚，而七月却不幸染病身亡，故继郎无妻无子。族人因为继郎未婚无子，欲为周张氏之夫立继子，而周张氏却坚持要为其子继郎立嗣。两造双方为此争执不下，辗转讦讼，多年未决。前面几任知县皆批示，让房族公议，可议来议去，却并无定论，故历十八年未能定谳结案。

二月，知县郑毓贤接受周张氏呈状，决定再审此案。周张氏在状书中称自己年将六旬，已是垂暮将死之人，死不足惜，但继嗣未定，死不瞑目。其呈状中“继郎物故后，苦百倍于抚孤。未亡人数濒于死，死何足惜，但继事未定，死不瞑目。今年已望六，死期日近，恐旦夕死而夫与子鬼馁”

之词，情辞恳挚，言语哀切。

汪辉祖受委后查阅此案案卷，全部案卷竟厚达数尺，无非双方多次讦讼，反复申说。其中有一个重要的情节，引起了汪辉祖的重视，在乾隆十九年时，当时知县拟同意周张氏为继郎立嗣，周张氏想立一婴儿为继郎嗣子，当时房族虽同意了周张氏为其子继郎立嗣的诉求，但却以婴儿尚幼，未必定能长大成人，提出了反对意见，知县即又驳回另议，终竟拖延未决。据此，汪辉祖遂拟如下批词：

“张抚遗腹继郎，至于垂婚而死，其伤心追痛，必倍寻常。如不为立嗣，则继郎终绝。十八年抚育苦衷，竟归乌有，欲为立嗣，实近人情。族谓继郎未娶，嗣子无母，天下无无母之儿。此语未见经典。‘为殇后者，以其服服之。’《礼》有明文。殇果无继，谁为之后？律所未备，可通于礼。与其绝殇而伤慈母之心，何如继殇以全贞妇之志。乾隆十九年张氏欲继之孙，现在则年已十六，昭穆相当，即可定议。何必彼此互争，纷繁案牍？”

此批词一出，幕友同事都认为这个判词“事关富室，舍律引礼，事近好奇”，更何况前几任知县已经多次批示，让房族公议，而现在“官独臆断，必滋物扰”。知县郑毓贤见此拟稿也大为惊诧，再三嘱咐重新修改。汪辉祖坚持己见，对郑毓贤说：“批房族不难也。为民父母，而令节妇抱憾以终，不可。余为主人代笔，而令主人造孽，心不安。吾不顾其为富为贫，论事理耳。批不可易，请易友。”于是，请求辞去幕宾之职。郑毓贤无奈，只得勉强采纳了汪辉祖的定谳意见，但由此心里却很不高兴。张氏所想要立嗣的孙儿已经长大成人，便按照批词立下正式的继嗣文书，此讼得以完案。周氏族人中心存不良之人，对此多次申告翻案，汪辉祖都坚持不予准告立案。

至五月初五日，江苏巡抚陈宏谋在端午之官筵上，手书朱单，下令长洲县封送此案全部卷宗到省，欲亲自核查。一时，座客震动。汪辉祖对准备亲送案卷至省的郑毓贤说：“吾无私，天可见，况上官乎？”过了四天，郑毓贤为此案谒见了巡抚。后来，郑毓贤回长洲说，巡抚陈宏谋高度赞扬此案批示得体。此一民间立继之案，何以竟惊动一方巡抚大吏要员，自是案外另有缘由，原来有一秀才将此案上控到巡抚衙门，才引起了巡抚的重视，巡抚审核之后，觉得此秀才控诉不实，责成苏州知府亲提该秀才予以重责，并将其考评注为劣等。郑毓贤亦因此案而被上官在考绩时评定为贤能之官，自然非常高兴。陈宏谋是乾隆年间声名卓著的地方大员之一，凡事都必须亲力亲为，举凡遇到申告上控之案，都不是直接批示下级重新审查，而是先签朱单调阅案卷，亲自复核审查。如发现断案有误，则诫勉主审官员并训斥其幕友，故其治下职官吏员无不肃然。

官断是非，自然必须循理依律，理是根本，律为准绳。但除此依理遵法而外，更须有基于民本情怀的担当，必须敢于负责，不怕担责。真正的负责必须是也只能是为百姓的根本利益负责，舍此，其他一切都是空话，于真正的官任职守并无多大关系。临民施治，其终极目标不外民安而国泰，为官做吏者职司有所在，责任即有所系，当是天经地义。但历朝历代便不乏黠官猾吏，将临事用权时的负责任自行定义为不被追究过犯责任，于是唯书唯上，钩稽繁文罗织缛节，以求备至周延，四平八稳，虽无过犯之责，但却完全丧失了民本情怀的担当之责。此种官场沉疴痼疾，由来有自且随着社会治理制度化、规范化、精细化程度的日益提高而愈演愈烈，令人扼腕唏嘘。

四月，孙尔周谒选而得简发浙江省秀水县知县，路经吴门时即与汪辉祖相见，并邀其前往秀水县衙入幕坐馆。

是年，汪辉祖在长洲还经历了另一件案子。当时，同署幕友中有一嘉兴人名李髯，蛊惑汪辉祖在办案中枉法徇私，并私授其纳贿渔利的具体门道。汪辉祖当即以畏法惧罪为由，予以严词拒绝。七月，汪辉祖告假回乡以应乡试，代汪辉祖办理此案的刘姓师爷，因经不住诱惑而答应了李髯。九月，当汪辉祖省闱完毕回到长洲县衙刚刚三天，此事败露，二人不得不弃职仓皇逃逸，知县正奉巡抚之命缉拿追究二人，汪辉祖不禁为之而感到庆幸。自此以后，汪辉祖更加坚定了自己安贫乐道、执守清廉的价值追求。

七月，汪辉祖为应乡试而向郑毓贤告假返乡。乡试时，据传其考卷虽蒙同考官李成渠荐举，但并没有中试。

九月，汪辉祖乡试落第后回长洲县衙署。

当时，对盗窃案的拟罪定谳中，在计算赃物案值时，按户部曾经的规定，每一石米作价为白银一两。而当时江浙米价上涨，且一天高过一天。江苏巡抚为了严惩盗贼，便发布照会，要求按照大米的市场时价来计算案值折罪，照此算来，盗取大米七八十石者，其案值便足以达到杀头之罪的额度了。汪辉祖对此很不以为然，并提出了自己的看法，他认为："治贼不嫌过严，而计赃终须课实。事主类多恶贼，不免浮开，斛只既大小难齐，米色复高下不一。凭一纸赃单，遽拟缳首。恐日久弊生，不无冤抑。”于是，代知县郑毓贤起草了一份提请上宪依旧按照户部估价标准计算贼赃案值的条陈。巡抚见其言之有理，便批示臬司照准执行。于此可见，汪辉祖对江苏司法制度建设的贡献建树。后来，汪辉祖坐馆浙江平湖时援例拟稿，却受到臬司批驳。不禁为之感慨道：“江浙连疆，而窃米定罪悬殊。”

十月，胡文伯升任江苏按察使，有招汪辉祖入馆佐幕的打算。

当时，崇明有一惯偷，右手残疾而以能左手掘墓开棺窃财，知县拟判充军定谳，并按照大清律令废疾援例减罪收赎。汪辉祖认为，此人左手既能为盗，自然不能按照废疾减轻罪行等级而定谳。但考虑废疾收赎，实属法外施仁之例，故不忍心以个人的观点而擅自篡改成例，正左右为难纠结之际，便借故辞馆告归。后来此案果然被刑部驳回，不准收赎。汪辉祖在后来的《病榻梦痕录》中不仅提及此案件，还对当时未能坚持自己的正确主张，表达了自己的愧悔。

十月十七日，郑毓贤府中塾师江都诸生吴桂（字山涛）造访汪辉祖。良夜倾谈中言及其平时书写之毛笔，并不趁手不好用。虽为闲谈佐茶之语，却让汪辉祖放在了心上。第二天一大早，汪辉祖出门前往吴桂所在之塾馆，打算将自己平素用起来挺称意顺手的兼毫之笔送给他，恰在汪辉祖给吴桂送笔时，其所居之房舍坍塌了，屋内床铺几案均被压为齑粉，幕友们环视倒塌之屋后，都以为汪辉祖已被压在了废墟之中。正当大家惊悸之际，却见汪辉祖从吴桂执教的塾馆安然归来，同人幕友不由为之庆幸。

天下之大，无奇不有，亦多有遇缘凑巧之事，素常即有所谓“祸不单行，福不双降”之说，也有“祸兮福之所倚，福兮祸之所伏”之论，当然更难免有“人在家中坐，祸从天上来”的事证。汪辉祖能躲过这次意外的无妄之灾，侥幸之中似有神灵庇佑，当然，世上本无神灵的存在的，但我们却应该相信，积善成德，而神明自得之说。客观地说，《太上感应篇》中所谓“祸福无门，惟人自招。善恶之报，如影随形”的说法，虽不能以之作为章本，但正如汪辉祖所遇之事中的幸运一样，出于对世道人心的匡正之所需，我们还是应该相信并进而着意为之鼓吹的。

是年底，汪辉祖辞长洲县衙刑名幕席回萧山。

是年，汪辉祖妾杨氏生次女。

1760年　乾隆二十六年　辛巳年　三十二岁

是年，孙景溪（尔周）谒选补任浙江秀水县知县，汪辉祖应年前四月吴门之约，二月初三日，即到秀水县孙景溪衙署中坐馆为幕。与同为刑名的幕友松江人张圮分里办案。

汪辉祖刚一就职秀水县衙署幕席，即办理了一件让其自己事后觉得并不完满的案件。县民许天若正月初五黄昏时，酒醉归家，路过邻居蒋虞氏（笔者按，据汪辉祖《病榻梦痕录》回忆为蒋虞氏，而据其好友鲍廷博于嘉庆八年致信汪辉祖时回忆称，此蒋虞氏应为陈张氏，为叙事方便起见，后面叙述谨按汪辉祖的记忆概称蒋虞氏）门口时，乘醉调戏蒋虞氏，许天若用手拍着钱袋，声言自己有钱，可以像沽饮一样买欢蒋虞氏。由此受到蒋虞氏的詈骂。事后，双方各自散去。第二天蒋虞氏以许天若调戏良家妇女告之于官，虽获准告立案，但并未立即开庭审理。二月初一日，蒋虞氏到县衙呈递催审结案的状书。其在回家的途中与许天若再次相遇，许天若为之骂其无耻。回家后，二人为此再次发生口角，相互对骂不已。二月初二日晚上，蒋虞氏为此越想越气，羞愤交加，上吊自杀。孙尔周刚一上任即为此案而亲赴现场勘验。具体负责蒋虞氏所在乡里案件的张圮认为此案须按律令规定的逼人致死的命案来办理，着先将许天若收监之后，再拟判上报。而汪辉祖却认为，蒋虞氏之死并非因为许天若的羞辱所逼而死，将许判处刑罚监外执行即可。知县孙尔周显然认同了汪辉祖的观点，便将此案交由汪辉祖来办理，汪辉祖即拟稿判决，对许天若处以杖责枷候之刑并拟稿上报。浙江巡抚认为此判决有轻纵之嫌，予以驳回，饬令将许天若收监议处，并要求将重新判决及其理由呈报。于是汪辉祖为此再拟稿提议：

但经调戏，本妇羞忿自尽。本无调奸之心，不过出语亵狎，本妇一闻秽语，即便轻生，例应拟流。夫羞忿之心，历时渐解，故曰“但经”，曰“即便”。是捐躯之时，即在调戏亵语之日也。今虞氏捐生，距天若声称沽饮，已阅二十八日。果系羞忿，不应延隔许时。且自正月初六日，以至二月初一日，比邻相安，几忘前语。其致死之因，则以虞氏催审，天若又向辱骂，是死于气愤，非死于羞忿也。拟以杖枷，似非轻纵。

此拟稿中对上宪认为以前判决涉嫌“轻纵”，并予以驳回，汪辉祖是并不认同的，依然坚持了自己以前的拟判意见，在得到孙尔周的认可之后呈报。嘉兴府知府和浙江按察使衙门，显然对此已无异议，并照此转报浙江巡抚，却再一次被巡抚驳回。不得已，汪辉祖只得改判：将许天若照流放罪，例减一等，杖一百，徒三年。此案因被巡抚两次驳回，汪辉祖不得不有所妥协，但还是最大限度地坚持了自己的观点和主张。而对如此判决结案，在汪辉祖的心中却有并不圆满的遗憾。以致此后多年在其《病榻梦痕录》中尚有如此的文字：

此事至丙辰正月，病中梦虞氏指名告理冥司，谓余不差是知许天若虽非应抵，而虞氏不得请旌，正气未消。在冥中悬为疑案也。治刑名者奈何不慎。

在汪辉祖这段文字中不难看出，他本人对此案的判决是有所检讨的，虽不以为非，但也认为还是有欠确当妥帖之处，是其一生所拟判决中一件有瑕疵的案件。

四月，孙尔周经巡抚以足堪胜任知府之职保举，即赴吏部引见候选，其临行前向汪辉祖言明，如其升任知府，还将邀约汪辉祖入衙为幕，故让其暂且先回家等待。

九月初三，孙尔周完成谒选程序，回任秀水知县，汪辉祖也回衙坐幕。并与前来秀水探亲的孙尔周之子孙含中结为好友。孙含中与汪辉祖年系同庚，二人相谈甚契，孙尔周让其与汪辉祖叙齿论交，结为异姓兄弟。

孙含中，字西林，孙尔周之子。生于雍正八年（公元1730年）。乾隆十八年（公元1754年）癸酉科乡试举人。乾隆二十六年（公元1760年）辛已科进士，乾隆二十八年（公元1762年）授翰林院庶吉士，乾隆三十一年丙戌岁授户部主事，后升为员外郎。乾隆三十六年辛卯岁九月，外放任宁绍台兵备道。后调任江苏河库道。乾隆三十九年甲午岁任苏松太兵备道。后升任陕西按察使，乾隆四十二年丁酉岁任浙江省布政使。乾隆五十七年（公元1791年）因中暑不治而死于任上。其为人无疾言遽色，公明正直，体用兼该。为政能持大体，廉仁平恕，守正不阿，力行其志。其自任宁绍台兵备道后，曾多次邀约汪辉祖入馆为幕。

农历十二月，岁腊霜厉，江南的浙东一带，这年的天气异常寒冷，官河皆冻，小河冰坚。一时官河舟行阻滞，行旅塞途。河冻至十余日，河中坚冰方才解冻，绍兴府一带亦是如此。如此天寒地冻的天气，导致当时滞留舟中之旅人，竟有冻毙于途者。其中有一位冻毙舟中的文姓旅客，竟是因俸满卸任而进京求保举的官员。因天气酷寒，致俸满赋闲的官员冻毙在进京求保举的路上，恐怕在让人多少有些不可思议的意外之外，更让人有莫名的感叹唏嘘。对此文姓赋闲之官，可以大胆地猜测，无论其在任时的职位高低，为官大抵应是清廉的，至少其冻毙于途的人生归宿，不会让人有肠肥脑满的联想，就此而论，在同情之外更有值得称道的地方。而正当壮年气盛的汪辉祖，却没有由此赞叹其清廉，也并没表达对其冻毙于途的同情哀悯，而是对其冒着严寒奔走在求官之路上的行为的灵魂回响般的质疑，他对孙尔周说道："此君太热，恐难信其终身。"言外之意，这位文姓卸任赋闲官员，就算是此前为官清廉，但如此热衷于仕途竞奔，恐怕是难以做到终身清廉的。孙尔周联系自己刚刚虽被巡抚保举堪任知府，进京述职之后，却并未得以遂愿之遭际，感慨道："人材只可节取，必事事过虑，大宪何以保我耶？"这句感慨，意味深长，却对此事及其文某之行止均未作置评，只吐自己心中块垒，至少没有半点意气与刻薄。直到晚年汪辉祖才真正理解了孙尔周这淡定而不着痕迹的回答，堪称通达平和境界的长者之论。

汪辉祖的观点，虽然面对死者而言，有失厚道。且正因为文某已死，更无从稽考其所持之论是否确当。但从其略嫌刻薄的观点中，不难看出坐幕衙署多年的汪辉祖老道世故中洞幽烛微的深刻：对权位的热衷到不惜以命相搏地步的人，恐怕在其对权位贪婪追求的执念中，是难以建构起真正有民本情怀的大格局的，而且往往一旦权柄在握，必将势焰张天，擅作威福。因为权力欲说到底是个体私欲中支配欲之一个方面，如此不可自已，其克己律己之心，必然沦为空谈。倘有在获取权位之后，更另有他图，更是等而下之之人了。

1761年　乾隆二十七年　壬午年　三十三岁

是年，汪辉祖继续坐馆秀水知县孙尔周衙署为幕。

三月十七日，汪辉祖生母徐氏病逝，享年四十九岁。

生母徐氏对汪辉祖在坐馆为幕营谋生计之外，还一场不误地坚持参加乡试，以求科举仕进之行为，曾经多次表达过自己基于现实更出于母爱的朴素看法。认为大义汪氏一脉世代并无登科及第之人，一方面，汪辉祖既然已经为生计而坐馆游幕，研修科举之业则会影响幕业，而幕业荒疏就难免不会导致枉法造孽；另一方面，在兢兢佐幕之外又去研修科举之业，则劳神费力有损身体健康。尤其是汪辉祖己卯科乡试归家之后的一场大病，让徐夫人更加重了对汪辉祖身体健康的担忧，素常中便一而再再而三地嘱咐汪辉祖不要再去参加科举考试了。

三月十四日，汪辉祖在得知生母徐氏病重之讯，便急急忙忙从秀水赶回萧山瓜沥大义村。当其到家时，其母徐氏已经病重濒危。至十七日早上，徐氏忽然对汪辉祖说，自己的病万一不能拖延至九月，就会因此而耽误汪辉祖是年参加乡试的行程。至此，汪辉祖才终于明白，其实生母徐老夫人过去虽然口头上反对自己科举求仕，而内心盼望其乡试中榜的愿望却是十分殷切的，以前之所以反对汪辉祖参加科举，不过是基于担心身体不能承受的慈爱之心而已。至此而后，受此鞭策的汪辉祖更“立志作举业文字，不敢懈”。

汪辉祖的曾祖父在其老宅的北面置有一块用于存放家族成员灵柩的公共墓园，汪辉祖的伯祖父、伯祖母的灵柩都存放于此，其父亲、嫡母方氏的灵柩也存放在伯祖父、伯祖母灵柩的右边。而早在汪辉祖十五岁时，其从伯叔就将墓园典卖给了同族的另一家人。汪辉祖生母去世后，只能另外在一个叫苎园的地方租地存放其灵柩，因担心其先人亡灵不安，汪辉祖便向其伯祖父和伯祖母祈告：“俟考妣合窆，当求地以葬伯祖诸柩。”

四月十九日，汪辉祖长子继坊出生。

是年，汪辉祖在秀水办理了一件这样的案子，秀水县民陶爱泉之子陶惠先，乃长房独子，为承继无嗣的叔父家业，出继其叔父，后陶惠先生子五人。因陶惠先乃陶爱泉独子，理当由其长子归嗣承继其祖父陶爱泉家产。陶惠先长子早殁而无嗣，援例应以其次子之子陶璋过继给已殁长子为嗣。三子陶世侃系贡生，欲以自己之子取代陶璋，便趁父亲陶惠先病逝之机，伪托其遗命，令其次子归嗣祖父陶爱泉，这样一来，陶璋便失去了承嗣其伯父的资格。族中偏袒陶惠先次子者，认为陶惠先既已出继，陶爱泉即为无子；以陶惠先次子归嗣，是以孙继祖，与分律例所载“无子者应以同宗昭穆相当之侄承继”不合，礼难归继。偏袒陶惠先三子陶世侃者，则认为陶爱泉本有子而竟无后，于情不顺，以陶惠先次子归继之说，未为不可。两造双方各执己见，即就此诉至臬司、巡抚，因此案事关富室家产，一时议论纷纭，以至悬而难决。时孙尔周已升河南开封府同知，浙江巡抚庄有恭令其处理好此案后才可卸任秀水知县而赴开封同知之任，孙尔周便将此案交由汪辉祖承办审理。

汪辉祖接手此案后，仔细研阅案卷，充分了解了双方争执的焦点和其中所包含的利害关系，认为继祖之说既悖于法，自不可用。但陶爱泉有子而绝后乏祀，情有难安，具体如何处置，查无例可援。他长夜苦思，忽然于律令之外想起《礼经》中有“殇而无后者，祔食于祖”之文，发现在律令之外有基于至高道义的礼法可遵循，于是便据此提出了自己独到的判决意见：

祢祖之说，必不可行。陶惠先出继叔后，断难以己之次子归继。本宗有子而绝，情有难安，请以其主，祔食于伊父爱泉支下，听惠先子孙奉祀。遗命之真伪，可无置议。

此判决既使陶世侃欲以己子后其伯兄的图谋未能得逞，又使陶爱泉得享后人奉祀，于法于理不亏，且合于致高之礼，诚属周全良议。此议上呈，巡抚庄有恭大为嘉许。当其得知此定谳之详告乃汪辉祖所拟时，夸奖道：“此君余在江南久知之，真有学识。”并特地召其相见，以示嘉勉。

此事传开，汪辉祖一时声名鹊起，钱塘、嘉兴、海盐、平湖等地衙署官长争相延聘其入幕坐馆。汪辉祖听说平湖县知县刘国煊贤明有德，待人清和，为官亦干练清廉，遂决定应其所邀，于是便受聘于平湖知县刘国煊。

庄有恭，字容可，号滋圃，广东广州府番禺人。生于康熙五十二年（公元1713年），乾隆四年（公元1739年）己未科状元，历任翰林院修撰、侍读学士、中丞、光禄寺卿、兵部右侍郎、刑部尚书、协办大学士、两江总督、太子少保，江苏、浙江、湖北和福建巡抚等职，乾隆三十二年（公元1767年）卒于福建巡抚任上。公元1762年在浙江巡抚任上时，因治海塘有功受到南巡的乾隆皇帝赋诗夸赞：

己未亲为策士文，精抡蕊榜得超群。
起行不负坐言学，率属偏能先己群。
鹤市旧声犹眷眷，龙山新政更殷殷。
海塘正是投艰处，磐石维安免奏勋。

庄有恭虽才高践卓，一生仕途却跌宕起伏，曾经受到过罚俸、革职、赴军台效命甚至收监秋后问斩等各式惩处，但均获赦免启复。其勤政爱民，清廉自守之操行，深受治下百姓拥戴，擅诗文而精于书艺，但其文名才艺为其政声所淹。

庄有恭在赠予洪鳌的扇面中，曾夫子自道地表达了对仕宦生涯的独到见解：“从来宦迹流传不外二者，第一自是德政，曰兴利曰除弊；其次便是风雅，其端亦不过二者，曰表扬胜迹曰延揽名流而已。至若虎皆渡河、蝗不入境、珠还合浦、经迁潮州，是皆添履，贞纯诚孚异类，它如制纖留靴，弥形粉饰，诚不若高隐衡门者，尚堪藉口也。昔裴沈自洛往郑州，日暮见有白衣老者，裴甚渴，求饮，老人持一土瓮，曰中有少浆，可就饮。裴视瓮中有核一，中有浆，其色正白，味如杏酪，节专韵鹤。”这段切中肯綮之议论，对理解其仕宦坎坷，终成一代声名卓著的循吏是大有裨益的。

八月，孙尔周卸任秀水知县，赴任河南开封府同知。汪辉祖即与孙尔周宾主作别，赴平湖县刘国煊幕中就职。

九月，在平湖县衙署办理陆腾、陆煌同父异母兄弟造墓纠纷案。

平湖县民陆氏嫡妻生子陆腾，妾生子陆煌。陆腾营造父母墓圹时，欺其弟陆煌年幼，将庶母（即陆煌生母）之墓穴后置四尺，且故意造得比嫡母之墓穴狭小。等到启墓下葬时，陆煌已长大成人，见此情形，自然心生不平，便起讼申告。汪辉祖便批断，让陆腾改造已建成之庶母之墓，陆腾不服，便屡次上控。至乾隆二十九年（公元1764年），浙江巡抚熊学鹏提卷核批，饬令陆腾须遵照平湖县批断，将其庶母之墓进行改造。

十月，汪辉祖办理乍浦邪教案。

乍浦巡检司称拿获徐姓邪教徒九人，指其徐氏一家在家拜神信邪教，并在其家中查获经卷一箧到案，经卷中有涉嫌邪教之《无为教经》一帙。汪辉祖检其箧内，确有《无为教经》一帙，但已受虫蛀蚀破碎，且支离不完整。后面留有“万历十七年历城并妻王氏”字样。其余的是《金刚经》《楞严经》《观音阿弥陀心经》之类佛经。汪辉祖经查验之后认为：无为教虽是邪教，但从查获的《无为教经》这部经书成色来看，因未阅而尘封的时间已经很是久远，经书已被蛀蚀严重且残缺不全。因此，徐姓九人恐怕并非无为教邪教教徒。知县刘国煊亲自前往徐姓各家搜查，并未查到与邪教有关的其他法事器物。汪辉祖同时指出：该邪教教徒都是吃长斋，不食牛羊猪肉的。于是便当堂给食，无一不食者。经审讯得知，这些包括《无为教经》在内的经书，乃事主从一位乞食的云游僧人的手里买来的。于是便依照清律“私家拜斗”例予以责处，焚毁《无为教经》，其余佛经则给予没收，发给寺庙收藏。

据汪辉祖在《病榻病痕录》中回忆，后来其同族一位叫汪在心的侄辈，在乍浦一带经商，在一次回萧山大义村时，曾告诉汪辉祖说，当地有一民家，因误犯大案，幸赖汪辉祖保全，故在其家中一直供奉着汪辉祖的生像。汪辉祖猜测，此家人或许即为当时此案所牵涉之人。由此事可知，为官做吏者的良行善举，其惠泽所及，至少是会为当事人所铭记感戴的。

当时，朝廷新颁律例，命案初报，须上禀刑部备案。幕友在办理命案时的初审案卷，往往草率粗疏，以致在复审承招供词时，由此多有参差舛误而非常棘手。汪辉祖建议平湖知县刘国煊上禀巡抚、臬司，要求县衙初报时，即摘取供情及初拟之罪名，加禀附申。此一建议被批准通行，对断案及复审中可能存在的疏失大有匡正。但此一建议不为大多数专司刑名的幕友所接受，认为有失简便，后均援例停禀并逐渐废止。对此，汪辉祖在嘉庆元年（公元1796年）所著的《病榻梦痕录》中依然坚持认为："如永为成规，于狱情幕学必多裨益矣！"其实，任何制度建设的根本目的，在于尽可能减少执行者在执行过程中，除徇私妄断而外，因个人主观价值判断而造成的与主流价值判断相冲突的空间。对权力进行有效约束的制度建设，其前提必然是在任何权力授受方式下，授、受双方必然的客观的相互之间的不可信赖。因此，制度建设的悖论由此产生，对权力进行约束的制度日趋完备的过程不可逆转，而权力授受双方彼此之间的信任危机的加深同样不可逆转。汪辉祖的建议之所以能被采纳而又被渐次废止，而未能"永为成规"，从根本上说，是在当时的幕宾制度下，作为授权一方的主官，并不想因此而造成并加深宾主之间的信任危机。

年末，汪辉祖依例回乡度岁。

1762年　乾隆二十八年　癸未年　三十四岁

这一年，汪辉祖继续坐馆平湖县知县刘国煊幕中。

是年，汪辉祖办理平湖回籍逃军盛大抢劫一案。年前，孝丰县民蒋氏行舟过境平湖县时遇劫，报官后，平湖县为此通缉劫匪。当时，平湖县有一名盛大的回籍逃军，因纠匪抢劫，被捕获归案，经审讯即被定案为蒋氏被劫案正犯。春节后，刘国煊请汪辉祖回馆具体办理此案。汪辉祖检阅已呈案草供，举凡起意、纠伙、上盗、伤主、劫赃、分赃各项，无不具备，还有起获之蓝布面的棉被一条，作为物证呈堂，且此棉被已经由事主蒋氏所确认。当晚，汪辉祖建议知县刘国煊在正堂复审到案嫌犯，自己在后堂旁听。审讯中，已到案的八名嫌犯一一招供，这帮劫匪在招供时面不改色，毫无惧意，所招供的供词如同背书一样熟滑顺畅，而且八名嫌犯的供词，其相互之间竟然没有半点参差龃龉和冲突矛盾之处。如此天衣无缝的呈堂证供，让汪辉祖在感到完满之余不禁基于过往的经验而心生疑窦：团伙案中，高度契合太过完满的供述，往往内中必有蹊跷。次日晚，汪辉祖让刘国煊在再次复审时故意增减案中情节，对嫌犯分别一一审讯，则八人招供竟各有歧异，有的认罪，而有人却号冤叫屈。汪辉祖又让差役准备了二十多条新旧程度与已被事主所确认的差不多的蓝色布面的棉被，且对以前事主已经确认的那条棉被上私下做了记号，让事主当堂辨认，而事主却无法分辨识认。在接下来的审讯中，一众嫌犯即当堂翻供，并不招认是蒋氏劫案的正盗。后经仔细审讯，原来盛大被捕之后，认为自己逃军犯抢，已罪不当活，因此在讯及蒋氏劫案时，便信口诬服招供，其手下之人也就随声附和，而那条被蒋氏指认为赃物的蓝色棉被，是盛大自己以前所置办的，并有缝制那条棉被的裁缝师傅为其作证。因此种种，汪辉祖认为此案不能就此定谳。而盛大逃军犯抢，亦罪不当诛，汪辉祖打算为其开脱死罪，即援例拟罪判决。因此案的正犯尚未到案，故暂时悬案待破。此议一出，平湖县衙内一片哗然，甚至有人认为汪辉祖此举乃枉法曲纵。处在舆论旋涡中的汪辉祖为此向刘国煊请辞幕席，并对挽留他的知县刘国煊说："必余留止者，非脱盛大不可。且失赃甚多，而以一疑似之被，骈戮数人，非吾不忍以子孙易一馆，为君计，亦恐有他日累也。"因其态度恳切坚决，得到了刘国煊的认可和支持。一时之间，衙内幕友同事对此议论纷起，幸刘国煊并未受物议所左右，坚定地支持了汪辉祖脱盛大结伙盗抢蒋氏财物之罪的观点。

两年之后，刘国煊因被保举知府而受到引进时，此案正盗在元和县被缉获，传唤事主前往指认起获的赃物，刘国煊完成保举谒选程序回任平湖知县，被召至苏州会审定案。事后刘国煊对汪辉祖说道："曩力脱盛大，君何神耶。"汪辉祖回答说："君不当抵罪，吾不当绝嗣耳。"自此案之后，汪辉祖在研阅案卷和审查案件时，愈加小心谨慎，绝不以初审之供词轻易定谳结案，对所审之案中嫌疑人罪及徒刑以上，都一定要亲自参加审讯。

汪辉祖之所以能成为一代刑名名幕，自非易事，其事事在在求真务实、谨小慎微的治狱精神中，体现的是秉道执义的信念和坚守，演绎的是仁恕良善的襟抱与情怀。实在地说，身在权力倾轧的官府中，如果缺少道义的抱持和仁恕的情怀，必然沦为权力的工具甚至恶权的帮凶，其存现的状貌，只会给人以或阿曲逢迎、奴颜婢膝的卑琐可恶或嚣张跋扈、张牙舞爪的狰狞可怖。

当年，发生在平湖县的另一起案子中，在量罪定谳时更体现了汪辉祖不同于一般刑名师爷的独到之处。一民妇俞张氏，纵容其女与人通奸，被其女婿殴打，致一齿脱落，按照清律援例该民妇俞张氏应处以徒刑。但汪辉祖认为，妇人与人通奸，其罪依律只应判决双方解除婚姻关系。而母亲放任纵容其女与人通奸，只是说明岳母与女婿之间的恩断义绝，只应按一般的通奸论处，于是就没有对其判处徒刑。这个判决意见上报之后，被臬司和知府驳回。最后提出了杖一百、枷号一月的判决意见，此案得以案结事了。

是年，汪辉祖向朝廷呈请旌表其两位母亲守节尽孝抚孤的节行懿德。十二月，汪辉祖即奉巡抚之命对两位母亲守节尽孝抚孤的事迹进行汇齐题奏。

1763年　乾隆二十九年　甲申年　三十五岁

是年，汪辉祖继续馆平湖刘国煊衙署为幕。

当时，平湖县境内有一从外地流窜来的小矮人，其身高不足两尺，而须长却达一尺，行走迅捷，另一体壮的正常人随其同行。因其状貌奇异，所到之处都会引来好事者的围观。汪辉祖敏锐地觉察到这两个人非良善之辈，便报告知县刘国煊着人将其驱逐出境。两个月后，邻县嘉善县破获系列盗案，即此二人所为。原来壮者系盗魁，矮者则为其同伙，白天趁众人对其围观时进行踩点，晚上即实施偷盗。此二人在海盐、秀水等地多次行窃，屡屡得手，只在平湖县时才被驱逐出境。由此事足见汪辉祖长期主理经办刑名案件，其用心着意所积累起来的经验，不只体现在对已发案件的审理定谳的精准确当上，更体现在对刑案防患于未然的准确研判上。

十二月，礼部将汪辉祖两位母亲守节抚孤的事迹会齐题奏之后，其二母旌表双节奉旨依议。

汪辉祖嫡继母王氏和生母徐氏以其守节抚孤的懿德而受到朝廷的旌表，堪称汪辉祖人生旅程中的一件大事。

1764年　乾隆三十年　乙酉年　三十六岁

正月，汪辉祖遵奉礼部对旌表之节孝之妇的相关礼仪规制的要求，在萧山瓜沥大义里为其二母建双节牌坊，并援例收集整理二母节行懿德事迹，且向文苑艺林的亲友故广泛交征集褒赞旌扬其二母善行懿德的诗文书画。

二月，汪辉祖继续坐馆平湖县衙署为幕。

汪辉祖自坐幕平湖，因其佐治办案的精明干练，尤其是治狱拟议申详中表现出来的见解独到和周延缜密，而为知县刘国煊格外信任倚重。加之汪辉祖个性清高孤傲，不愿放低身段、低三下四与人交接沟通等原因，故一直受到幕友同事的嫉妒孤立甚至排挤打压。此时，嘉兴知府邹应元因赏识汪辉祖的人品才干，而在平湖知县刘国煊面前对其给予了很高的评价："君幕汪某所办案，必为犯人留余地，议论纯正，当有后禄。"知府邹应元的这一评价在嘉兴一带府、县（州）官场传开之后，汪辉祖在幕僚同侪中的处境才有所改善。

五月，嘉兴知府邹应元巡视乍浦，亲自来到平湖县衙署中，与汪辉祖折节下交，优礼接见。

六月，汪辉祖受委办理乍浦渔匪案。乍浦同知会同参将，捕获一名叫杨极的渔匪，通过辗转株连，即以同案盗匪之名抓捕嫌犯共达三十余人，另以买赃、寄赃等罪名牵连至四十余众。乍浦同知一伙对以此名义抓捕到案的人，严刑拷打，逼取证供，成案以后即以缉获洋匪之名上禀，上官令平湖知县刘国煊对此案进行审理，并拟罪定谳。汪辉祖承办此案后，在反复审讯中发现，其中只有一名叫林好的到案嫌犯，曾犯抢夺财物之罪，另有十六人或窃鱼或偷网，而其余人等都是畏刑诬服，并没有抢劫或盗窃之类的不法行为。有鉴于此，汪辉祖拟上报抢夺一人、偷窃十六人，并只将讯实嫌犯系狱复审，其余无辜被牵连者全部予以无罪开释。此案办理完毕，汪辉祖便告假至杭州参加是科乡试。等试毕回馆，才发现事情并未就此了结。原来，乍浦同知、参将等人本来想借拿获洋匪之名，向朝廷邀功请赏，汪辉祖的审理拟议将其如意盘算打乱。于是，便亲自谒见闽浙总督杨廷璋，对此案案情及其办理过程添油加醋，侈张其事，总督为此下檄责问刘国煊，刘国煊坚持汪辉祖的正确意见，而同知、参将却仍坚持自己的看法，并诬称汪辉祖徇私枉法为罪犯开脱。而浙江巡抚熊学鹏与按察使李治运之间就此也难以达成一致意见，杨廷璋只得将此案奏闻朝廷。于是朝廷下旨，命浙江、江苏两巡抚会审，浙江臬司亲提人犯至杭州，命嘉兴知府邹应元亲自复审。邹应元起初也将此案定性为洋匪抢夺，刘国煊所持之汪辉祖的正确观点并未被采纳。为此汪辉祖向邹应元申辩分析道："内河宽五六丈者，缆数船东岸。遇风缆断而飘西岸，则数船必不能连樯如东岸，无尺寸先后，况黄盘为外洋，无津涯。今事主之词以为三船同渔一处，被风飘至黄盘，又同泊，为三盗船同时抢劫，当无是理。"至此，邹应元才恍然大悟，再诘问事主，原来三兄弟虽同渔一处，后却遇风飘散。林好等十五人各抢夺盗窃各船，非同谋亦非同行。案情基本厘清，但两巡抚依然认为洋匪应该重惩，虽是抢夺也应按强盗律例判决。巡抚的刑名幕友见案情重大，关系到十几条人命，皆不愿趟这伤天害理的浑水，纷纷托故离职而去。两巡抚专令邹应元承办，邹应元则委汪辉祖独立处理此案。汪辉祖历经四昼夜，判决书易稿十余次，拟林好绞首，其余十六人及另获七人，分别判流、徒、杖、笞等，无辜被牵攀者，一律无罪开释。乾隆帝命下刑部核查，刑部报可。此案自县禀而至两巡抚会奏，都经汪辉祖持议创论拟稿，最终得到刑部认可结案定谳。经此一案，汪辉祖的才识担当，更深得邹应元认可嘉许。

经由此案，汪辉祖与邹应元宾主之间真正得以结缘订交，交谊日益深厚。

邹应元，字清源，号鹤山，又号两松，江苏金匮（今无锡）人，生于公元1723年，卒年不详。乾隆十六年（公元1751年）进士，授武宁县知县，后累迁至嘉兴、杭州知府。乾隆三十一年（公元1767年）四月，特调至台湾任知府，任内台湾发生黄教之乱，邹应元请兵平乱，后乱平得治。乾隆三十七年四月告病辞归。所治之境皆深得民心，有上佳政声。一生与汪辉祖交好。

是年，汪辉祖与刘国煊家塾塾师桐乡人沈启震结为好友。

沈启震，字位东，号青斋，桐乡人。生卒年均不详，乾隆庚辰（公元1760年）科举人，后官山东运河道总河官，引疾归乡。有《慎一斋诗集》传世，其咏史诗颇有别见。汪辉祖评价其"为人豁达，通彻事理，重交游气谊"。姑不论汪辉祖对其好友沈启震的评价是否真的中肯确当，单就这一评语字义间的逻辑关系而言，就足以证见其知人之识的高妙，性情豁达之辈，必须是通彻事理之人。

十月，汪辉祖妾杨氏生次男汪继墉。

1765年　乾隆三十一年　丙戌年　三十七岁

这一年，汪辉祖继续坐馆平湖县刘国煊衙署为幕。

平湖县乃物华天宝的富庶之邑，境内多巨户富室，因此而兴起的立继争产之讼纷起繁杂。在立继争产的讦告中，两造双方之房族亲友不免因利益或血缘亲疏之故及其他种种而左偏右袒，一些官吏差役和地方保甲因而上下其手，居间渔利。为杜此恶习嚣风，汪辉祖向知县刘国煊建议，凡遇立继控争之讼，当置讼者勿论，而先让房族公查公议，案中无子之人是否必须立继，同父有无昭穆相当之人，并绘图禀核。其人或其妻在，则听其自主。夫妇俱亡，则援无后祔食于祖之礼，令祔产以祭，不准立嗣。此一情理两该之建议得到了知县刘国煊的采纳，即予以布告颁行。此法行之数年之后，平湖一境立继争讼之嚣风渐息。

施治之策，须着眼根本，对症下药，方能标本兼治。立继争产之讼，所讼之焦点在立继，而实质是争产，讼前置产勿论，将悉听主便和房族公查公议作为是否立继的前置条件，正本清源，治立继之本与治争产之标相结合，先治其本而标自得以治，不仅达成了标本兼治的目的，而且还真正起到了成风化俗的作用，这才是临民施治者治理能力的真正体现。

是年，汪辉祖办理殳球争嗣案。平湖有一县民名叫殳球，其为人狡狯贪婪，其缌服叔殳凤于死而无子，殳球自以为依序当由其承继，便诉告至平湖县衙，主张立自己为嗣。殳凤于曾与其胞兄同居共产，兄殁，遗有一子；后凤于夫妇俱亡，其有一女已出嫁。房族因为凤于有遗田二百七十亩，当为立后。凤于虽有亲侄，但系其兄独子，援例不得出继。汪辉祖据此拟批令，以遗田一百亩分给已嫁之女，以二十亩营葬殳凤于夫妇，一百亩为祭产，使凤于祔于其父名下，受兄子之祭。承继之事，殳球无须过问。判令一出，殳球争嗣夺产之梦破灭，便上诉至嘉兴府。知府邹应元认为殳凤于既有遗产，理当立嗣，殳球果真应继，并非枉告；出嫁之女分得田产，而殳凤于祔食于祖，非继绝之道。认为汪辉祖的判令矫枉过正，有失公允，驳回重拟判令并要求详申理由。为此，汪辉祖坚定坚持自己的正确主张，草拟了一折情法双该的申详：

“例载：‘无子者，许同宗昭穆相当之侄承继，先尽同父周亲，次及大功、小功、缌麻。如俱无，方许择立远房。’夫曰：‘许令承继。’‘许’之云者，未尝勒令必继也。又云：‘继子不得于所后之亲，听其告官别立。其择立贤能及所亲爱者，若于昭穆伦序不失，不许宗族指以次序告争。’夫曰‘听其别立’‘听其择立’，‘听’之云者，惟其自主也。细绎例义，或继或否，皆由无子者主之。若本人未经立继，固无容旁人干预。

“夫承继以承祧为重，非承产也。生奉养，死服丧，谓之承祧，必继子以所厚之亲恩义相维。今殳凤于夫妇生前并未立继，而于物故之后，以争继者继之，死者不知继子之为何人。继子惟贪死者之有遗产，恩既无与，义不相关，是非承祧而承产也。天属之亲，莫过父子，谓他人父，本非幸事。特为所后之亲择立，及为房族序推，以义制恩，情非得已。故为人后者，必有其所生父命之。传曰‘己孤则不为人后’，盖所生已殁，无所受命也。今殳球父故多年，既非凤于之所择，又非房族之所推，复无本生父之命。忍舍生我之恩，求为他人作后，忘本贪财，已为不孝。不能孝于所生之亲，安望孝于所后之亲？天道有知，不福不孝之子。异时祀产罄尽，势必韭稻难供。且凤于与其兄久属同居，是其在生之日，专佐兄子以生，今欲为之议继，必先为之分家。以不知谁何之人，忽攘其兄子之资产，恐凤于死而有知，亦伤心于在生之友爱矣。通盘筹画，球无出继之理，并非敢矫枉而过正也。

“人生鞠育之爱，不钟于子则钟于女，凤于名下约有产二百七十亩，以一百亩酌给嫁女，所以志遗恩于地下。以二十亩为凤于夫妇营葬，饰其终也。以一百亩，援无子祔食之例，立凤于祭户，祔伊父名下，令其兄子永远奉祀，则其父之烝尝勿替，即凤于之肸蠁长延，不继而自不绝。较之准继殳球，似为长策。”

汪辉祖所持之观点，坚决不让殳球承嗣继产，不只是有别于俗世常情，且与通常判例不同，更与知府邹应元驳议之观点相悖。但于律令无违，义正词严，不悖世故，情理滔滔，恐怕连知府邹应元也觉得其所持之议无懈可击，虽延宕两月，终于不得不批示照准。

对此，其所佐之知县刘国煊在折服钦佩之余，意味深长的评价道：“汪友之议创而确，甚敬其为端人。倘万一有是识、有是笔，心术不正，不可倚矣。”

幕友师爷，以笔墨谋生，市井之中往往称其为刀笔吏，所谓刀笔吏谓其笔下文字，字字句句切中肯綮，剔肉见骨，毫发不爽。当然精准深刻之处，若失之心性端方，必沦为深机刻薄，刀刀及肉见骨，必至苛酷惨烈。而刀笔吏一词多含贬义，恐怕是因为幕友师爷，久在官场，虽非职任之官，却多浸染官场陋习，个中难见端人之故。

四月，知县刘国煊保举知府，赴京引见，汪辉祖因此辞幕回乡。

九月，刘国煊完成引见程序回任，汪辉祖亦随之回到平湖县衙坐馆。

此案判决结案之后，平湖县即有一宗族族长跟风援引此案判例，而欲谋夺寡妇财产。寡妇黄俞氏三十多岁，无子，抚育二女，孀居四年。族长请照祔食之例，将其夫遗田四十二亩，尽付宗祠作为祭产。诉告至平湖县衙，汪辉祖见此诉告，不禁大惊，批断云：

祔食之说，所以杜不肖争继之习，而非开房族攘产之风，不得妄引殳案，觊觎干咎。

原来在四月时，因知县刘国煊因保举知府，赴吏部引见，暂由刘开焘署平湖县令，汪辉祖辞幕归乡等待。故署任知县刘开焘有此判决。刘国煊九月回任后，汪辉祖亦奉邀回馆坐幕。适逢县民黄俞氏上诉。原来，黄氏族长在刘开焘署县令期间，又诉请将黄俞氏田产作为祭产。刘开焘竟然准诉：令黄俞氏田产祔产于祠，由族长收租，岁给黄俞氏租米三十石，余归祠管，黄俞氏不得私卖，佃户不得私自向黄俞氏缴租。对黄俞氏的上诉，汪辉祖批断云：

妇人夫亡无子守志者，例承夫分。户绝财产，果无同宗应继之人，例得亲女承受。今俞氏嫠居四年，夫所遗田并未斥卖，其能操家可知。二女孤幼，抚养嶶嫁，为日尚长，其事甚夥，种种资费，须俞经理。且疾病医药之需，亲戚应酬之用，皆事所必有，岂三十石租息所能预为节限？以例承夫产之霜妇，应受绝产之亲女，置之局外，而转以无干之族长，为之制其肘而攘其财。不惟嫠妇含冤，并使幽魂饮泣，无此政体，亦无此风俗。所有俞产四十二亩，以五亩立黄祠祭户，俟黄氏女嫁身故，归祠收息，为伊夫妇祔祭。其三十七亩，听俞经营，膳养嫁葬，或存或废，总不必房族过问，以断藤葛。将署令所立祠户，改正归俞，并饬各佃户向俞收租。原送遵依，涂销完案。

十二月，刘国煊升任九江府同知。汪辉祖辞馆归里度岁。邹应元先调杭州知府，后调福建台湾知府，以岁修一千六百两银之薪酬，聘请汪辉祖同往台湾府入馆为幕，汪辉祖因其嫡母王氏不允，遂未应邹应元之邀入幕。

邹应元出于对汪辉祖的赏识厚爱，致意刘国煊，让刘国煊转达汪辉祖，欲让汪辉祖对其执弟子之礼，结师生之缘，汪辉祖鉴于对邹应元知遇之恩的感戴而应允其请。后十余年间，汪辉祖与邹应元以师生之礼相交，时有书信往还，情谊真挚。其子邹方锷，号半谷，乾隆壬午科（公元1762年）举人，工古文、诗词歌赋，精书艺，有晋人之风。与汪辉祖亦成为忘年交。乾隆五十三年（戊申，公元1788年）卒。

1766年　乾隆三十二年　丁亥年　三十八岁

正月，汪辉祖仍赴平湖县馆刘国煊衙署幕。

二月，刘国煊卸平湖知县任，赴九江府任同知。汪辉祖受仁和知县李学李之聘，坐馆仁和县李学李衙署为幕。

当年，与李学李塾馆西席孙宸东结为契友知交。

孙辰东，初名宸，字枫培，号迟舟，后改名辰东。浙江归安（今浙江湖州市）人，生于乾隆元年（公元1736年），汪辉祖长其八岁。其祖父孙金鼎、父亲孙赐书皆为诸生，可谓出身书香世家。乾隆二十五年（公元1760年）浙江乡试中举。乾隆三十七年（公元1772年）壬辰科一甲榜眼进士及第，授翰林院编修，奉旨参纂《四库全书》，乾隆四十五年（公元1780年），任顺天乡试同考官，同年九月初三，因病不治卒于顺天府贡院。清陆以湉《冷庐杂识》载：“归安孙太史辰东之‘其于人也，为寡发，为广颡，为多白眼’，则自道其形。”一说其曾将“其于人也，为寡发，为广颡，为多白眼”字样刻识于印章，以此自道。其长子孙宪绪为清乾隆六十年（公元1795年）乙卯科进士，后官至刑部主事。亦与汪辉祖交好。

是年，汪辉祖办理仁和县王魏氏误杀婢女芝香一案。婢女芝香在给王魏氏捧进参汤时，将盛参汤之杯摔碎于地，王魏氏气急之下，随手用戒尺击打其头部，致芝香倒地而亡。汪辉祖并未拘传提讯王魏氏，以王魏氏之夫的口供，结合现场勘验，乃照奴婢违反教令，依法决罚，邂逅致死律，置王魏氏于勿论。作出了如下判决：

律载：奴婢违反教令而依法决罚，邂逅致死勿论。王魏氏病须参治，芝香碎杯于地，参汁全倾。魏氏方起坐待饮，顺取床前几上界尺，信手一击，不期误中左太阳，立时仰跌毙命。已讯伊夫王某，历历供明。验其卧室碎杯犹在，所指殴处形势宛然。殴因违令，死系邂逅，魏氏律得勿论。恐扶病匍匐。或酿不测，夫既供明，应免提质。

十月，李学李因户书匿名讦告而去官，汪辉祖因此而失馆。

同月，汪辉祖受乌程县知县蒋志铎聘，入蒋志铎衙署为幕。

汪辉祖至乌程县知县蒋志铎衙中坐馆为幕后，得知前任幕友因办理沈二命案未得到认可而辞任。汪辉祖系蒋志铎慕其幕名而专意延聘，因此，汪辉祖对办理此案尤其审慎。汪辉祖检阅沈二命案之全部案卷后，觉得其中疑窦丛生：沈洲与蒋四共船捕鱼，六月中泊船检修，泊船处有两间房，为一寡妇张氏所居。一日夜间，沈洲之堂弟沈二悬尸船桅，当即报官立案。知县蒋志铎初验，见其颈部有绳痕，疑为勒死后悬尸，系他杀。张氏经刑讯，供称原与沈二有奸情，后又与沈洲通奸。沈洲供称，自己与张氏有奸情之后，因张氏仍与沈二情厚，故心生妒忌，于是在蒋四相助下，在船上将沈二勒死。张氏闻声出视，因畏惧而闭门就寝，如何悬尸制造自缢的过程则未见。蒋志铎便按故意杀人罪定谳，将沈洲与蒋四押解至湖州府复审，在复审时，二人翻供喊冤。在审阅完全部案卷之后，就此案汪辉祖向蒋志铎指出，首先，张氏既与沈二旧情未断，何以眼见沈二因为自己的缘故而被活活勒死，却默不作声，反而闭门安睡？这不合常情。其次，沈洲嫉妒沈二，因而心生杀意，似情可原，但蒋四与沈二素无瓜葛，何以竟助沈二堂兄沈洲将其杀死？此不合常理。其三，沈洲、蒋四二人勒死沈二之后，船泊江边，为何不抛尸江中灭迹，反将其悬尸船桅？此三者皆可谓于情于理不通。对此种种疑问，蒋志铎虽不能解释，但却不肯改易原拟定谳之论。汪辉祖为此告诉蒋志铎，如此办案，获咎必大，于是当即向蒋提出辞幕离馆。蒋志铎这才不得不勉强同意让汪辉祖重新审理此案。经汪辉祖认真鞫讯勘察，方知沈二毙命之日，沈洲、蒋四根本就没有见到过沈二，二人当日并没有在沈二毙命的现场出现过。当时，张氏已回娘家数日，也并不在家。此两点均有邻居证供相佐。原审案情，纯属子虚乌有，杀害沈二者，必当另有其人。据此，汪辉祖让蒋志铎上禀湖州知府，请求将原案所列证供发回重审，并请求上宪委派专人一同会审此案。

年底，汪辉祖归乡度岁。

是年，汪辉祖与余姚人邵晋涵结为知交。

邵晋涵，字与桐，号二云，又号南江，浙江余姚人。生于乾隆八年（公元1743年），汪辉祖比其年长十四岁。乾隆三十年（公元1765年）浙江乡试举人，乾隆三十六年（公元1771年）会试会元，中进士，入四库全书馆任编修，主持《四库全书》史部的编撰工作，史部之书多由其最后校订，其中“提要”亦多出其手。在四库馆中与戴震、周永年、纪昀齐名。乾隆五十六年（公元1791年）擢侍讲学士、充文渊阁直阁士，又任《万寿盛典》《八旗通志》《二史馆》《三通》纂修官，为国史馆提调，并掌进拟文字。分校《石经》《春秋三传》，对史学、历代史文志、目录学有极高造诣。卒于嘉庆元年（公元1796年）。其《尔雅正义》开清儒重新注疏儒学经典之先河，除《尔雅正义》外，有《孟子述义》《韩诗内传考》《谷梁正义》《輶轩日记》《方舆金石编目》《皇朝谥迹录》《南江诗文抄》《南江札记》等传世。阮元在其《南江邵氏遗书序》中评价其“经学、史学并冠一时，为海内共推。”钱大昕于《邵君墓志铭》中谓其“言经学则推戴吉士震，言史学则推君。”洪亮吉的《邵学士家传》中更称盛赞其“于学无所不窥，而犹能推求本源，实事求是。”汪辉祖在《病榻梦痕录》亦中对邵晋涵的道德学养给予了极高的评价，谓其“经术淹通，于书无所不读，为人孝友诚和。”

1767年　乾隆三十三年　戊子年　三十九岁

这一年，汪辉祖继续坐馆乌程县知县蒋志铎衙中为幕。

四月，为嫡继母王氏、生母徐氏建双节坊于萧山大义村聚奎桥北岸。在购置建坊地块时，遭到嫡继母王老夫人的反对：“饔飧无寸地，且省此数百金，为朝夕计。”汪辉祖向王老夫人申明了建坊的必要及其经济上能够充分自给保证的理由：“此大人千古事也，所费不过十亩田赀。儿不肖，不足以给一生。幸叨两大人庇，即无田亦可以活。”经此申说，购地建坊之事，方得到嫡继母王氏的允肯。双节坊建成之后，汪辉祖与王老夫人一道前往社庙谢神，王老夫人稽颡百数方起，额头竟叩至红肿。

社庙谢神回家之后，汪辉祖拜问请教其中缘故，王老夫人回答说：“我与若母薄命孀居，分也。儿积诚请旌，又竭力建坊，吾愿足矣。今日拜神，将汝素行及所以事吾二人者，告求神鉴，使汝一第，则吾死瞑目。”言毕，母子二人相对啜泣，数时方止。

在汪辉祖完成建坊后即将离家赴馆就幕之际，王老夫人谆谆勉励其好好读书以应科考。

四月，汪辉祖回到乌程县衙之后，适逢杭州府委派归安县知县来乌程县一同会审沈二被杀案，结论与汪辉祖一致，请乌程县另缉正凶。浙江巡抚委湖州知府复检，亦得出沈二被人勒死系他杀，而正凶并非沈洲、蒋四二人的结论。因蒋志铎与浙江巡抚之幕宾曾有过节，该幕宾在拟禀申详时认为本案虽然并未成案定谳，但差点酿成冤狱，蒋志铎应对此负责。五月，蒋志铎被参劾革职。蒋志铎尚未卸任离职之时，秀水县知县韩本晋已派专使前来延聘汪辉祖前往秀水坐馆为幕，其时前来接替蒋志铎者为初次出仕的战效曾。浙江藩司刘纯炜对战效曾说："乌程剧邑难治，蒋令非延汪幕，则拟辟矣。友不易得，当速聘之。"战效曾将此意见建议转致汪辉祖，恳请其继续留在乌程县衙署。汪辉祖感念刘纯炜的推重举荐，于是谢却秀水知县韩本晋，应战效曾之聘继续坐馆乌程县衙。

七月，汪辉祖告假赴浙江参加乡试。其年乡试首题为："吾何执？执御乎？执射乎？"第二题为："日省月试。"第三题是："由尧舜至于汤。"第四题考作诗，题目是"桂林一枝"，限押"丹"字韵。第五题是策经解史传总集，考的是浙江舆地兼水利吏治方面的策论。

七月，浙江德清一带民间妖言四起，民众惊惑恐慌，传言将有妖魔降世为祟，只有通过剪掉发辫方能镇妖避邪，避祸全身。此谣言传至乌程，汪辉祖认为流言传播，兹事体大，不可小视，建议战效曾厉行查禁，以杜后患。后德清知县果然因为对此谣言传播查禁不力，而遭弹劾罢职。

市井谣言，乃虚妄空言，自是空穴来风，至多捕风捉影，就此而论，本无伤道义伦常、难损礼仪法度，但空言成谣，在有人有意无意乐此不疲地去传播，更不乏人自觉不自觉不明就里的相信，有意传播者自有别有用心者在，不轨祸心包藏，且并非昭昭若揭，而其甚者，当是信谣之人，必是基于自己的经验与识见，并由此被挟裹进传谣的滔滔洪流之中，其中的最大多数会进而成为谣言驱使下的盲动者。谣言一旦契时合势而成弥天大谎，维系社会正常运转的礼义伦常、纲纪法度就会失去对盲动的拘束。三人成虎，只是匪夷所思，不过引人莫名恐慌而已，而没有周宣王时"檿弧箕服，其亡周国"谣言，恐怕真不会发生烽火戏诸侯的故事，没有"大楚兴，陈胜王"的谣言，真不至于让连绵三百里的阿房宫，化作了一片焦土！因此，历朝历代，为政施治者对谣言的警惕与防范，从来都是极具政治意义的。

汪辉祖对民间妖言的警觉，小了说是一个久坐衙署的刑名师爷的老道世故，大了说自然是一个久惯官场的佐治幕宾的政治敏锐。

浙江乡试结束后，其时身在杭州的汪辉祖听说胡文伯由广东藩司调任江苏，于是便同曾在胡文伯常熟幕中与其订下师生之交的孙尔周一道，前去江苏江宁（今南京）藩司衙门拜访胡文伯。在与孙尔周的见面交谈中，孙尔周根据汪辉祖自己对在乡试中各场答题之表现的回忆复盘，认为汪辉祖在是科乡试中一定能够中试及第。

汪辉祖继续回乌程县衙坐馆，九月初八日，浙江乡试榜下，汪辉祖果然高中第三名举人。于是即动身前往杭州拜访乡试所在考房房师，时任象山县知县的曾光先。曾光先告诉汪辉祖，八月十六日漏下二十刻许，当曾光先对其考卷刚刚阅讫置几，便觉睡意来袭，不意右睫甫交，忽有一厚不盈指之瓦片坠于几上，压在了汪辉祖的试卷卷纸上，瓦砾上尚有斑驳的苔痕藓迹，惊觉之余，急忙将其试卷再次校阅一遍，才将其慎重地收捡于书箧之中。岂料刚一落枕就寝，恍惚之际又听见几案上有窸窸窣窣的声音，睁眼一看，只见汪辉祖的试卷竟自己从书箧中跳了出来，展陈于几案之上，而那块曾砸在试卷之上的瓦砾，却不翼而飞，不见了踪影。当第二天一早，曾光先将汪辉祖的试卷呈荐给两位主考官时，两位主考阅后不禁为之击节叫好。本来已经初定汪辉祖为举人第一名，即是科乡试解元的，后因副主考陆锡熊有拔擢其门下弟子之意，故改为举子第三名。当曾光先问及汪辉祖有何阴骘庇佑，而竟能在科举中得以幸运降此祥兆时，汪辉祖回答说，应该是先人的庇佑吧。接着，汪辉祖与是科乡试榜首许祖京一起，去拜谒了浙江乡试主考博卿额和副主考陆锡熊，援例向他们恭行门生弟子之礼。

一时间，杭州城内坊间到处盛传着这样的故事：说在汪辉祖第二场所作之诗和第三场中所作的吏治策论的试卷，在呈交考官评阅时，均有飞瓦砸中试卷的灵异之事发生。在市井纷传之中，听闻之人无不感到诧异：考棚内深夜门窗紧闭，飞瓦从何而来？如此灵异之事，确实让人不可思议。在汪辉祖自己看来，传扬这件灵异之事的人，恐怕都认为这是汪辉祖两位母亲含辛守节、茹苦抚孤一辈子应得的福报吧。

是科浙江乡试中试者共二十三人，大家商议一致，决定相约一个日子聚齐会宴，以示庆贺。汪辉祖拱手揖礼而对诸位同年说道："不须另会，十二月二十日为吾母生辰，拟称一觞，乞枉驾为吾母光宠。"

十二月二十日，新科举子汪辉祖如期为其嫡继母王老夫人举行生日宴会。与汪辉祖同科乡试举子有七成左右的人，都应约前来共襄盛会。当一众新科举子宾客散去，王老夫人对汪辉祖感慨道："三十年来，惟今日略一舒眉，吾庶几可以对汝父矣。自阻汝台湾之行，每虑厚修不可多得。使汝去，今年安得中，知诸事有前定也。"

诚然，汪辉祖自乾隆十二年丁卯岁（公元1747年）十八岁时参加浙江乡试起，虽生活艰辛且兼体弱多病，但每一场乡试，汪辉祖都不曾落下，屡战屡败，屡败屡战，迄今已历九届。二十二年光阴荏苒，汪辉祖青春韶华已逝，其间苦涩辛酸，自是一言难尽。汪辉祖对此次得以中榜，也多少有些相信乃是其嫡继母王老夫人祷神之后，"天高卑听"的应验。

是年，其远迁他乡的叔父汪模只身归来，叔母及诸堂弟已殁，汪模茕茕孑立、形影相吊之中，面对自己曾经肆意欺凌的孀嫂与孤侄，不知其内心有何感想。不久，其叔父再次不告而别，离开瓜沥大义里，再次远走他乡而去。

十二月，汪辉祖以准备参加第二年礼部会试为由，辞乌程县知县战效曾幕，回到萧山瓜沥大义里家中。

汪辉祖是年乡试中试，其主考官乃博卿额，副主考为陆锡熊，房师是曾光先。

博卿额，初名纶音惠，后改为博卿额，字虚宥，满洲镶红旗人。蒙古族博尔济吉特氏，先世为蒙古科尔沁兀鲁特贝勒，元天命二年（公元1617年）率众归清。博卿额，乾隆七年（公元1742年）举人，乾隆十三年戊辰科（公元1748年）进士，改翰林院庶吉士，累官至国子监司业、翰林院侍讲学士。乾隆二十五年（公元1760年）典试四川，乾隆二十七年复视学于蜀。三十三年（公元1768年）又典试浙江。后死于奉天府府尹任上。有《博卿额诗草》三卷。铁保《熙朝雅颂集》中录其诗二十九首，并引《钦定八旗通志》云："《博虚宥诗草》三卷，首卷为乾隆二十五年典试四川时作；次卷为乾隆二十七年视学四川时作，皆名《使蜀草》。卷三为戊子（乾隆三十三年）典试浙江时作，寥寥篇什，近体多而古体少，亦示见全集也。"徐世昌《晚晴簃诗汇》中收录其《小相岭用周学使碑上韵》《汉中》两诗。

陆锡熊，字健男，号耳山，江苏上海县人。生于公元1734年，乾隆二十六年（公元1761年）辛已科进士，召试，授内阁中书，乾隆三十三年浙江乡试副典试，累迁刑部郎中。初命编《通鉴辑览》。又编《契丹国志》《胜朝殉节诸臣录》《河源纪略》等，后与纪昀同司《四库全书》总撰官，旋升翰林院侍读，五迁左副都御史。《四库全书》成，以书有伪谬，令其重为校正，写官所费，责其与纪昀分任，又领旨奉天校正文溯阁藏书，乾隆五十七年（1792年）卒于奉天。自著有《篁村诗钞》《宝奎堂文集》《补陈寿礼志》《炳烛偶钞》《陵阳献征录》等传世。

曾光先，号洞庄，湖南湘阴人，乾隆十年（公元1745年）乙丑科进士，曾任浙江象山县知县，乾隆三十三年（公元1767年）戊子浙江乡试任房师，后任知县加通判衔，被罢官，后死于钱塘县行馆中。

1768年　乾隆三十四年　己丑年　四十岁

正月，汪辉祖赴京，参加是科礼部会试。在京期间，因意趣相投，与江西瑞金罗有高、浙江会稽章学诚结谊订交。

罗有高，字台山，江西瑞金人。生于雍正十一年（公元1733年），比汪辉祖年少四岁，乾隆三十年（公元1765年）乙酉科举人，青年时代因仰慕马周、张齐贤之为人，习技击，读兵书。后因受释道原之学的影响招引，聆教受学，乃潜心禅学。再后又师事理学家雷鋐，专意于研修理学。其研学旨趣虽曾数次改易迁变，但均学有所得，颇有造诣。初以优行贡京，未得任用，及归，曾登楼纵火自焚，得家人惊救不死。后竟独自狂奔入山数月，不与人交接往还，常僧衣趺坐，行止非常人态。后与彭绍升友善，相勖致力于心性命理之学，兼参悟禅释之道。晚年心归净宗，一意向佛。其所为之文，绝去依傍，务抒其心之独契，堪称别具一格。乾隆四十三年（公元1778年），闭关七旬而卒，临死前焚其生前所有文稿。其好友彭绍升辑其所遗诗文为《尊闻居士集》。汪辉祖评价其“博学能文章，兼通内典，性情纯一，友谊笃挚”。

章学诚，原名文镳、文酕，字实斋，号少岩，浙江会稽人，乾隆三年（公元1738年）生，比汪辉祖年少九岁，乾隆四十三年（公元1778年）由国子监生而中戊戌科进士，官国子监典籍。曾主讲定州定武书院、保定莲池书院，一生中为南北多地方志馆撰修地方志，主修过《和州志》《永清县志》《亳州志》《湖北通志》等十余部地方志书，创立了一套系统完整的修志义例。对经学方面主张六经皆史，在治经治史方面均有独树一帜的专识，被称为中国古典史学的终结者，方志学的奠基人。其专力撰写的《文史通义》《校雠通义》《史籍考》等，影响极大，尤以《文史通义》为著，被与唐代刘知几的《史通》一起称为中国古典史学“双璧”。章学诚一生科场跌宕，穷困潦倒，颠沛流离，靠讲学、修志为生，乾隆五十九年（公元1794年）返乡，嘉庆六年（公元1801年）在双目失明之后的贫病中逝去。汪辉祖评价其“古貌古心，文笔朴茂”。

章学诚对传统方志学的贡献，除自己丰富而切用的修志实践实绩外，集中体现在其《方志立三书议中》，提出了“凡欲经纪一方文献，必立三家之学，始可通古人之遗意也。仿纪传正史之体而作志；仿律令典例之体而作掌故；仿文选文苑之体而作文征。三书相辅而行，缺一不可，合二为一尤不可也”。主要贡献在于，以“六经皆史”的独到见解，确立了地方志的性质、体例和价值。在总结自己丰富的纂述方志经验的基础上，对方志编纂者的基本学术素养提出了明确的要求。首倡在州县衙署中设立专门的修志机构，让专门的机构专业的人做专业的事。并强调各级不同层次志书的内容的侧重与协调。

民国时徐珂所编撰的《清稗类钞》中，对章学诚评价颇高：“才、学、识三长，得一不易，而兼三尤难。唐刘知几《史通》扬榷古今，褒贬传记，为千古不刊之书。后之继武者，当推会稽章学诚之《文史通义》。命名仿《史通》，而《史德》《史释》诸篇，且为《史通》所未及。《方志》之学，仿《春秋》《梼杌》而成书。《校雠》之篇，非扬雄、刘向、郑樵不能胜任。条分缕析，矩叠规重。多为前贤所未发，世所由推之为史学大宗也。”“章实斋尝修《永清县志》，苏州叶廷琯谓其思精体大，深得史裁。如职官、选举有表，年经事纬，先后不紊。又有《士族表》，以澄流品而劝睦姻。舆地、水道有图，开方计里，形势瞭如。又有《建置图》，但详制度而略景物。至于《烈女传》，尤极匠心为之，但有一节可书，片言为则，无不描摹声咳，刻画仪容，欲慰饮冰茹蘖之贞，特改列名注略之陋。若夫阙访有传，防猥滥也，即以待参稽。前志有传，明渊源也，即以维废坠。其体裁皆足为后之修志家取法。各序因志例而推论史例，更有发前人所未发者。刘子玄《史通》一编，独擅千古，实斋可谓继声矣。王亮生言其所修《和州志》，体例较此又变而极精善，盖志家固有因地制宜之道，非可以一格拘也。”

四月，汪辉祖在是科会试中落第南归。

五月，汪辉祖返家萧山大义里后，即接受钱塘县知县芮泰元之聘入钱塘衙署为幕。

六月，汪辉祖在钱塘县知县芮泰元衙署坐馆为幕。

九月一日，钱塘知县芮泰元陪同浙江巡抚熊学鹏上吴山进香。义乌生员王学吾拦轿告状，熊学鹏授意钱塘知县芮泰元讯供。芮泰元委汪辉祖审理此事。汪辉祖阅其状词，乃讼田土纠纷，但所书讼状言辞杂乱，而状后还另有粘单，则讦告被告家藏违禁军器。虽事涉重大，但语多不经。汪辉祖分析熊学鹏一向办事谨严认真，若见过粘单，对粘单所涉如此重大事项，必不发随行的区区钱塘县知县芮泰元审理，同理，芮泰元将此状交由汪辉祖办理，可见芮泰元亦未必见过后附之粘单。仅从其诉状言辞来看，汪辉祖便怀疑王学吾有痰迷之症（所谓痰迷之症，依中医而论，即患者因长期神郁气结，导致心血日涸，心脾失调，津液转而生痰，痰迷心窍，而致精神错乱，就是通常所说的精神病），故撤下粘单，专讯其诉状内所诉田土纠纷情节。鞠讯中，果然查明王学吾患有痰迷之症，于是申禀请递义乌县讯了结案。二十年后，汪辉祖外甥孙继英坐馆义乌县衙幕中，因而与王学吾相识，见王学吾应县学生岁试，课业名列前茅，乃一安分守己的笃学秀才。汪辉祖后来在其《病榻梦痕录》中对此事有如是自敬自诫之语："向使见单时稍卤莽，必成大狱，造孽不小矣。治狱之不可不慎如此。"

为官作吏，能掀波作浪，显能露才，为官望政绩张势，引上宪大吏注目，不失为做官之阶升仕进的上佳途径，但却是为人之立身行事的最坏做作，往往会一路升迁途中留下一生狼藉名声。因此，息事宁人既是做人的厚道本分，更是为官之道义本事。

1770年　乾隆三十五年　庚寅年　四十一岁

正月，钱塘县知县芮泰元受委赴天津办差，由胡嘉粟暂署钱塘县事，汪辉祖仍坐幕钱塘县衙。

三月二十日，战效曾署归安县，召汪辉祖商办要案。

四月十四日，汪辉祖得知其夫人王氏病危家书。十五日汪辉祖即从钱塘县回到萧山瓜沥大义村。到家后，其王夫人已停尸两日。得知王夫人四月初八日发病，在发病濒危之前还亲手一针一线为汪辉祖制作汗衫。有感于此，汪辉祖作《题衫诗》四首：

一

衫成在曛黄，疾作自夜午。
即今衫俨然，制衫人何所。

二

宽窄恰称身，裁量想手拊。
痛绝寄衫词，恩义凭记取。

三

不著违妇心，屡着恐易腐。
一年著一回，庶几历终古。

四

我生衫在笥，我死同入土。
衫灰心不灰，同穴魂相语。

为此，汪辉祖专门绘制了一幅其夫人灯下制衫的速写画，以纪其事。毫无疑问，人，只有在亲历落拓潦倒的人生苦况之后，才会有如此深切细腻地对亲情至爱相濡以沫的一往情深的体味。钱塘县人潘庭筠为王夫人立传，并专绘《寄衫图》附后。汪辉祖将自己和潘庭筠的画，遍赠同人故交，一时之间，为此二图题词作诗者多有人在，盛赞此一段夫妻恩爱的人伦佳话。

回想汪辉祖与夫人王氏自汪楷与王坦人寓京谒选候官时，订立婚约，当时可谓是门户登对的一段好姻缘，后经汪楷弃职归里，汪楷落魄潦倒而客死异乡，汪家已是家道中落，穷窘至衣食难给的地步，虽入学而为秀才，可于家道生计，并无起色。而王坦人捐纳谒选得职之后，虽为些小县衙小吏，却因考成卓越，而升署任知县、知县之职，可算得上是业兴家旺，两家门庭悬殊，真不可以道里计。汪辉祖与王氏，虽有两小无猜的婚约，由于两家从未比邻而居，却并无青梅竹马的童真回忆，其间更有关于汪辉祖种种流言的风波，这段失去了经济基础，而又缺乏感情基础的口头婚约，最终在飞短流长的风侵雨蚀之后，能履约成婚，这位王夫人的修养个性与坚信坚执是起到了关键的作用的。成婚之后，汪家的经济环境并没有根本性的好转，体弱多病的汪辉祖一直坐幕在外，还一场不落下的参加每次的乡举应试，一家老幼的生计操持，个中艰辛，自不待言。这点点滴滴、万万千千，自在汪辉祖的记忆中、心怀里。

潘庭筠，字兰公，一作兰坨，号德园。钱塘人。生卒年未详。乾隆三十四年（公元1769年）己丑正榜，三十六年五月由内阁中书入直，乾隆四十年（公元1778年）复中戊戌科二甲六名进士，后官至陕西道御史。工绘事，后皈依佛门净域，乃捐弃一切，兴至而随笔作水墨花卉而已。有《稼书堂集》传世。

四月，汪辉祖料理完王夫人的丧葬事宜，仍回钱塘县衙坐馆为幕。

五月，芮泰元办差完毕，回任钱塘知县。湖州府招解乌程县人犯吴青华至钱塘县狱羁押。吴青华少负才华，二十一岁即中举，可谓少年春风。然不知自爱，不事求学问道以图仕进，而专意于吃漕饭牟利。清时所谓吃漕饭者，即抓住官府征运漕粮时值事官吏浮收冒耗等等把柄，倡言讦告，所涉官吏因惧东窗事发而受到官法责罚，无奈之余，往往私予数十甚至数百银两，以杜其口。吴青华即乌程县吃漕饭者之首领。汪辉祖坐馆乌程县知县蒋志铎幕中时，蒋即对汪辉祖说过："青华吃漕饭，不可容，当惩以法。"当时蒋志铎即欲借其他事由对吴青华加以惩治，但汪辉祖查其并无其他作奸犯科的劣迹，就未同意襄助其事，蒋亦作罢。乾隆三十四年（公元1769年）漕粮开征时，专司其差的官吏们恐吴青华再起讦告之衅，便设计灌醉吴青华，将其诱入已与官家有约在先的妓女之门，让妓女高呼强奸，漕吏们便会同邻右闻声即一拥而上，将其擒获，扭送至县衙。知县乘其酒醉未醒，录供下狱。次日早上，再次审讯时，吴青华拒不招认强奸之事。知县将此事上报湖州知府，知府亲自审讯，以妓女与邻右为证，严刑拷打，吴青华受刑不过，只得画押认罪，被判从重外谴。浙江臬司提讯复审时，吴青华依旧呼冤叫屈，但案成定谳，已无济于事。此案非经汪辉祖之手，但其所反映出来的官场黑幕，给其留下了极深的印象。十多年后，汪辉祖在其《病榻梦痕录》中，还补记了制造此冤狱者的下场：

后（乌程）令捐升知府去，一子夭绝，悒悒而卒。（湖州）守以他故被议，捐复原官，发四川候补，犯事枷号。二人造孽不止此事，此其显著者，天道好还，捷如桴鼓，岂不信哉！

并对当时"吃漕饭"这一社会现象的存在进行了鞭辟入里的分析：

曩余佐胡公督理苏松粮道，时纲纪肃清。征漕之县，无不兢兢奉法，斛面浮一指半指，即干遣咎。其时，漕船过淮，总漕杨锡绂秉公盘量，米色小不干洁，即责运丁、运弁。丁弁只较米色，不敢向州县别求津贴。督运之员，皆无杂费，是以征漕者无可借名浮收。比幕浙江，风犹未改。甲申、乙酉以后，运丁诡称沿途费用，勒索州县，米色钱逐岁加增。州县因以为利，恣意浮收，甚有七折、八折、内加、外加之名。愿者重累，视输漕为畏途。黠者生波，盼征漕为奇货。官既自决其藩，民遂敢越其畔。上官以为源不易清，阳禁之而阴庇之，民之挠法者亦不敢明治基罪。以故官肆民骄，习以故常。若青华之所为，其由来者渐也。

在清中、晚期，漕运之弊是客观存在的，征漕值事者往往上下其手、沆瀣一气，浮收敛财，冒耗营私，其祸国殃民之种种行径，着实令人发指。而“吃漕饭”的人，借此要挟敲诈勒索征漕官吏，以非对非，不只无补于事，更会加剧弊祸危害。若治“吃漕饭”的人，当与漕运之弊一体整肃，方能收到正本清源、斩草除根之效。若专一整肃“吃漕饭”者，害怕触及征漕积弊及其牵涉其中的大大小小各级官吏，必致无用无效而无功。不得已而采取借他事甚至起衅栽赃陷害的办法，以非对非，甚而至于以栽赃构谄的卑劣手段对“吃漕饭”者进行惩治，其结果，不只是如汪辉祖所言的有损为官者个人德操与福报，更重要的是会给维系正常社会运转秩序的基本价值体系造成根本性的毁损。

七月二十三日，钱塘县境遭遇暴风雨，至当天晚上，暴涨的海水倒灌入西兴塘八十余里，而至宋家溇。芦湅河、北海塘一带引发堤岸大溃决，其余海塘堤岸多处溃决。在海塘外营生的男女淹毙者有上万人之多，死尸随倒灌的海水飘入内河，内河中到处是浮尸和飘浮的棺木。退水之后，因清理江面浮尸、棺材而至两天不能行船。汪辉祖寓居之房屋，积水亦达两尺之深，隔日方才消退。

十月，汪辉祖娶同邑贡生曹榅奇之女为继室。

十一月，汪辉祖妾杨氏生第三子汪继塝。

十二月，汪辉祖以应次年会试为由，辞钱塘知县芮泰元衙署幕。

是岁，与会稽县陶廷珍、陶廷琡兄弟结为知交。

陶廷珍，字效川，号午庄。生卒年未详，浙江会稽人，乾隆十年（公元1745年）乙丑拔贡生，清乾隆二十六年（公元1771年）辛卯岁举人，乾隆五十二年（公元1787年）委为咸安宫教习，曾为汪辉祖校阅审订《双节堂赠言》。终甘肃肃州州同任上。有《天目远游》《鸡肋》《仇池》《关河》等诗文集行世。汪辉祖评价其“为人豪爽，敦本行，工各体诗，文赋尤独绝”。

陶廷琡，号南园，生卒年未详。陶廷珍胞弟，乾隆四十四年（公元1779年）己亥举人，乾隆四十六年辛丑科进士。嘉庆初任贵州清平县知县。有《南园集》行世。汪辉祖评价其“神情谐畅，以善书名，处约而能养志”。

1771年　乾隆三十六年　辛卯年　四十二岁

正月，汪辉祖赴京，参加是年礼部会试，与同邑举子来起峻同舟偕行，并与之结情订交。

来起峻，字鲁登，号江皋，萧山长河里人。生卒年未详。“早岁博览载籍”，乾隆二十四年（公元1759年）己卯岁浙江乡试举人，比汪辉祖早九年，乾隆三十七年（公元1772年）进士，比汪辉祖早三年。授户部湖广主事，上任仅三月，因思亲引疾归里，一说乞养亲归里，未再补官出仕。家居教授，卒于乡。汪辉祖评价其“内行修谨，与人交，诚爽不欺，能任事”。

是科会试中，汪辉祖的试卷发由房师翰林院编修谢启昆评阅，谢启昆阅后给予了较高的评价，但荐卷之后，却未能中试。

谢启昆，字良壁，号蕴山，又号苏潭，一说字蕴山，号苏潭，江西南康人。生于乾隆二年（公元1737年），乾隆二十三年（公元1758年）乡试中举，乾隆二十四年会试第八名，殿试擢为第一名，是为状元，堪称少年才俊。授翰林院庶吉士，分习国书。后历官镇江、扬州、宁国知府，江南河库道，浙江按察使，江西布政使。嘉庆四年（公元1799年），任兵部侍郎兼监察院右副都御史，署广西巡抚。主修《广西通志》，其所创制的体例因其精审完备，为地方通志之典范，广为世人称道。嘉庆七年（公元1802年）卒于广西巡抚任上。其为官清廉有操守，政绩卓著，德声远播，卒后朝廷诰授资政大夫。其为学谨严，治学有成，一生著作等身，在史学、方志学方面堪称泰斗。有《树经堂集》《树经堂咏史诗》《西魏书》《小学考》《山谷外集、别集补》《史籍考》《广西金石录》《圣朝殉节诸臣录》等传世。

五月，汪辉祖归乡。受海宁知县刘雁题聘，因嘉善知县战效曾延其入幕，而战效曾系汪辉祖入幕乌程时乌程知县，与汪辉祖有故，不便推辞，故辞却刘雁题之聘而至嘉善县衙署入馆为幕。

七月，战效曾调富阳县任知县，汪辉祖偕同入富阳县衙署为幕。

八月，战效曾奉调入闱任乡试同考官，汪辉祖返乡。

战效曾，号鲁村，生卒年未考，直隶宁津人。乾隆二十四年（公元1759年）己卯举人，历官乌程、归安、嘉善、富阳知县，后升任海宁府知府。

九月，汪辉祖居乡萧山县瓜沥大义村。葬父亲汪楷、嫡继母王夫人、生母徐夫人于山阴县秀山之麓，并在萧山航坞山麓购置墓地安葬伯祖、伯祖母和从伯母灵柩。

十月，汪辉祖恩师孙尔周之子孙含中任宁绍台兵备道，孙含中向战效曾商请汪辉祖前往宁波道台衙门襄助，汪辉祖义不当辞、情不容谢，便入宁波宁绍台兵备道衙门为幕。

早前，汪辉祖听其生母徐老夫人说起过，其娘家在宁波鄞城城内，门前有一石桥，汪辉祖到宁波之前，即曾多次嘱托友人打听过自己舅家的情况，但均一无所获。入幕宁波道台衙署之后，汪辉祖专门抽了四天的时间，亲自前往鄞城的大街小巷四处探访打听，对城内门前有石桥的地方逐一访了个遍，也没能打听到其生母娘家家人的任何消息。平时一遇到徐姓的人，就向其打听其舅舅的名字，依然音讯杳无，不禁为之黯然神伤。衣食难给的寒微之家，在岁月流光的板荡风雨中，稍不留意即会被湮没寂灭于市井尘烟里，令人悲戚哀痛之余亦复让人感叹唏嘘。

年底，以参加第二年会试为由，辞幕归乡返回萧山大义村。

是年，汪辉祖叔父汪模在外漂泊多年之后，孤老归乡，穷无所倚，老迈衰朽，也不再外出远游。

1772年　乾隆三十七年　壬辰年　四十三岁

正月，汪辉祖赴京，参加恩科礼部会试，与同邑来起峻（江皋）偕行同寓。

四月，会试揭榜，来起峻中试，汪辉祖下第落榜。留京俟吏部拣选。

所谓拣选，是清代官吏选拔制度之一种，凡举人赴礼部会试，一科不中者，可以就教职，以府（直隶州）学正、县（散州）教谕录用，三科不中者，准予铨补知县。在清初设置此一制度时，拣选举人大多能有机会候任补缺。后因社会稳定，文教昌达，候选人数越来越多，到雍正时，能候缺任用的举人已极为稀少，尤其是拣选而补任知县缺者，更是几无可能，甚至有候缺待补达三十年以上而未能得缺署任的人。到汪辉祖参加拣选时，此制度几乎已名存实亡了，完全成了虚应功名的一种形式。

五月初四日，汪辉祖启程离京返家。

六月三日，汪辉祖返家时，海宁县知县刘仙圃已于五月将延请其入馆为幕的聘书送到了家里，其盼望汪辉祖早日赴馆就幕的急迫可想而知。这次会试落第之后，汪辉祖发现，凡是会试中试者，其参加殿试时书写策论试卷时都会遵循一定的书写范式，他认识到自己落榜的原因，恐怕多少与自己平素不重视书写法式有关。于是到海宁县坐馆之后，便将临帖练字当作了自己每天的必修功课。由此可见，汪辉祖坐幕之余，读书应试以求仕进，终竟能在屡战屡败之后，得以登科及第，除了孜孜以求的勤勉中所体现出来的坚韧不拔的意志力外，更有其特有的“学然后知不足”的谦逊态度和觉悟力，后一点也是其佐治生涯中能使之成为千古名幕的基本禀赋素养。

是年，汪辉祖第三个女儿出生。嫁大女儿于同邑贡生陈宗周次子陈景曾。

1773年　乾隆三十八年　癸巳年　四十四岁

汪辉祖馆海宁县知县刘仙圃衙署为幕。

就在这一年，朝廷颁行新规，禁止各级衙门延聘本省幕宾，因此汪辉祖即向刘仙圃提请辞幕。适逢浙江巡抚以浙江杭嘉湖地区公事繁剧，饬令所在府（直隶州）、县（散州）可以暂时留任熟悉地方情况的本省幕友，渐次另延他省幕友更换。于是刘仙圃便禀呈上宪，请求援引此例留任汪辉祖，上宪准请。时孙含中由河库道调任上海巡道，其父孙尔周为其专使来聘汪辉祖入幕。汪辉祖欲应聘成行，因刘仙圃专函禀陈孙尔周，请准其让汪辉祖留任海宁。

是年，海宁赭山巡检司所辖之钱塘江沙地，在山阴县、萧山县境内，因距海宁县较远，且属飞地之域，故在统辖上鞭长莫及，难以有效施治管控，而山阴、萧山因受统辖体制所限，更是无从统摄，以致此境盗匪横虐，治安极差。沙民剽悍，械斗频仍，而巡检权轻，难以慑服。海宁征粮提犯，往往要绕道杭州、萧山，颇费周折。一遇人命或盗抢等大要案件，查勘现场和缉捕人犯，常因来往不便，而致多有延误。汪辉祖在深入了解掌握相关情况的基础之上，就治理钱塘江沙地提出了自己的观点，他认为，驻绍兴城内的绍兴海防同知，任清事简，可改为南海防同知，移驻赭山，由其辖制赭山巡检司管辖钱塘江沙地。于是建议刘仙圃将此设想禀陈巡抚熊学鹏，再由其转奏朝廷。汪辉祖此议因切情合理、稳妥可行而得到朝廷奏准。

浙西之地乃吴越粮仓，所征漕粮户多量巨，每年漕粮征纳时，粮户输米纳粮因一时所急，非常拥挤，一些粮户为纳粮入库竟需排队数日甚至十余日，仅仅输粮交割时间之先后顺序，就让一些不良漕司胥吏弄权其间而从中营私渔利。汪辉祖建议刘仙圃根据各乡各里道路远近和粮户及纳粮数量，按里分户依序定期，依期排序纳粮。如此一来，粮户无积压守候之苦，而漕差吏胥也断了借此营私渔利之路。

汪辉祖虽只是一名刑名幕师，但以上两项建议，均事涉行政管理区划的科学调整和行政管理机制的优化改进，其体现的是其思考问题的全局系统观和纵深透彻。彰显的是其坐幕佐治的一种水平和境界，甚至是对佐治职守的一种超越升华，堪称已达到临民施治的最高境界了。

是年，汪辉祖四女儿出生。

1774年　乾隆三十九年　甲午年　四十五岁

是年，汪辉祖仍坐馆海宁知县刘雁题衙署幕。

二月，汪辉祖嫁与山阴县举人王兆嘉之子的二女儿亡故。

七月，叔父汪模病故，汪辉祖将其安葬于航坞山墓地。

八月，海宁县升为直隶州，刘雁题调平湖县任知县，署西海防同知。汪辉祖失幕归里。

归乡之后，汪辉祖忆及壬辰年（公元1772年）参加会试时，同科举人许春严在见到其平时准备应试的科举课艺之后，评价其“骨节生疏”，后来果然下第落榜。试毕归来之后，一直用心揣摩其平日准备的科举课艺的问题所在。因而借此失幕居乡难得的空闲，每天必作一篇应试之制文。当时，来起峻正在其居乡之地聚徒授科举之艺，而孙迟舟也主讲于东阳书院，于是汪辉祖便将自己完成的科举应试的课艺分寄给来起峻和孙迟舟，向他们请教求进之道。遇到两位先生不合意的篇什，即在他们的指导下进行认真修改，至有修改三四次之后才合意的情况。这样的应试习作光策论就作了十卷之多，并于除夕黄昏前全部亲手整理抄录完毕，送交余姚拔贡生张义年评阅订正。

所谓拔贡生，亦简称“拔贡”，系贡生的一种，有清一代的科举制度中，由童生经过严格考试而入府、州、县学者，即取得方廪生的资格，称为方廪生，俗称秀才。在方廪生中被选取入国子监学习者，称之为贡生，入国子监之后即称为监生，故贡生一般都是监生。贡生按其来源不同，可细分为岁贡、恩贡、优贡、拔贡、副贡五类，后增加例贡一类，共六类。岁贡，每一年或两三年由府、州、县学教授、学政、教谕选取岁考优秀、年资长久的方廪生入国子监学习，往往府学选送两名，州、县学一名，大多依入学年次长短和岁考成绩挨次选送，故俗称“挨贡”。恩贡，指遇国家、皇室重大的庆典时，在府、州、县学岁贡常例之外，加选一次优秀生员入国子监。另对先贤、英烈之后免选入监者，亦称恩贡。优贡，指各省学政三年任满时，有权对本省生员择其优者选送入国子监，每省仅选数名，且无具体录用条例，中选者更显稀有。清同治时，规定优贡生经礼部廷试合格者，可按知县、教职任用，同乡试中举者例。拔贡，指每十二年各省学政考选本省生员，择其优秀者参加礼部廷试合格者，称为拔贡。清初时，拔贡本每年选一次，乾隆七年（公元1742年）时改为每十二年选一次，名额例同岁贡，即府学两名，州、县学各一名。清初拔贡与岁贡不同之处，在于拔贡不受年资限制，但须参加礼部廷试。副贡，指乡试中未能中试，但成绩尚佳者，取入副榜并选送入国子监。例贡，指援例捐纳取得贡生资格入国子监者，又细分为附贡、增贡和廪贡。成为贡生入国子监者，统称监生，亦别称“明经”，监生即获得入朝为官的资格，亦可参加每届会试科考，其资格等同于各省乡试中试的举子。

张义年，字潜亭，浙江余姚人，生卒年未详。乾隆三十年（公元1765）乙丑拔贡生，被选授湖南潜江县任训导，训导俸满之后，被保举以知县用，因其学识淹贯，被选留“四库馆”效力，赐国子监助教，充《四库全书》纂修官。乾隆四十二年（公元1777年）中顺天府乡试举人，乾隆四十三年参加戊戌科礼部试，下第，特赐一体殿试，届期因疾病发作，未能参加殿试，后不治而亡。

1775年　乾隆四十年　乙未年　四十六岁

正月，汪辉祖从萧山瓜沥大义村启程赴京参加礼部会试。

三月初三日，汪辉祖抵达京城。其业师春岩来在审阅其应试课艺之后，认为其火候已到，一定会在此科会试中试题名。初五日，汪辉祖疾病发作，从其发病趋势来看，很难坚持参加此次会试。春岩来前来诊视后，对汪辉祖说："伤寒尚轻，不可不试。万一不进场见闱题，必悔。"期间，汪辉祖病情有加剧之势，但好友陶午庄极力劝其坚持参加是科考试，并且邀请汪辉祖与其同寓而居，以便对病中的汪辉祖予以照顾。初八日，汪辉祖拖着病体拼尽全力参加了礼部会试的三场考试。在考试的过程中，汪辉祖因病不能喝粥吃饭，只能吃一点新鲜的梨子。考试结束之后，汪辉祖的病情好转并逐渐痊愈。是年的会试考题是，钦命《四书》题首"苟日新"三句，次"仲叔圉治宾客"三句，三"敢问何谓浩然之气"一节，诗题是"灯右观书"得"风"字。

"苟日新"是所谓"四书"之一《大学》中的首句，《大学》乃《礼记》中的第三章，在《大学》中与"苟日新"相关的章句是："汤之《盘铭》曰：'苟日新，日日新，又日新。'《康诰》曰：'作新民。'《诗》曰：'周虽旧邦，其命维新。'是故君子无所不用其极。"其核心意涵是倡导一个人须不断自新求进，当然在整个儒家思想体系中，任何自新求进都必须以合于道统为前提，这种自新求进是非革命性和颠覆性的。以此作为科举考题，看似简单，但在强调道统的时代，如何处理好传承道统与自新求进的关系，恐怕对考生就审题立意而言，是分出文章等第高下的一个关键。

"仲叔圉治宾客"句，出自《论语》之《宪问》，"子言卫灵公之无道也。康子曰：'夫如是，奚而不丧？'孔子曰：'仲叔圉治宾客，祝鮀治宗庙，王孙贾治军旅，夫如是，奚其丧！'"《论语》中通过康子与孔子的对话，要说明一个道理，卫灵公虽然是个无道昏君，但他能任用有才之人如仲叔圉、祝鮀、王孙贾等，并且用其所能用之长才，便不至于亡国。是题表面上看只需考生论述人才作用的发挥，但原文背景中有卫灵公这一"无道"之君的存在，出题者显然给考生是埋下了一颗非常危险的"地雷"的，一不小心触雷引爆，恐怕前程就没了。

"敢问何谓浩然之气"，《孟子》之《公孙丑》中虽有如是论述："'敢问夫子恶乎长？'曰：'我知言，我善养吾浩然之气。''敢问何谓浩然之气？'曰：'难言也。其为气也，至大至刚，以直养而无害，则塞于天地之间。其为气也，配义与道；无是，馁也。是集义所生者，非义袭而取之也。行有不慊于心，则馁矣。我故曰，告子未尝知义，以其外之也。必有事焉，而勿正，心勿忘，勿助长也。元若宋人然：宋人有闵其苗之不长而揠之者，芒芒然归，谓其人曰：‘今日病矣！予助苗长矣！’其子趋而注视之，苗则槁矣。天下之不助苗长者寡矣。以为无益而舍之者，不耘苗者也；助之长者，揠苗者也——非徒无益，而又害之。’”对所谓的“浩然之气”的意涵，亚圣孟子虽言“难言”，但还是就其意涵的界限作了理辞丰盈的阐述，如何在孟子所设定的理想与实践意涵阈值中赋予其新的意义，恐怕也不是容易的事。

四月初九日，揭榜中试，带病上考场的汪辉祖取得会试第四十六名的好名次。主考官是时任兵部尚书的嵇璜、时任刑部左侍郎的王杰和时任都察院右副都御史的阿雨斋，其房师为翰林院编修辛先甲。是日，会试中试者在午门外举行集体谢恩仪式。汪辉祖在拜谒房师辛先甲时，了解了一些礼部会试中的细节，得知自己在礼部会试时的试卷本来被主考座师阿雨斋拔选为礼部会试的第三名，而另一座师主考嵇璜却因其诗句中用“重瞳”之典指代虞舜，而《史记》中并不专指虞舜，涉嫌稽古不严，不应定其为第三名，故在呈报时改易其为四十六名。

在己丑（乾隆三十四年，公元1769年）科会试落第后，即将返乡启程前，汪辉祖曾在午门前的关帝庙坐像前虔诚祈祷，求签讯问自己此生能否得中进士，所抽中的签上有这样四句诗：“新来换得好规模，何用随他步与趋。只听耳边消息到，崎岖历尽见亨衢。”其中隐含着其求进登科“必遭蹭蹬，方可侥幸。”自此而后，汪辉祖又经历了乾隆三十六年辛卯科、乾隆三十七年壬辰科两次落第，所以汪辉祖自己在《病榻梦痕录》中回忆说：

公车四上，途次偃蹇多端。至京即疾作，可当崎岖二字。复祷于关帝，签曰：“忆昔兰房分半钗，而今忽报音信乖。痴心只望成连理，到底谁知事不谐。”自分必失矣。闱中见题纸“苟日新”三句，意“新”来则“规模”当换，妄希弋获，力疾终场，果受知于雨斋师。“耳边消息”亦复奇验：乡试第三，会试名次如之，岂非“连理”？为诗所累，续签实已预示。“因忆往岁戊辰（乾隆十三年，公元1748年，著者按）负笈山阳，与同学沭阳胡茂才江表（伟）过城隍庙，拜问科名，末二句云：‘云程万里君须到，得路先凭博陆侯。’每遇省试，主考帘官从无霍姓，久亦置之。戊子乡榜后，谒两主考，闻同年相语多称博陆二师，始悟神签之巧。今会试得售，盖所谓‘云程’‘须到’也。十四字中隐该乡、会两试遇合，一科一第，数之前定如此，他可知已。”

汪辉祖自乾隆三十三年戊子科乡试中试，至此科会试得中，共历八年四科，比之其乾隆十一年（公元1746年）十七岁入县学，历二十三年九科而中举，时间并没有那么漫长，但也历时不短，算是在一而再再而三的挫折之后，得偿所愿的。虽然压在其头顶的“昔日龌龊”阴霾得以一扫而空，然而，人过中年，历经沧桑，早已尝尽人情世态之冷暖炎凉，不仅让其没有了“春风得意”的心境，更没有了“一日看尽长安花”的意气风发。

自隋唐开科取士以来，在整个科举时代，科举入仕成为绝大多数出身寒微的读书人实现其个人政治理想和社会人生价值的唯一途径，必然客观上形成了千军万马过独木桥的局面，越是在社会相对稳定、经济相对繁荣、文化相对昌明的时代，科举取士所能提供的让广大读书人走上仕途的可能，与数量庞大的读书人队伍对登科及第、走上仕途的需求之间的矛盾，也就愈显突出。最大多数的读书求仕者，皓首穷经、矢志求仕，往往终其一生，而于科举功名却一无所获。汪辉祖所处的时代，正是满清入关之后，经济社会繁荣稳定和文化兴盛昌明的康乾盛世，科举求仕之路，对广大读书人而言，有制度化的畅达预期，却难免有客观现实中行进艰难的尴尬和无奈。汪辉祖以四十六岁而会试得中，无疑还算是幸运的。正因为科举功名这种特殊的社会公共资源的稀缺，导致了登科及第者，不只是寒窗苦读的幸运，亦有冥冥之中神灵庇佑的侥幸，或许正因为如此，汪辉祖才将自己一生中最重要的决定其命运的乡试、会试两次中试，与并不能作为章本的祈神求签相联结。占卜求签，往往被看成是一种消极的唯心主义的迷信活动，其实，当人们从已知的客观条件出发，尚难以顺理成章地明确预期某种结果是否得以实现时，占卜求签对可能出现的结果的暗示及其这种暗示与预期结果的某种契合，对局中人而言，所起的作用无疑反而是积极正面的。签语文字含义的多种释义和其中某种释义与结果之间的对应关系，一方面能够使人不至于陷于完全主观自我的自大之中，另一方面更能够由此使人产生表面看似对神灵的敬畏而实际上是对客观未知的敬畏，这也正是其不足作章本却长期存在于中国传统社会生活形态中的合理性和价值所在。

四月二十一日，汪辉祖与其他会试中试者一道援例参加朝廷殿试。

四月二十五日，皇帝召见，按甲第唱名为第二甲二十八名，赐进士出身。

据《萧山县志》载，自科举考试制度实行以来，作为人文渊薮，越之望邑，仅宋、明、清三代，萧山县内取得进士功名者即有269人，而在有清一代共112科经由会试、殿试而取得进士功名者共约二万余人，而萧山一域即有134人，汪辉祖能成其中之一员，不可谓不是萧山万千读书士子中的佼佼者和幸运者。是科中，萧山县与汪辉祖一同得中进士者还另有蔡雄、萧濂二人。

四月二十六日，朝廷在午门向新科进士赐朝服，汪辉祖领得宝蓝花缎一匹。

四月二十七日，礼部赐恩荣宴，以朝廷之礼款待新科进士。

五月二日，在国子监举行新科进士释褐仪式。

释褐，即脱掉褐衣，另有穿上官袍之意。褐，指褐衣，平民百姓所穿的粗布衣服。脱去褐衣，即始任官职。汉代扬雄《解嘲》中有："夫上世之士，或解缚而相，或解褐而傅。"晋代袁宏《三国名臣序赞》中有："（孔明）释褐中林，郁为时栋。"后来也专指科举中进士及第，获取授官的资格。宋代高承《事物纪原·旗禄采章·释褐》："太平兴国二年正月十二日，赐新及第进士诸科吕蒙正以下绿袍靴笏，非常例也。御前释褐，盖自是始。"

五月初八日，参加新科进士朝考。

朝考，是清朝科举考试中的一种加试制度。指举子经礼部会试、殿试取得进士及第、出身和同进士出身后，由礼部将名册送翰林院掌院学士，在奏请皇帝允准后，与国子监监生一道，再试于保和殿中，并派大臣阅卷，评定优劣，称为朝考。雍正、乾隆时常有，但并无定例。嘉庆后即成定例，据朝考优劣，结合殿试名次，分授庶吉士、主事、中书、知县等职，常以诗、文、四六各体出题。

五月十四日，汪辉祖奉旨归吏部选用。

五月十六日，汪辉祖得家书，知其嫡继母王老夫人于三月二十六日辞世，汪辉祖向朝廷报丁忧，并雇好骡马准备次日返乡南下。适逢此科会试的座师和同年都认为，汪辉祖的嫡母王老夫人是以节孝受到朝廷旌表而享有盛誉的，援例汪辉祖应暂留京城设置灵堂着孝服接受师长、同年和其他亲友的凭吊。于是，汪辉祖便决定暂留京城数日，在浙江省会馆乡祠里为其母王老夫人操办治丧凭吊的相关活动。为此撰写了其嫡母王老夫人生平行状，并请翰林院编修周煌为其嫡母撰写墓表、翰林院编修邵晋涵为之撰写墓志铭。此前，在五月初八日新科进士的朝考中，因汪辉祖取得第四名的好成绩，翰林院传验，并派武英殿办理黄签送呈圣览，汪辉祖因丁母忧而辞谢未赴。

六月初七，汪辉祖出京，取道泰安回乡。

六月二十五日，汪辉祖至王家营渡过黄河，雇舟昼夜兼程，飞奔回乡。

七月初二日，汪辉祖到家，办理嫡母王老夫人丧事。

七月十四日，汪辉祖继室生第四子汪继培。

九月初一日，汪辉祖受慈溪知县黄元炜之聘，坐馆黄元炜衙署为幕。听说好友罗台山（有高）因游览四明山而暂寓鄞县邵洪家斋。故汪辉祖带着自己手抄的《双节赠言》稿前往鄞县向罗有高求正，罗有高慨然应允，并允诺将对汪辉祖所撰写的三篇先人行状的文章进行文字上的润色修饰。相见时，汪辉祖与罗有高相与探讨古文写作之法，双方心有所契，交流甚洽。汪辉祖返归慈溪县衙署后，罗有高将其订正润色后的《双节赠言》文稿陆续寄还汪辉祖。

九月二十七日，汪辉祖辞慈溪知县黄元炜馆，再赴鄞县向罗有高辞别，并请求罗有高再次校核订正《双节赠言》书稿。

十月初四日，汪辉祖回到萧山大义村。

十月初七日，汪辉祖受海宁州知州战效曾之聘入馆就幕。

十一月，汪辉祖返家为其母亲举殡下葬，将其与父亲和生母合葬于萧山秀山之阡。尔后仍赴海宁就战效曾之幕至年底，因前曾应刘雁题之请，故向战效曾辞幕。

嵇璜，字尚佐、黼庭，晚年号拙修，江苏无锡人。雍正八年（公元1730年）举进士之后，历任日讲起居注官、翰林院侍读学士、通政司副使、都察院右佥都御史。乾隆九年（公元1744年），嵇璜在视察河北、河南、山东等地水情之后，上《河工疏筑事宜书》，提出开河引流、分泄涨水等治水方略，并对治水工程中奸蠹包揽克扣影响治河工程质量等问题提出了究治之策，深得朝廷认可。乾隆十三年（公元1748年）四月，被授都察院副都御史，六月，升工部右侍郎。乾隆十九年（公元1754年）九月，出任武会试正考官，十月转任吏部右侍郎。乾隆二十三年（公元1758年）正月，任南河副河总督，九月升为礼部尚书。乾隆三十三年（公元1768年）七月，被授东河河道总督，后调离东河河道总督之任，改任工部尚书。乾隆三十四年正月，因其在东河道总督任上甄别下属不力，御批降三级调用，补都察院左副都御史，五月，其在与刑部会审一案子时，未加详察，即签字划诺，又着降一级留用处分。乾隆三十六年（公元1771年）迁工部右侍郎，至乾隆三十八年五月，升为工部尚书。次年任《四库全书》正总裁，乾隆四十年（公元1775年）四月，出任礼部会试正主考，因乾隆入驻香山行宫，未到行宫参见，又受到降三级处分，十二月调任工部尚书。乾隆四十四年十二月，兼任翰林院掌院学士，后又调吏部尚书兼协办大学士。次年享察叙加一级，六月，教习庶吉士，九月，授文渊阁大学士兼国史馆正总裁。乾隆五十四年，因任上书房总师傅时，上书房诸臣旷班七日，犯督查不力，被降三级留用。乾隆五十五年（公元1790年），其年八十，又值其中进士六十周年，特准其与新科进士一起赴琼林宴，传为一时佳话。乾隆五十九年（公元1794年）卒，谥文恭。有《治河年谱》《锡庆堂诗集》等传世。与其父嵇曾筠（康熙四十五年进士，官至文华殿大学士，治黄、淮和浙江海塘有功）均系清代治河名臣。

王杰，字伟人，号惺园，陕西韩城人。雍正三年（公元1725年）生，乾隆二十五年（公元1760年）陕西乡试解元，乾隆二十六年（公元1761年）辛已科会试第三名，殿试被擢为第一，是清代陕西省第一位进士及第的状元。初在南书房当值，后经多次升迁，乾隆三十九年（公元1774年）任刑部左侍郎，乾隆四十年（公元1775年）任乙未科礼部会试副主考，为汪辉祖进士及第时会试座师，自此而后，与汪辉祖音问书信往还几十年，投契相交，情谊深厚。后转调吏部，旋擢升右都御史。乾隆五十一年（公元1786年）出任军机大臣，上书房总师傅，次年任东阁大学士，总理礼部。嘉庆十年（公元1805年）去世，享年八十一岁，追赠太子太师，谥文端，祀于贤良祠。有《惺园易说》《葆醇阁集》传世，

阿雨斋，名肃，满洲镶白旗人。乾隆十九年（公元1754年）甲戌科进士。乾隆四十年（公元1775年），以都察院左副都御史，出任乙未科礼部会试副主考，后历内阁学士兼礼部侍郎，后终光禄寺少卿。

汤先甲，字萼南，号辛斋，江苏宜兴人。生于康熙五十一年（公元1712年），乾隆九年（公元1744年）顺天乡试甲子科举人。乾隆十六年（公元1751年）辛未科二甲进士出身，选翰林院庶吉士，次年十月，散馆，授翰林院编修，参与纂修《钦定续文献通考》。乾隆二十一年（公元1756年），以编修充丙子科贵州乡试正主考，次年考选陕西道监察御史。乾隆二十三年（公元1758年）十二月，乾隆帝因日食而求谏言，汤先甲应诏上书陈言，其中有反对将彭家屏收藏野史一事搜证罗罪定案之论，乾隆召汤入殿对谈，就其奏折中所列事项，一一剀切训斥，汤先甲抗言相辩，声振殿宇，乾隆出于对其

忠耿的嘉许，未究其冒犯之罪，一时传遍朝野。乾隆二十四年（公元1759年），以监察御史充己卯科浙江乡试副主考，后擢鸿胪寺少卿，九月以鸿胪寺少卿改差河南省学政，次年改差贵州省学政，任满回京。乾隆二十八年（公元1763年）改光禄寺少卿，次年升通政司参议，升内阁侍读学士，入直上书房，陪侍皇八子永璇读书。三十年（公元1765年）以内阁侍读学士充戊子科四川乡试正主考，乾隆三十三年（公元1768年）以内阁侍读学士充乙酉科广东乡试正主考。乾隆三十五年（公元1770年）因永璇擅由圆明园进京城，遭训斥，即授翰林院编修，仍直上书房。乾隆三十九年（公元1774年），以翰林院编修充甲午科福建乡试主考。乾隆四十年（公元1775年）以翰林院编修第六次充礼部会试同考官，同年差广东省学政，乾隆四十二年（公元1777年）秩满离任，次年正月卒于回京途中。汤先甲先后督三省学政，典五省乡试，六次充礼部会试同考官，可以真正称得上门生满天下。工于诗，擅古文辞。晚年欲删辑历朝《会要》，编辑一部《续政典》，未完成。以正直忠耿称世。

周煌，字景垣，号绪楚，又号海珊（一作海山），四川涪州（今重庆涪陵）人。生于康熙五十三年（公元1714年），乾隆元年（公元1736年）四川乡试中举，乾隆二年丁已科二甲四十六名进士出身，选授翰林院庶吉士，散馆授编修，任《八旗通谱》纂修官，后以翰林院编修任礼部会试同考官，历任山东、顺天、云南、福建乡试副主考、同考官和正主考，累升云南按察司副使、右春坊右中允、侍讲、左春坊左庶子、上书房行走、侍讲学士，内阁学士兼礼部侍郎、刑部侍郎、兵部侍郎等，曾差任江西、浙江学政。曾于乾隆二十一年（公元1756年）奉诏以副使身份出使琉球。曾任《四库全书》总阅官。后官至工部尚书、兵部尚书、上书房总师傅，都察院左都御史等。后以兵部尚书加太子少傅致仕。乾隆五十年（公元1785年）卒，追赠太子太傅，谥号文恭。一生能文工诗善书，著作颇丰，有《琉球国志略》《海山诗稿》等近十种传世。

1776年　乾隆四十一年丙申年四十七岁

正月，汪辉祖馆平湖知县刘雁题衙署幕。长子继坊随馆修习儒业，汪辉祖案牍之余课子习儒。

四月十一日，昼夜大雨倾盆，汪辉祖在平湖县衙中听说家乡萧山县西江塘决堤，洪水侵入内河近塘，房舍顷刻即被淹入水中丈余深，幸无人口伤亡，但岸畔厝置未葬的棺柩漂没无数。除西江塘之外，北海塘亦决堤，洪水从决口处汇入海中，水势才逐渐得以消退。汪辉祖瓜沥大义村祖屋房舍亦浸入水中深达三尺有余。

是年，汪辉祖得邵晋涵引见，请托江西新城鲁仕骥为其二母撰写《双节赠言》。

鲁仕骥，原名九皋，号絜非，江西新城人。生卒年未详，乾隆三十四年（公元1769年）己丑科进士，曾官夏县知县，是有清一代阳明学说的身体力行者，也是忧心国计民生的循吏贤绅。有《山木居士集》《山木居士外集》传世。

1777年　乾隆四十二年　丁酉年　四十八岁

是年，汪辉祖继续馆平湖知县刘雁题衙署为幕。

四月，好友孙含中先生任浙江布政使，并委派专人邀约汪辉祖入幕，汪辉祖念及与刘雁题之间的故交旧谊，便未应允。当时，汪辉祖会试座师王杰正好任浙江省督学，孙含中还委托王杰专门向汪辉祖表达一定要邀其入幕的诚恳之意。但汪辉祖认为，一方面从道义上讲自己不应辞卑就尊，另一方面，也考虑到当时孙含中先生与浙江巡抚王亶望势若水火冰炭，而且孙含中性格狷介，为官刚正，汪辉祖想到自己若以刚直性格相佐，担心孙含中与王亶望之间的冲突会更加激烈，而倘劝其委屈从事，又不是辅人佐幕者应守之道义。当汪辉祖向王杰申明自己的想法之后，王杰也很以汪辉祖的观点为是，便不再勉强相劝了。

是年，汪辉祖与歙县诸生鲍廷博相识并成为知交。

鲍廷博，字以文，号渌饮，又号通介叟。祖籍安徽歙县，随父鲍思诩旅居杭州，后定居浙江桐乡县青镇（今杭州乌镇）。雍正六年（公元1728年）生于杭州，其父鲍思诩，喜藏书，不惜巨金求购宋元版书籍，筑室收藏，取“学然后知不足”意，名其室为“知不足斋”。鲍廷博入学为诸生后，不谋仕进，勤学好古，亦喜购藏古今秘籍，广录先人后哲所遗手稿，其所抄书籍流传至今有名可稽者尚有一百四十余种。乾隆三十八年（公元1773年）开《四库全书》馆时，诏求天下遗书，共收遗书三千五百零三种，鲍廷博长子鲍士恭即以家藏精本六百二十六种进献，内多宋元以来的孤本、善本，为当时私家进书之首。乾隆四十年，《四库全书》修成之后，归还其原书，乾隆帝在其《唐阙史》和《宋仁宗武经总要》二书上题诗曰：

知不足斋奚不足？渴求书籍是贤乎。

长编大部都庋阁，小说卮言亦入厨。

鲍廷博受此鼓舞，立志刊刻《知不足斋丛书》，将家藏善本古书公诸海内，前后刊印三十集，二百零七种，七百八十一卷。其中最后四集为其子鲍士恭、孙鲍正言续成。鲍廷博善诗文，其《夕阳诗》三十首尤其广为传播，脍炙人口，有“鲍夕阳”之誉。其诗文稿大半散失，现有《花韵轩小稿》《咏物诗》传世。汪辉祖评价其“以文诸生，博通典籍，为人醇雅有气谊”。

在《清稗类钞》中，对鲍廷博及其知不足斋的藏书，有极高的评介：“鲍廷博，字以文，号渌饮，本歙人，以商籍生员寄居杭州，后徙桐乡青镇之杨树湾，遂为桐乡人。家富藏书，尤喜蒐罗散佚。乾隆时开四库馆，献书七百种，钦颁《图书集成》。旋刻秘籍数百种，曰《知不足斋丛书》，进呈乙览，宸翰赐题卷首，有‘知不足斋奚不足，渴于书籍是贤乎’句。嘉庆癸酉，复以进书，蒙仁宗赏给举人。渌饮之筑室储书，取戴记‘学然后知不足’之义，以颜其斋。及读先人遗经，益增广之，即藏书处也。每一过目，即能记其某卷某叶某伪字。有持书来问者，不待翻阅。见其版口，即曰：‘此某氏版，某卷刊伪若干鉼。’历历不爽。渌饮有子曰士恭，复沉酣不倦，志之曰志祖。盖嗜书累叶，如其家者，可谓难矣。乾、嘉之交，近自嘉禾、吴兴，远自大江南北，客有旧藏钞刻异本求售于杭者，必先过渌饮之门。或远不可致，则邮书求之。浙东西诸藏书家，若赵氏小山堂、汪氏振绮堂、吴氏鉼花斋、汪氏飞鸿堂、孙氏寿松堂、郑氏二老阁、金氏桐花馆，参合有无，互为借钞。至先哲后人家藏手泽，亦多假录。得则狂喜，如获重货；不得，虽积思累岁月不休。朱文藻馆于振绮堂十余年，借钞之书，皆检集渌饮所刻书，尝预点勘，同嗜好，共甘苦，渌饮以为知之深者，莫朱若也。渌饮性宽厚，笃于戚友，有贫乏者，必周恤之。稍有蓄积，为刊书所罄。或遇未见之书，必典衣购之。友朋之贫而好学者，每以全部丛书赠之。浙江书肆以丛书与各种秘书售人，约不时偿价，有负至数十金者，察其贫，不索也。”

中华文明的源远流长、蔚为大观，其中典籍文献的保留于传承、弘扬居功至伟。而“诗书传家”作为刻在中国人骨子里的文化传统，造就了一代又一代“私家藏书”的博雅巨镇，与官府藏书、书院藏书相较而言，私人藏书主要为经典政书、善本孤本、禁书杂书等，其所藏之书因较少受到大一统集权专制的主流意识形态影响，在一次次官方典籍整理中客观上造成的以意识形态为标准的文化大清洗中，保留了大量的禁毁之书和民间杂书，由此而成为华夏文明最为富集的重要矿脉，在文化传承中占据着举足轻重的地位。

是年，鲁絜非将曾应汪辉祖专委好友请托其为之撰写的《汪氏世德传》寄来，并在书信中表达了与汪辉祖缔结异姓兄弟之意向，汪辉祖与鲁絜非素未谋面，并未敢贸然应允，后鲁絜非多次来信反复表达这个意愿，用心挚笃，汪辉祖通过访察后得知，鲁絜非个人品性修养良好，并在读过其所寄来的撰述书稿，如《义庄储谷诸事》等，发现其仁德之心性情怀与个人之人生践履，都是值得自己师法的，才与其序齿缔交。汪辉祖在其《病榻梦痕录》中称“余平生神交絜非一人而已，手书最多规戒之言”。

1778年　乾隆四十三年　戊戌年　四十九岁

汪辉祖继续坐馆平湖知县刘雁题衙署为幕。

四月，萧山县知县谈官诰向浙江巡抚上禀陈请，凡田产须按号颁给清单，遇有买卖，同契送验换单，邕准交易。巡抚将其批转蕃司商榷议定。当时正巧汪辉祖到杭州拜谒时任浙江布政使的孙含中先生，孙含中便就此向汪辉祖咨询其利弊。汪辉祖长期在县署为幕，自然深知此一政策的利害得失，便将反对的意见，直言相告于孙含中：

（此政）不可行也，民间买卖，向凭户册，有册而复给单，是赘设也。开收例禁验契，以杜需索、守候。今并验单，是违例也。夫民不急不鬻产，官不暇不验单，民不必乘官之暇，官不能应民之急。设远乡僻壤、嫠妇孤儿割亩谋餐、易田供敛，均难稍缓须臾。契单在官。断不能立时验给，计穷势迫，必至别酿事端。且一号之田，多或数亩，折授归并，朝分暮合，舍业缴单，已极纷扰，不幸水火盗贼，吁请补给，例应查讯，不免稽迟，吏胥从而抑勒，讼狱必至繁。如虑号亩舛错，易于影射，果审系价买，勘明现管四至，与契载相符，即可据以定谳。其从前天除误收者，只准改正完粮，不得借端夺产，亦因而勿扰之一法。

在汪辉祖看来，此乃画蛇添足之举，只会让吏胥得以从中乘隙渔利，而给老百姓增加额外负担滋扰。这一建议得到了孙含中先生的采纳，于是便上禀巡抚，檄令各县停止施行。但是萧山县已有不少领单之户，此后数年间，萧山空号飞粮之讼甚多，实肇因于此。由此汪辉祖先生感叹道："设所请（谨按，即指谈官诰之禀）得行，其弊且杂出何有既极！'利不百不兴'，宋李沆所以不轻徇陈奏也。"

六月，孙含中先生卒于浙江布政使任上，汪辉祖扶送其灵柩至苏州。

九月，收到潍县韩梦周（理堂）先生书信，得知其恩师孙尔周（孙含中之父）先生卒，汪辉祖因幕务倥偬冗繁，不得亲往凭吊，只能为之专设灵位遥祭。

是年，汪辉祖第五个女儿出生。

是年，汪辉祖与余姚县姚元圻结为知交。

姚元圻，字凤西，生卒年未详。乾隆三十九年（公元1774年）甲午科浙江省乡试解元，乾隆四十六年（公元1781年）辛丑科进士，嘉庆间为云南广南府知府，汪辉祖评价其"恬粹有识度，学问通雅"。

1779年　乾隆四十四年　己亥年　五十岁

这一年，汪辉祖继续坐馆平湖知县刘雁题衙署幕。

三月初二日，汪辉祖第五子汪继墒（后改名继壕）出生。

四月，平湖知县刘雁题升任杭州东海防同知，汪辉祖辞幕归里。

汪辉祖一生游幕，所佐之主前后共有十七人，唯与刘雁题关系最相契，先后两度馆其幕中达七年之久。

刘雁题，字仙圃，河南省光山县人。生卒年未详，乾隆二十五年（公元1760年）庚辰科进士，曾任平湖县知县、杭州东海防同知，贵州铜仁府知府。汪辉祖评价其："为人诚笃，治慈明，能知人。体上官之不贤者，不以礼遇，亦处之泰然也。"

五月，汪辉祖受浙江乌程县署知县兴德所聘入其衙署为幕。

当时，乌程县有嫠妇冯氏，因本宗无可序继之人，自己抚养姑孙为后。冯氏卒亡之后，有同姓不宗之族人，出面争继夺产，得到湖州知府卫公的批准立案。汪辉祖认为此准诉立案涉嫌不妥不公。即引南宋著名理学家陈淳所撰之《北溪字义》中"同姓不宗，即与异姓无异"之说，拟禀不准冯氏同姓求继，遂绝其争产之讼。

是年，汪辉祖刊印《双节堂赠言集录》二十八卷，附录一卷（王宜人传志也）。自丙申年（乾隆四十一年，公元1776年）汪辉祖为旌扬两节母良范懿德，而向绍兴府内贤士中征集两母节孝事实之文，至是年，历时四年，共征集到山阴、会稽、萧山、诸暨、余姚、嵊县等县凡三百零五人的文稿。刊印后将此书禀呈浙江藩司国柱，并请其为该书题笺以示旌扬。是书得浙江藩司饬转各县备案以示旌表。

1780年　乾隆四十五年　庚子岁　五十一岁

正月，汪辉祖坐馆署任乌程县知县兴德衙署幕。

四月，乌程县原知县徐朝亮回任，仍延聘汪辉祖接理刑名事务。

六月，徐朝亮丁忧辞官，汪辉祖失馆归里。是月其第六女出生。时兴德补缺任金华县知县，聘汪辉祖同往。

九月，汪辉祖会试座师王杰同族子弟王士昕赴浙江任龙游县知县，兴德乃王士昕叔父王猷之的门生，其时王杰督学浙江，于是王杰嘱咐兴德，请汪辉祖改佐王士昕，兴德允。

十月，汪辉祖入馆龙游知县王士昕衙署幕中。

是年，汪辉祖将自己收集整理的《萧山节孝贞烈事实》一书呈送督学浙江的王杰，请其给予题字旌扬。并在自家所建节孝祠庑祔主以祀。编纂《越女表微录》五卷，并将其付梓刊印之后分赠入选之节孝者后人。并继续收集整理上虞、新昌二县节孝贞烈之人的故事。

1781年　乾隆四十六年　辛丑年　五十二岁

是年，汪辉祖坐馆龙游知县王士昕衙署为幕，依旧专务刑名。

正月，王士昕因事赴省城杭州。

其时，龙游县发生卢标被殴致死一案。县民卢标在正月十三日迎花灯时与邻居余某因争道而互殴，斗殴中卢标被余某踢伤小腹，致不能言语。卢标当晚即被其家人抬至余某家，并禀典史验伤，余某即请专治外伤的外科医生为其治疗调理。至二十八日，卢标伤愈，余某将之送归其家。二月初二日，卢标外出赴宴醉归，次日晨发烧，请内科医生汪某诊病治疗。初九日，卢标在家病故，家人遂以伤发致死报官立案，龙游县署典史、仵作人等即出现场对卢标尸体进行了勘验。因知县王士昕赴省公干不在县，邻县汤溪县何知县代王士昕审理该案，验得小腹伤痕与典史所原报伤分寸、颜色相符，仅对卢标与余某迎镫争踢相殴的细节进行审讯录供，而对汪姓医生诊疗卢标的过程并没有讯实录供，便判定卢标系余某踢伤致死，即拟判通禀。王士昕归任后对此案进行复审时，就此征询汪辉祖的意见。汪辉祖认为，如果按小腹被踢伤系致死之律而论，卢标被踢伤之后而致死亡不会超过三日，而事实上，卢标死亡距踢伤之时已逾二十七日。卢标伤愈后自己步行回家，行程一里有余，可知确已伤愈。而其初二日赴宴后醉酒归家，初三日病发时，其家人不请外科医生而请内科医生诊治，足见其病非旧伤引起。王士昕传讯汪姓医生，查阅医方、医案，而知卢标之病，实为伤寒之症。汪辉祖进一步指出，外伤伤痕尺寸、颜色理应日远渐消，而何知县所验尸身之伤，竟与二十七日前毫无二致，恐其所验非实。于是汪辉祖便禀请王士昕会同何知县复审此案。至是年十月会审此案时，何知县仍坚持自己最初拟判主张，王士昕只得禀请验尸，另派仵作兰溪人梁君前往勘验，而此时尸腹已经日久腐烂，仅有能证明其内伤的牙根顶骨并无红色一项，因此勘验尸骸的梁君不敢在此验尸报告单上填写验尸结论。十二月，王士昕携卢标尸骨赴杭州勘验，而此时何知县因在当年吏部铨考中，已被参为才力不能胜任知县之职的等次。第二年年初，因为此案，汪辉祖亦前往杭州，浙江臬司李封因与何知县有旧交，不想因此案而影响何姓知县的考绩前程，欲迁就其初判，王士昕不同意，李封便委派处州府杨知府、衢州府王知府复检，两知府为迎合臬司之意，因见卢标牙骨顶心无故，便对汪姓医生用刑，让其推翻其原来的诊断。李封于是亲自再次复检，以方骨黑色为据而判定为小腹阴伤，令判余某绞首。汪辉祖以法医学经典《洗冤录》中并无小腹受伤，须验方骨之载录，而卢标伤愈有归期可证，病死则医药可凭，反复申禀辩驳。臬司俱不批准，反斥王士昕倔强。浙江督抚陈辉祖也因此对王士昕颇不满意。对于此案，因两厢意见相左，且辩驳反复多次，以致在杭城官员和幕友议论纷起，大多数人基于官场世故认为，卢标死于限外十日，余某即使拟绞，援例亦可奏请减罪，汪辉祖执意抗辩，实乃固执倔强。但汪辉祖坚持认为："居停，吏也。吾以律佐吏，知奉法耳。法止于笞而欲入之于绞，分不敢安。"

主官王士昕亦笃信并一力支持汪辉祖的观点，根本不计由此可能得罪上司、同僚的后果。但区区一七品知县之力，根本就无法与抱有一己私念且已抱定成见的臬司及其一众相互照应着的官僚们抗衡，汪辉祖眼看自己坐幕生涯中的冤狱即将铸成，而无所作为，至第二年五月初一，汪辉祖即托故辞馆。此案在杭州被称为方骨案，轰动一时。因此冤案的成案，汪辉祖辞龙游县馆之后，竟有离开浙江赴江苏坐馆为幕的想法。

四月，长子汪继坊参加童子试而得入绍兴府学。并娶萧山县贡生朱镳（字斐亭）次女为妻。

十月，王士昕与邻县汤溪县何知县会审卢标案。汪辉祖坚持卢标非余某踢伤致死，王士昕另派兰溪人梁某开棺勘验。

十二月，王士昕坚持汪辉祖所持之观点，为与臬司抗辩，携卢标尸骸赴杭州勘验复检。

是年，汪辉祖第六子汪继坛出生。

1782年　乾隆四十七年　壬寅年　五十三岁

正月，汪辉祖继续坐馆龙游县王士昕衙署为幕，主理刑名。

其间，为卢标案，与王士昕多次与浙江臬司李封争驳抗辩，其主张未获允准。余某以踢人致死入罪拟绞案成。

另一轰动浙江杭城的案件亦与汪辉祖有关。浙江新城县妇人叶氏，年三十四，嫁于黄某十七年而寡，再嫁孙某，未几，孙某亦亡。孙某前妻有子四岁，遗田二十余亩，叶氏与雇工秦某相依度日。其亡夫孙某之侄儿孙乐嘉，以叶氏与雇工秦某孤男寡女共处一室，有瓜田李下之嫌，嘱叶氏辞退秦某，另行雇工。叶氏口头应允，但以欠秦某工钱未付为由，久留如故。孙氏族长与孙乐嘉商议，以人言可畏，事关孙氏宗族声誉，力劝叶氏改嫁。叶氏以好人难觅，请俟稍缓为由，未予采纳。适逢邻村周某妻子去世，族长与孙乐嘉便欲为叶氏做媒谋嫁。秦某得知后即将此告之于叶氏，叶氏即令秦氏上告孙乐嘉等人逼寡妇改嫁。新城县知县批查，孙氏族长就此而欲找秦某理论，秦某闻讯逃逸。孙氏族人于是斥责叶氏妄告生事，叶氏推托说此事乃秦某主谋，当夜，叶氏上吊自尽。新城县知县照威逼小功（小功，旧时表血缘亲疏的丧服等次之一，即五服之第四等。其丧服以熟麻布制成，视大功为细，较缌麻为粗，服期五月。凡本宗为曾祖父母、叔伯祖父母、堂伯叔祖父母，未嫁祖姑、堂姑，已嫁堂姊妹，兄弟之妻，从堂兄弟及未嫁从堂姊妹；外亲为外祖父母、母舅、母姨等，均服之。五服等次即以亲疏差等的五种丧服，即高曾祖、曾祖、祖父、父亲、自亲五代。在丧服中由亲至疏分为斩衰、齐衰、大功、小功、缌麻。）尊长之律，问孙乐嘉入罪拟杖徒。杭州府驳回初判，认为叶氏虽是再醮之妇，既不愿嫁，则不能逼，应照威逼孀妇自尽罪判充军发配。案情上呈臬司，臬司认为族长等逼孀妇改嫁，意在图财，委钱塘县知县复审。钱塘县遵上宪之意，将族长拟绞首，孙乐嘉拟流放。浙江巡抚以此案罪名屡改，且愈判愈重，专委湖州府同知唐若瀛审理。唐曾任萧山知县，素闻汪辉祖办案才能，便拿出详细案卷，向汪辉祖探讨请教。汪辉祖通过查阅案卷，发现历次审讯供词，不仅支离破碎，而且前后尚有不少缺乏相互验证的矛盾之处，只有最初勘验的验尸报告比较完整。从验尸报告来看，叶氏尸体面敷脂粉，上着红衣、内衬色衣，下着绿裙、内穿红小衣，衣花膝裤、穿红绣鞋。卧楼一间，里间系叶氏卧室，中间板隔而无门，外间即佣工秦某之床。汪辉祖据此基本事实，向唐若瀛分析道："历讯皆舍其本也。不惟不应绞、不应军，且不应徒也，一杖枷完结之案也。""叶之死距孙死不及一年，面傅脂粉，服皆艳妆，此岂守寡情形？舍十七年结发之恩，守十一月后夫之义，天下断无是情。所谓守者，殆不忍舍秦耳。秦以贫佣工，断无无工价而长佣之理。乐嘉劝嫁之说，叶未严拒，周姓议婚之语，孙未面言。讼起于秦，事发在逃。乐嘉等根问秦某下落，并非威逼可比。是叶之轻生，由于秦去，惟秦是究，自得实情。"唐若瀛虽然认同汪辉祖的看法，但杭城官幕众口一词，并将此案与卢标案联系在一起，质疑讥讽汪辉祖办理此两案的观点之声，喧腾一时，故对此案的判决格外慎重。后唐若瀛捕获秦某到官，讯明与叶某实系通奸，并无所谓逼嫁情事，遂科秦奸罪，孙乐嘉按律不应责罪，分别杖枷，遂了事结案。

是年结案的卢标案，因为臬司的个人成见，而所委之官竟以方骨为证，拟余某以绞。汪辉祖对此耿耿于怀。在事隔多年之后的《病榻梦痕录》中，尚有如是之感慨：

自余初习幕及佐幕二十余年，凡为幕者率依律阅义，辨是非于一定，不敢丝毫假借，为吏为上官者，据义斟酌，惟律是遵，虽颟顸如临汾中丞、刚愎若如皋观察，事关人命，犹不敢径行己见。一二年间，风气顿易，律例几不可凭，而幕之风气日下矣。是时吏治亦极难问，盖以总督兼巡抚，权统于一牧令，初详未协，皆可乞恩抽换，抚军乐属吏，在省各府常驻行馆，县亦常有三四十员稽留省寓，或请回任，抚军辄不悦，故不敢不留，日一谒上官外，无所事事，则相聚饮博，甚至盲女弹词、流娼侑酒，毫无顾忌。较临汾时，殆尤过之。

五月一日，汪辉祖因方骨案辞龙游知县王士昕幕。其时浙江臬司李封升任湖北藩司，龙游知县王士昕亦调任更加繁剧的浙江归安县任知县，汪辉祖座师王杰替王士昕挽留汪辉祖，汪辉祖开始并没有答应，但经不住座师王杰的劝说："（王士昕）龙游坚守子说，甘心忤上官者数月，子去，渠不另延幕友，案完即欲告病。以身有官累，不能遽行其意。今臬司已去，复不必再返龙游，与衢太守相离，子奈何不辅之？"汪辉祖方才与王士昕一道赴归安县衙，继续坐馆为幕。

汪辉祖与王杰之间的关系，除了会试这一层座师与门生关系外，还另有一层相互交往之中的相知关系。

汪辉祖在其《病榻梦痕录》中是这样记载他与王杰之间的关系的：

是年，因龙游案久寓省城，适惺园师试竣在省，时时谒见，或数日不谒，即使召，终日侍坐，畅论古今，备闻立身行己之大端，书绅自凛。师亦以辉祖可与言也，教诲不倦，于守身之义，大有裨益。

据说，是年王杰由浙江督学升任左都御史，作为门下弟子，汪辉祖为其送行，王杰约其谒选时相见，汪辉祖回答说："某恐不善为吏，不敢谒选。"王杰劝勉道："君子行其素位，应选则选。天欲成子，必有好上司，可勿过虑。"此时的汪辉祖当着座师的面对入朝谒选的推辞，恐怕与其所经历的"方骨案"与"叶氏自缢案"不无关系，此两案中的种种枉法裁判及其背后暴露出来官昏吏庸，尤其是深层次潜藏着的官官相护之种种弊端，让汪辉祖对此时的官场生态，已深感失望。

官官相护之所以成为官权授受制度下的一种难以治愈的痼疾顽症，说到底是权、利匹配制度中存在权力、利益之间可以交换、输送的空间之缺陷使然，是公权及其所支配的社会公共资源存在着私有化空间下的一种客观上存在着等价交易的具体表现。这种交易存在的最突出极致的表现即为在官场因血脉、师生、地籍等等而形成的关系网中，恃势跋扈嚣张的理直气壮，所恃在势，自然便有趋炎附势及其仗势凌人的大行其道。

是年五月至年底，汪辉祖在归安佐知县王士昕幕。

1783年　乾隆四十八年　癸卯年　五十四岁

一月，汪辉祖继续坐馆归安县知县王士昕衙署幕。

归安县旧习顽嚣，喜讦告上控而不求审理结案。因此，普通的良善百姓，往往由此而受到无休无止的无端讦讼的骚扰拖累。对此不良风气，汪辉祖非常厌弃，决心襄助王士昕厉行根治。于是便与知县王士昕约定：凡是衙门准讼立案之案件，一定要先提原告到堂与应审之被告当庭对质。如审出确系子虚乌有的无端起衅讦告，即对提告者治以诬告之罪。在归安的旧习中，更有少数刁民喜欢以赌、以奸、以侵占水利、以朋充牙行等名义，凭空讦告，而衙门吏胥即借此居间从中渔利，汪辉祖对此种现象，也嘱咐王士昕予以一概厉行禁止。由此惹得衙门吏胥对汪辉祖大为嫉恨。

当时归安县有一丁姓县民状告他人聚众赌博，因所牵累之人众多，汪辉祖驳回不予立案。于是，丁某便改名换姓向湖州知府提起讼告，湖州知府便下令归安知县立案审理。王士昕经审理，发现并无赌博的器具等物证，即以丁某诬告结案。而丁某的同伙郭某，又将此事变换了部分情节之后，上控至湖州府，知府又下令归安县审理。在王士昕提犯审理此案时，正好汪辉祖因家事告假回萧山了。一天，归安县衙役到汪辉祖家里告知说，郭某在接受审讯时供称，在丁某所告发的赌博案件中，因牵涉到很多富户，这些富户即向汪辉祖行贿，汪在受贿后，便枉法包庇，为涉案富户开脱罪名，郭某还供称自己曾亲眼看见涉案的一富户孙某行贿银钱给汪辉祖等等。看门人将此事转禀王士昕，王士昕基于平素对汪辉祖品性为人的了解，亦认为这肯定是对汪辉祖的诬告陷害，才没有另案追究汪辉祖受贿之事。汪辉祖赶回归安县衙之后，当即让王士昕先后分别提审孙某、郭某、丁某三人，孙某坚决否认曾经向汪辉祖行贿一事，郭某供述系丁某指使其如此指认控告汪辉祖的，当面质对之下，丁某则供认这一说法出自衙署中一差卒某某之口，提讯该差卒时，此差卒则供称此一说法来自坊间传闻。自此，汪辉祖向王士昕进言道：“此事了然矣。役乐于诬赌而余不办，是绝其生路也。舍诬赌而言贿，讯贿则被诬之人终须到案，至审虚而役已饱橐矣。今既出于役，究役即可。”于是将该衙役与丁某、郭某分别杖枷结案。待该案件审理完结之后，汪辉祖即向王士昕谢馆辞幕，王士昕认为，此案已经真相大白，与汪辉祖并无瓜葛，因此，不必为此辞幕。汪辉祖却对王士昕道："设余避嫌，则惟役之是徇，否则终受其累。且是说岂惟役哉，正恐阍人亦与谋也。"但王士昕坚决请其留下。过了几天，王士昕告之汪辉祖说："君其神乎！阍人王节，吾旧人也。然是说实彼主之，日来役与郭姓欲首若赂，以金方止。"王士昕于是辞退阍人，从此以后，王士昕对汪辉祖愈加信任。

这次汪辉祖在归安县衙署受到诬告一事，虽因为王士昕的聪睿明哲而未成案，但却让汪辉祖感受到了"峣峣者易折，皎皎者易污"的空前危机与危险。由其是在王士昕为证其清白，在审理诬告者时，诬告者所提告之案由根据，乃典型的道听途说。所谓道听途说，在有意无意的道听中，于其有意无意之间的难以辨别界定之处，多有捕风捉影之嫌，风影过处，虽杳无踪迹，却并非一无影响，而途说之时，多非无意之人，更不乏心存机心甚至包藏祸心者，经此道听途说的辗转反复，讹以滋讹，三人成虎以致曾参杀人了。

是年，其长子汪继坊经府学考试取得廪生资格。

1784年　乾隆四十九年　甲辰年　五十五岁

一月，汪辉祖继续坐馆归安县知县王士昕幕。

二月，汪辉祖第六子汪继坛因出痘夭亡（时年四岁）。

至是年年底，继续坐馆归安县知县王士昕衙署为幕。

这一年，汪辉祖坐幕归安县衙办理刑名，与幕主王士昕宾主相得，听讼拟禀，只有光阴荏苒，岁月消磨，并无人事蹉跎，风生水起的波诡云谲。

不过，在这一年中，朝廷却发生了三件大事，一是年届七十四岁高龄的乾隆皇帝完成了他一生的第六次也是最后一次南巡，当然，这于坐馆为幕的汪辉祖似无多少瓜葛，二十七年前（乾隆二十二年）乾隆第二次南巡时，汪辉祖坐馆常熟胡文伯幕中，因随幕主胡文伯为南巡的乾隆帝办船差，还算是间接地沐浴了乾隆帝之浩荡皇恩的。这次乾隆帝南巡，其履痕足迹虽然到了浙江的海宁，但海宁与归安相距近两百里路，汪辉祖自然难以得享乾隆皇恩。二是乾隆帝为了显示自己的皇恩浩荡和宣示以孝治国的德政，第一次在皇宫举办了声势浩大的千叟宴。千叟宴，兴起于康熙朝，旨在倡导孝德，通过此皇家盛宴为亲情搭建沟通交流平台。第一次始于康熙五十二年（公元1713年）农历三月，康熙玄烨六十寿诞，康熙帝在乾清宫畅春园举办宴席，宴请来京为自己祝寿的六十五岁以上的老人，宴席上康熙赋《千叟宴》一诗以纪其盛，诗曰：“百里山川积素妍，古稀白发会琼筵。还须尚齿无尊爵，且向长眉拜瑞年。莫讶君臣同健壮，愿偕亿兆共昌延。万几惟我无休暇，七十衰龄未歇肩。”故将此次盛宴称之为千叟宴。十年之后，康熙六十九岁时又举办了一次。乾隆帝在位时，亦举办过两次千叟宴，除这次而外，还于乾隆六十年举办过一次。在这次千叟宴上，乾隆帝步康熙《千叟宴》原韵，亦赋同题诗一首：“抽秋无须更聘妍，惟将实事纪耆筵。追思侍陛髫垂日，讶至当轩手赐年。君酢臣酬九重会，天恩国庆万春延。祖孙两举千叟宴，史策饶他莫并肩。”三是乾隆帝决定将明朝万历、泰昌、天启三位皇帝的牌位从帝王庙中移出，而将崇祯皇帝的牌位移入帝王庙中。这三件算得上是事关主流意识形态价值观建构的朝政大事，应该也必然与虽人在幕途，却依然在等待着朝廷谒选补缺出仕的汪辉祖是多少有些关系的。

1785年　乾隆五十年　乙巳年　五十六岁

一月，汪辉祖继续坐馆归安县王士昕衙署幕中。

二月，次子汪继壗娶山阴县国子监生娄堂（字升之）之长女。

四月，湖南巡抚陆耀奏请朝廷，在任朝廷命官中，其父母年老而系独子者，可以循例归养其父母，朝廷准奏。王士昕无兄弟，有母七十一岁，遂借此请求辞官归里奉养其母。

八月，朝廷准请，王士昕解任离职，汪辉祖亦辞幕归乡。

汪辉祖坐馆为幕三十四年，至是其幕途生涯已告落幕。对此，汪辉祖在其《病榻梦痕录》中有如是之总结：

自壬申（即乾隆十七年，公元1752年，编著者按）佐幕至是三十四年，游江苏九年，浙江二十五年，择主而就凡十六人，俱有贤声。余性迂拙，不解通方，公事龃龉，即引不合则去之义。幸主人敬爱，无不始终共事。留别同事诗有“一事留将同辈述，卅年到处主人贤”之句。殆天之不忍饥寒我也。幕途甚杂，不自爱者，无论亢者自尊，卑者徇物，故同馆虽多，投分绝少。甲申乙酉数年，颇受排挤，无非玉我于成。生平所师事者一人，诸暨骆炳文先生。至友事则山阴娄培安（基）、无锡华西峙（岳），久作古人。

今惟山阴蒋松谷（五封）而已。余初幕时，岁修之数，治刑名不过二百六十金，钱谷不过二百二十金，已为极丰。松江董君非三百金不就，号称“董三百”。壬午以后，渐次加增，至甲辰乙巳有至八百金者，其实幕学幕品，今非昔比矣。吏之为道，必周知所治人情风俗，方能措之各当，吏或不解此义。举一切政事尽委诸幕友。幕友与主人无葭莩之戚、无肺腑之知，俨然为上宾、受厚修，则所以效于主人者，宜以公事为己事，留心地方，关切百姓，使邑人皆曰主人贤，庶几无愧宾师之任。不此之务而斤斤焉，就事办事，仅顾主人考成，钱谷、刑名分门别户，已为中等。甚至昧心自墨，已为利薮，主人专任其咎，彼何人哉！二十年来，余所见以不义之财，烜赫一时，不数年，而或老病、或夭死、或嗣子殒绝、或家室仳离者，回首孽缘，电光泡影，天网不漏，可为寒心。

而在《佐治药言》中的《就馆宜慎》篇中也对其为幕生涯进行了全面的回顾，可以作为这段总结的旁注：

通计幕游，自壬申春迄乙巳秋，凡三十四年。惟始二年，主者为外舅王坦人先生，不在宾主之数。余所主凡十六人，其中无锡、慈溪二处皆偶托也。实则十四人而已。具详于左：乾隆十九年甲戌二月，馆常州府知府胡公幕。公讳文伯，字偶韩，山东海阳人，其年冬迁苏松常镇太粮储道，余偕行。明年胡公督运临清，余病不能与俱，假馆无锡县魏君幕。魏君讳廷夔，直禄柏乡人。至六月仍回胡公幕，凡主胡公者六年。乾隆二十四年十二月，余欲专治刑名，受长洲县聘，辞之归。乾隆二十五年正月，馆长洲县郑君幕，君讳毓贤，山东济宁人。是年十二月，以秀水县孙景溪师召，辞之归。乾隆二十六年二月，馆秀水县幕。景溪师讳尔周，山东昌邑人，余受业师也。至次年八月，升河南开封府同知，去官，余即受平湖县刘君聘。是年至平湖。刘君讳国煊，号冰斋，奉天人。乾隆三十二年正月，升江西九江府吴城同知，去官，余即受仁和县李君聘。二月至仁和。李君讳学李，陕西三原人。是年十月缘事去官。余即受乌程县蒋君聘，是月至乌程。蒋君名志铎，号振庵，奉天人。至次年五月，缘事去官，接任者为战君，名效曾，号鲁村，直隶宁津人，延余接办。九月叨乡荐。十二月，以会试辞归。乾隆三十四年五月，下第回，馆钱塘芮公幕。公名泰元，号亨斋，云南泰和人。至三十五年十二月，以会试辞归。乾隆三十五年五月，下第回，受海宁刘君聘，以故人战君官嘉善，辞不获，因却海宁聘，至嘉善。七月战君调富阳，余偕行。九月孙公讳含中，号西林，来官宁绍台兵备道，公，景溪师子也，义不可辞，乃去富阳，馆宁波道幕者四月。十二月以会试辞归，乾隆三十七年五月，下第回。海宁刘君复以聘来，七月至海宁。刘君名雁题，号仙圃，河南光山人，居海宁者二年余。至三十九年八月，海宁县升为州，刘君解官，余归里。乾隆四十年，会试成进士后，丁母忧归。九月馆慈溪黄君幕，君名元炜，不一月辞归。时战君已由归安升海宁州，以聘来，复就海宁。十二月，以平湖刘君寻旧约，辞之归，刘君，前海宁令也。乾隆四十一年正月至平湖，凡四年余。乾隆四十五年，刘君升杭州东海防同知，余受署乌程县兴君聘，是年五月至乌程。兴君名德，号勉庵，满洲人。至四十六年四月，前令徐君回任，延余接办。徐君名朝亮，山东莱阳人。六月徐君丁忧去官，余归里。是年九月，受龙游王君聘，十月至龙游。王君名士昕，号晴川，奉天义州人。居龙游一年余。乾隆四十七年七月，王君调任归安，余偕行，居归安三年余。乾隆五十年八月，王君以母老告养，解官归里，余归里。

是年，汪辉祖“续采上虞、新昌及山阴、萧山县节孝，具七十四人事实呈督学窦公光鼐，行各县扁表。并纂续表微录一卷附前录后。今新修《绍兴府志》所载妇女俱采入矣”。

窦光鼐，字元调（公元1719—1795年），号东皋，山东诸城人。史称其风节挺劲，于书无所不窥，尤工擘窠书。卒年七十六。自幼好学，聪颖过人，悟性极高。十二岁即为秀才，十五岁时乡试为第三名。乾隆七年（公元1742年）二十二岁即为进士，历任庶吉士、编修、左中允、内阁学士、左副都御史、浙江学政、吏部侍郎、署光禄寺卿、宗人府府丞、礼部侍郎、左都御史，提督浙江学政，顺天府尹，光禄寺卿，福建乡试正考官等。乾隆五十一年（公元1786年），任浙江学政时，弹劾浙江巡抚福菘与平阳知县黄梅等人勒索渔户，重臣阿桂赴浙再查，企图将大事化小。而窦光鼐却并不买重臣阿桂的账，在其坚持弹劾下，福菘等人受到朝廷惩处。乾隆五十二年（公元1787年），与朱筠奉旨刊刻《日下旧闻考》。为此乾隆帝赐诗盛赞：“两浙山川常毓秀，诸生越旦汝司文。从来士习民成俗，勖彼行知尊所闻。见外发中务清正，涵今茹古去织棼。曰公似矣曰明要，签后纾予一念殷。”其为官清廉，忠于职守；任顺天府尹时，惩治奸臣，查处玩忽职守之官吏。在顺天府尹任上时，城郊蝗灾严重，他顶烈炎，冒酷暑，亲自督捕。任都察院左都御史时，修改不当律例百余条。乾隆六十年（公元1795年），任会试大总裁，因复试贡生，牵扯对满族弟子的争议被免官，以四品衔告休。同年农历九月十七日卒，归葬于山东诸城（今安丘市）临浯高家庄，其碑文正面题有“文官御史祖，一代帝王师”。

汪辉祖辞幕归乡途经杭州，曾经的幕主，也是其好友刘雁题已升任广西南宁府知府，其时未赴任上，尚滞留杭州家中。刘雁题听说汪辉祖到了杭州，便将汪辉祖延留至家里住了两晚，昔日宾主别后重逢，自然非常高兴，两人彻夜长谈，非常投契。汪辉祖在其《病榻病痕录》中转述了刘雁题对汪辉祖说过的一段话，既可看成是刘雁题对与汪辉祖多年主宾关系从道义相契层面上的总结，更可以解读为这是被汪辉祖自己认可的长期坐幕生涯的定论：“（刘雁题）谓余曰：‘吾初与君交，阖署上下，无一爱君者，皆畏君矜严不可犯，吾独重君，能得君益君遇知交，终日谈无倦容。非惬意人对坐无一语，此可幕不可官也。官与幕异径，直不可行，须相机婉转，庶几上下协合，相爱相规。”当然，刘雁题话语中通过“官与幕异径”，于言辞之外，对汪辉祖为幕中狷直“矜严”的品性，能成良幕而难做“循吏”的批评，也是直言不讳。或许，正是由于汪辉祖对“官与幕异径”这一中肯观点的认识并不深切，并没有真正领会为官时“相与婉转”的真谛，才导致了当他自己真正走上仕途临民施治之后，虽不乏创制建树，却最终落得被弹劾罢官的下场。当然此是后话，不遑多议。

这一年，汪辉祖撰成《佐治药言》和《续佐治药言》二书，后被著名藏书家鲍以文刻入其编辑出版的《知不足斋丛书》第十二集中。著是《传》者，曾对《佐治药言》和《续佐治药言》进行过笺注评析，旨在发明汪辉祖对自己一生佐幕生涯中，如何修德立身、处世治幕的品格风范，多有对贪官墨吏品行无端的讥刺指斥，惜当下官场中春风得意者大多竞奔在途，万几倥偬，难见有翻检书卷者，良苦用心，误付洪桥，可叹亦复可悲！

总结汪辉祖三十四年的为幕生涯，其之所以成为一代名幕，主要体现在三个方面：一是秉执良好的家风懿范，宅心仁厚，谨守本分；洁身自好，谨守清廉。二是守义尽职，不蝇营狗苟，宽恕爱民，体恤下情，品端行方，狷直耿介。三是勤学好问，幕学淹贯博洽，业务精湛圆熟。以汪辉祖的品德操守、才识学养和对主官尽心、对自己负责的勤勉，加上对律令幕学的圆熟造诣，与所佐之主官无不相协投契，对所佐之主官的政德官声的树立彰扬，无不大有助益。但汪辉祖作为幕宾，其“迂拙不解通方”的狷介耿直，恐怕并无补于主官的仕途官运，毕竟政德官声与仕途官运在实际的官场中并非是二而一的，有时甚至完全背道而驰，因为官德政声来自市井清议，而仕途官运却是由牢牢掌握在其上宪手中的考成政绩所决定的。

1785年　乾隆五十一年　丙午年　五十七岁

正月，汪辉祖失幕赋闲在萧山大义里家中。原幕主王士昕来信，告诉汪辉祖，自己将归乡返义州，因此汪辉祖打算专门为其送行，遂订舟与之同行至张湾。正月初七日，汪辉祖与王士昕昔日的同僚幕友一道设公宴为王士昕饯别，并作送别诗为其壮行。汪辉祖赋诗八首，兹录如下：

一

折柳河桥气味新，阳关歌罢又阳春。
诗裁背面都如话，语出知心自见真。
到处合来完本分，归来应可质同人。
鹿鸣篇里周行义，书遍颛孙别后绅。

二

手丸熊胆望何如，说到焚黄报已虚。
死悔成名迟二纪，生惭学古负三余。
为人论定当官后，行事好须立意初。
不是良朋真爱我，谁胪先德励翘车。

三

表节恩兼赐第恩，戴天无地报高阍。
可容更恋黄䌷被，幸不能胜绿蚁尊。
政谱敢希花满县，家风曾记菜余根。
故人郑重劳相勖，一寸灵台晓夜扪。

四

文章许国记初心，捧檄踌躇思不任。
名士由来嗤画饼，道人相约炼黄金。
只应饱啖姑臧韭，未拟闲调单父琴。
好梦长凭时鸟唤，鹧鸪啼罢费沉吟。

五

卅年代斫幸无伤，倖博虚声拙许藏。
佐治私怜今令长，求全爱说古龚黄。
随身竿木从人看，异味咸酸到口尝。
怕是病根医不得，平生误坐次公狂。

六

官最难居父母名，人歌人诅自分明。
因曾阅世初谙事，算到亲民易寝声。
才拙预筹勤补缀，时澄曾遇俗和平。
谈经读法书生分，莫计三年考课程。

七

秋中诹吉又春阑，爱看闲云胜爱官。
人说画蛾新样好，我愁骑虎下时难。
未能分料先辞鹤，苦要留香遍艺兰。
赢得千金宵一刻，灯前吟字课儿安。

八

什袭行装绝妙辞，赠言远过百朋贻。
焚身象笑身多虑，画足蛇怜饮失卮。
作剧难殊观剧日，还山计定出山时。
不知宦海收帆后，可有人吟饯别诗。

这八首诗，既有汪辉祖对即将离别的王士昕一往情深中的依依不舍，也有宾主双方在施治佐治中共同的价值认同的相恤相怜，当然也还有与王士昕生活交往中的过往日常的回忆和别后生涯的未来期许。与其说是幕宾与主官间的告别之诗，还不如说是汪辉祖借与王士昕的告别，对自己几十年坐馆为幕生涯进行梳理总结的抒情言志之作。意趣自在抒情，而旨归更在言志。

这一年，汪辉祖终于结束了为稻粱谋而身不由己的坐幕生涯，其成就声望远播吴越官场幕府，守职尽心不乏得意之笔，勤政爱民更多有会心之所，以自己的初心诚意、才识学养、作为担当将幕业的造化做到了一个至高的境界，同时也因此赢得了众口一词夸赞颂扬的口碑。心情自然大好，不禁诗兴勃发，在省视祭扫其先祖坟墓时，挥笔写下了四首题为《示儿辈》

的七绝诗：

一

不羡迁除不计财，书生官是偶然来。
吾今老大何奢望，只盼承家汝辈才。

二

依人怀抱帝大临，幼体甘贫直到今。
幸得全家资禄食，敢因从宦负初心。

三

名最难居父母官，拊循不易况摧残。
忍收百斛苍生泪，洒向孙枝未许干。

四

征书到手几徘徊，自信头方非吏才。
临别一言吾不食，焚黄事了便归来。

三月十八日，王士昕将从杭州启程返乡，应前与王士昕之约，汪辉祖便打点行装与其外甥孙继蕃（兰启）一道赴杭州，个人再次专意为王士昕饯行。

到杭州后听说钦差到浙江盘查府库亏空，于是便至湖州会见王士昕，重新复核了一遍王士昕离任时交接的账册簿记，为此在湖州逗留了五天。

返乡时绕道乌镇，再次造访好友著名藏书家鲍以文，与鲍以文一道至吴门舟中读《天水冰山录》，并为《严嵩籍没入官赀产簿》一书题跋。

《天水冰山录》出自清初著名学者浙江仁和县人吴允嘉所辑录的《浮梁陶政志》中，取“太阳一出冰山落”之意，将明代巨贪严嵩、严世蕃父子被朝廷查抄时，从其家中抄没入官的资产（包括黄金、白银、田产、古玩、字画、珍宝、器物）一一登录的簿册，因赀财太多，仅此项记录文字即逾六万字。

回到乌镇后，鲍以文又向其出示了家藏的“杨忠愍公手书”册子，凡十八叶通十种。“盖公（指杨忠愍公，即杨继盛，字仲芳，号椒山，河北容城人。生于公元1516年，明嘉靖二十六年进士，授南京吏部主事，历任兵部员外郎、刑部员外郎等职，因上奏弹劾严嵩十大罪而下狱，公元1555年被杀。后严嵩事败，被赠太常少卿，追谥忠愍。有《杨忠愍公全集》传世。著者按）在锦衣狱，感提牢应养虚调护之义，书此以赠后。有王凤洲、王治哀挽诗文，敬跋数行于后。”

鲍以文还将其抄藏的秘本《沈棐春秋比事》二十卷、《吴澄春秋纂言》十二卷和《知不足斋丛书》两卷作为赠别之礼送与汪辉祖。

在乌镇，汪辉祖还先后拜访了当地地方名流孝廉邹方锷（半谷）、布衣诸洛（类谷）二位先生。

汪辉祖自乌镇返乡后，决定进京谒选候缺补官。临行前，汪辉祖向其妻曹氏话别，其中有“作吏非吾好”之语，将自己谒选入宦的真实想法表现在其所作的《与内子话别》诗中：

吏事吾粗习，为官劳大难。
行将垂组束，胆到察眉寒。
获上心须降，勤民力易殚。
何如林下农，闲对鲍家桓。

途经常州，泊舟于毗陵驿，驿隶系江苏武进人，不禁让汪辉祖有他乡遇故人之感。回忆起自己乾隆十八年（公元1753年），岳丈王坦人任武进县知县时，自己似若入赘女婿在武进县衙入幕的往事，后来因为岳丈丁忧解官，常州知府胡文伯延聘其入幕的那段经历。

乾隆十九年二月，在春寒料峭之中，汪辉祖孑然一身，带着极其简单的棉被衣物包袱，从杭州附溏乘板船房舱出发，二月初八日晚出浒墅关，顺风扬帆，以至提前至三更时便到达毗陵驿，其时大雨如注，舟人催促船上乘客冒雨上岸，而汪辉祖在此地举目无亲，并无投靠驻足之处，只好露宿于驿站。当时的驿卒因为汪辉祖的潦倒寒酸，对其不予理睬。汪辉祖独坐于毗陵驿外的皇华亭中，至五更时，亭中烛尽灯灭，凄惨愁苦之中，不禁在风雨如磐的暗夜里沉声长吟，以此排解心中之烦闷。雨声与吟哦声交互呼应，使巡夜至此的更夫感到惊讶诧异，汪辉祖将自己夜半长吟的原因告诉了更夫，巡夜的更夫又给了半根蜡烛，才得以熬到了天明。天明之后，才由此前去拜谒胡文伯知府。汪辉祖忆及此段往事，不禁感慨系之：

旅行苦逆风，不谓顺风转足为累。三十余年客游，惟此宵最为凄寂。故余一生幕修所入，不敢枉费一钱，回首前尘，久成陈迹。念赘居时情事，如在目前，而前妇亦登鬼录十有七年。方余困院时，前妇有言，“夫子必贵，恐我不及冠帔耳。”今何如耶？不禁泪潸潸下。

为此，汪辉祖在毗陵驿写下了长达八十韵的《感旧诗》：

古驿兰陵道，征夫浙水船。

韶华春欲暮，丽景日当天。
枨触怀畴昔，尘迹溯蹇连。
岁鸡干纪癸，建兔月初弦。
婿笑涪于赘，翁调单父弦。
循声推协赞，赤县庆超迁。
我亦携家累，因之艺砚田。
仲华龄廿四，曼倩牍三千。
甥馆餐愁素，衙斋幕试搴。
佣书殊草草，坦腹乃便便。
何幸黔娄窭，能逢德曜贤。
应官初事了，入室得人怜。
起惯惊鸡唱，妆慵斗锦妍。
画眉深浅恰，佐读墨朱研。
琐闼莺簧度，雕栊燕剪穿。
玉台奁乍掩，银蒜户高褰。
并蒂花频刺，同心结屡缠。
量腰裁白氎，揎袖试青毡。
爱问鸳鸯字，耽吟芣苢篇。
笔床安碧虑，绣榻卧乌圆。
娇女刚啼褓，宜男更制蝉。
职修献履敬，望慰倚闾悬。
赖是忘行脚，微闻唤比肩。
有时劳药裹，辄自典花钿。
小食饧丝结，嘉肴缩项鳊。
手营都脆洁，乡味务芳鲜。
蹙额躬祈代，怡容命许延。
感兹恩义笃，誓欲生死联。
每勖层霄上，毋甘矮屋卷。
槐黄勤夏课，蚁战慕羊羶。
盼领吹笙宴，惭同磨镜砖。
醉惟随毷氉，误竟斥乌焉。

短尽英雄气，参来默照禅。
杜羔羞寂寞，祖狄待腾骞。
凝睇机先下，摊书烛与然。
不辞衣鲍鹿，曾未贷戎钱。
冰镜光俄蚀，皋鱼痛莫捐。
谁为东道主，暂稳北窗眠。
酒乏寻常债，装轻九万笺。
牛衣萦密绪，尽箧理残篇。
尸藻襄时祭，攀萝葺故尘。
加还箴弋雁，濡岂足涡涎。
价忝虚声窃，文叨俪体传。
通才求记室，虚左启宾筵。
乐职须工赋，征书复至前。
谁图交落落，遥贵帛戋戋。
太守常州贵，清名伯武宣。
饥充名士饼，招用庶人旃。
遽使期方急，湘湖道遂谌。
者回行踽踽，相对涕涟涟。
母老资扶掖，瓶空倚粥饘。
浮云苍狗幻，踏迹磨牛旋。
颖士原无仆，扬雄只有铅。
此身真似寄，到处合纵权。
路出重关远，帆争过乌翮。
李膺舟可共，摩洁病才痊。
讵谓封姨力，翻增羁旅癫。
邮籤鸣乙夜，客舫泊东阡。
睡美甜乡熟，登呼彼岸先。
魂飞惊露鹤，神怵劝归鹃。
进退筹维谷，生疏计总邅。
耻逾牛后辱，貌愧马曹虔。
败几芦帘畔，腥闻豆柄边。

形孤灯烬暗，漏尽柝音阑。
醒久衾如铁，更长夕抵年。
泪兼檐雨滴，梦逐海涛颠。
悔教来成错，遑云谪是仙。
薰香悭石叶，写闷属陈元。
拟水将趋壑，非夔那惜蛇。
平生多护落，忆此最拘挛。
丁运伤茕薄，含情寄渺绵。
途穷坚树立，境换念陶甄。
迟久侪千佛，垂衰就四铨。
亨屯思历历，亲故谊拳拳。
墨绶王程近，黄垆宿草芊。
所悲荣五羖，不及报重泉。
遗挂弥珍重，欢悰曷补填。
便容膺敕赠，可易慰幽悁。
契永题衫什，痴留隔世缘。
浩歌添腹痛，掷管扣红舷。

当时，江南一带发大水，洪水漫过常州城吴门。邸报上已经贴出圣上因灾加赈的谕旨，朝廷已采取措施开始赈济灾民。

到无锡后，已经能见到大街上官府为赈济灾民而设立的粥厂。无锡市场的米价达到了每石四千三百文钱的天价，而丹阳米价更高，达到了每石四千八百文钱。汪辉祖一路上看到的是流民载道，络绎不绝的避灾逃荒之人，让汪辉祖感受不到丝毫的乾隆盛世的太平景象。

舟泊扬州，汪辉祖走进昔日富庶繁华的扬州城，见城内的大户人家门前大还多粘贴着乾隆四十九年（两年前）的旧讣告或乾隆五十年的新讣告，有妇人因丈夫亡故而将自己的姓氏缀于亡夫名字之后贴出的讣告，也有将其叔父之名，或将未成年的弟弟之名，或将亡者之子甚至重孙之名，而附于其后的。有以妾的名义自称某公淑配下贴出讣告的，将五服之内杖服子［杖服子，在古代五服丧制中，斩衰、齐衰两级最重的丧服中，子、女为父、母服丧期内用杖之礼。在斩衰三年（实际上为二十五个月）服丧期内，除服斩衰丧服之外，服丧者还须手执一齐胸竹制苴杖，一是以此表明其身份。

二是表示悲伤至深，身心俱摧，以此强撑病体，适用于臣为君、子为父，未嫁或已嫁复归之女为父，妻为夫，承重孙为祖父。在齐衰三年服丧期内，亦用杖，适用于父已先亡，子、未嫁之女或已嫁复归之女对母；齐衰一年服丧期用杖，适用于父尚在，子、未嫁女或已嫁复归之女对母。凡服斩、齐衰两种丧服用杖者，均为亡者之子或女，故称杖服子］之名著于其后，甚至仅将降服之子、降服之孙的名字著于其后的，如此种种非同寻常讣告，不一而足。从这些并不符合礼制的讣告中，不难看出，由于水灾之后的疫情肆虐，所带来的大量人口死亡，所谓的家破人亡的人间惨境已完全笼罩了昔日繁华富庶的扬州城。在汪辉祖的眼中，千村万户一派肃杀萧条。

汪辉祖眼见之不符规制的讣告，乃是因灾疫而导致的巨量的人口死亡所致。有清一代民间的死亡讣告，亦是有一定之规范的。在《清稗类钞》中有专门的载录："讣文，一作'讣闻'，古本作'赴'，以丧告人也。详具死者之姓号、履历及生卒年月日时、卜葬或浮厝之地及出殡日期，凡宗族、戚友、同乡、同官、同学必遍致之。其新式男讣文如下：某某侍奉无状，痛遭先考某某府君讳某某，恸于某年某月某日某时，以某病卒于正寝。距生于某年某月某日某时，享寿几十有几岁。某某亲视含殓，即日成服。定于某月某日下午几时至几时，在家设奠。哀此讣闻。孤子某某谨启。若在外病故，即于'正寝'上添'某寓'二字。晚近讣文，于'孤子'之下，以有服之直系、旁系亲属，仍照旧例一一载明者。（直系亲属，孙与曾孙也。旁系亲属，兄、弟、姪也。）且有以女、媳、孙女、孙媳、曾孙女、曾孙媳、玄孙女、玄孙媳列于同辈男子之后者。各人名下，或泣血匍匐，或泣鞠躬，或拭泪鞠躬，均酌其轻重而定之。其旧式男讣闻如下：不孝某罪孽深重，不自殒灭，祸延显考皇清诰授某某大夫，历任某官某某府君，恸于某年某月某日某时，寿终正寝。距生于某年某月某日某时，享寿几时几岁。不孝某随侍在侧，亲视含殓，遵礼成服。兹择于某月某日，暂厝某地，预日家奠，另期扶柩回籍安葬。叨在友、寅、年、世、乡、戚谊，哀此讣闻。某月某日领帖孤子某某泣血稽颡，齐衰期服孙某泣颡首，期服姪某拭泪顿首，大功服姪孙某拭泪顿首，功服姪孙拭泪顿首，缌服姪孙某拭泪顿首。俗例有将已故子孙之名，一并列入者，以黑底白文之字别之。若有三子，惟二子在家，一子不在家，则于'亲视含殓'下，写明某在某地，闻讣星夜奔丧，先后遵礼成服。友、寅、年、世、乡、戚六字平列，用红色。母若前卒，即称孤哀子。若有继母在堂，则于孤哀子旁加‘慈命称哀’四字。其新式女讣文如下：某侍奉无状，痛遭先妣某太君讳某，恸于某年某月某日某时，以某病卒于内寝。距生于某年某月某日某时，享寿几十有几岁。某某亲视含殓，即日成服。定于某月某日下午几时至几时，在家设奠。哀此卜闻。哀子某某谨启。其旧式女讣文如下：不孝某罪孽深重，不自殒灭，祸延显妣皇清诰封夫人某太夫人，恸于某年某月某日，寿终内寝。距生于某某年某月某日某时，享年几十有几岁。不孝某随侍在侧，即日亲视含殓，遵礼成服，择期安葬祖茔。兹择于某月某日，在家设奠，谨此讣闻。哀子某某泣血稽颡，齐衰期服孙某泣稽首，期服侄抆泪顿首，大功服夫兄某试泪顿首，大功服姪某拭泪顿首，大功服姪某拭泪顿首。称某太夫人者，以其子亦命官也。父若前卒，宜称孤哀子。又有以承重丧而发讣文者，承重孙为长子之子，长子早卒，不克持三年之丧，其子代之，承父之重丧也。至所谓降服子者，已出嗣于人，仅持一年之丧。其所生之子，为降服孙。所谓庶子者，妾生子也。为高祖父母、曾祖父母亦有承重三年之丧。庶子于所生母，称斩衰子，亦持丧三年，嫡子于庶母，即称嫡子。”

一路向北，而扬州以北，景况更惨。

汪辉祖一路走走停停，舟泊淮安，寻访自己曾经的受业恩师许虚舟（斋），而其恩师已经作古三十年了。寻访其儿子许重履，也未能如愿得以相见。

其时，经此洪灾，淮安清江堤闸尚存二三，但堤闸外到处是因洪水泛滥，黄河故道被淤填起来的荒滩野涂。新开的运河河道浅窄，仅能供漕运的粮船勉强通行，只有吃水较浅的小舟可以从旁通过。回想从前洪泽湖水至坝口与黄河之水相会合，湖水入江，而河水入海，一片恣肆汪洋，而今运河泥沙堙塞，河水涸浅，大船已无法通行，其中杨家庄至白洋河一线，河道浅窄，仅能容一只小舟单向通行了。因此这一段并不远的行程，汪辉祖竟用了五天的时间。洋河镇隶属于江苏的宿迁县，此时的米价已高达每石制钱十千二百文，豆类的价格与米价相当，而一斤豆腐售卖至制钱十六文，面粉已达每斤七十六文。粮价飞腾，饥民遍野，官道两旁更是饿殍横陈。

在还未到洋河镇的半道上，汪辉祖遇见了一位年老的乞丐。与之交谈中，得知其曾经是一位聚徒课学的塾师，恐怕是因为汪辉祖也曾有过迫于生计而聚徒课学的塾师经历，物伤其类，更让汪辉祖悲戚倍添，遂作诗以述心怀：

马年建龙月，谒选之京畿。

喧传山东道，凶岁人仳离。
遵陆多恐惧，眠食托篙师。
谁谓苏常间，愁苦逾浙西。
渡江历扬淮，所见弥凄其。
道如尸陀林，往往从流澌。
将至洋河镇，水浅数日稽。
散步思问俗，里舍半伏尸。
略辨男与女，身无寸裳衣。
邂逅伛偻叟，枯瘦存黧皮。
为我陈近事，欲语先涕洟。
少小粗识字，授徒博一瓻。
都都平丈我，甘受俗子欺。
去年夏奇旱，失馆百事非。
眼中万黔首，耘耔苦失时。
丁壮力转徙，老羸乞浆糜。
富人岂不仁，自救亦已底。
初犹稍稍可，后惟顾而噫。
百呼无一应，活命树上枝。
渐渐及土草，未易逢凫茨。
腊尽惨严寒，春月雨雪霏。
僵死十四五，悬喘争早迟。
岂惟困冻饿，疫气连路逵。
不见道旁屋，毁坏无几遗。
即今麦在眼，入口尚无期。
斗米钱千余，蔬菜如灵芝。
有儿适异县，生死久不知。
有女年十五，无家安所归。
六日断浆水，气息在依稀。
女死我宁活，谷贱究何裨。
所痛委沟壑，合眼饱乌鸱。
君看世上俎，强半死人胔。

语罢更呜咽，声色交酸凄。
皇仁天广大，振贷百万赀。
谆谆戒长吏，详慎察创痍。
人命贱若此，得毋吏职亏。
救荒无良策，自古重嗟咨。
淮徐连兖青，踵接皆病黎。
我昔佐吏幕，祷祀祈丰馁。
矧今行就铨，父母为有司。
私望王烛调，祥和周四陲。
骨肉常相保，人寿其庶几。
倾听歌鼓腹，敬成乐职诗。

在白洋河镇时，听当地人说起当年的大麦、小麦长势很好，但汪辉祖所经之地，看到的是运河两岸成片弃耕撂荒的田地。大概是在灾荒来临时，有的因灾疫而死去了，此地侥幸未死之人大多都已逃荒而远走他乡。绝户无主的茅屋上所盖的苇秆，也都被大风刮走，四壁颓立，入眼萧然。从白洋河再行三十里就到了亨济闸，时不时看见有八九岁的女孩子被父母带到过往的客船边，寻觅愿意收养的人家，双方像买卖货品一样讨价还价，当得到肯定的答复后，父母便留下孩子，哭泣着离开了。还看见一对二十多岁的青年夫妇沿岸呼号，其丈夫想要卖掉妻子以求各寻生路，一位来自苏州卫的帮舵佣工以四千文钱买下了那位妇人。又看见一位老人带着一个十六七岁的女孩和四五岁的男孩来此出卖，女孩被人用两千文钱买走了，而男孩却无人过问。如此卖妻鬻子的人间惨剧就发生在眼前，使汪辉祖受到了极大的震撼。于是写下了《鬻妇行》和《鬻孤篇》两首诗。

鬻妇行

枯树犹有皮，小草自有根。
结发为夫妇，死守何计富与贫。
小草根已空，枯树皮亦尽。
愿为共命鸟，枵腹相依同。
日殒郎怜妾，妾怜郎一生。
两生一亡两亡，天实为之命不灭。
郎命重千钧，他日生儿承祖禋。

妾命轻一叶，鬻身尚可资郎食。
相向泪浪浪，沿街索主无归乡。
青蚨多少曾不较，谁能增益一口粮。
峨峨大艑长堤彻，与郎彳亍求所适。
一步徘徊一回看，从此难望同井邑。
金阊运丁爱婵娟，有赀在橐米在船。
可怜二十操家女，换得廿百青铜钱。
良人收钱还顾妇，运丁鞭叱下船走。
粮船岁岁堤上过，郎能再近船边否。

鬻孤篇

四十衰媪人谁怜，十六七女钱五千。
女年渐少钱渐减，犹能乞与往来船。
独有男孩人不惜，啼婴往往委道边。
垢面老人年七十，挈五岁儿语连连。
首如崩角泪雨下，谓此儿第祧五传。
悲哉儿母吾子妇，子亡妇亦归九泉。
吾老何由丐儿食，儿命知无旦夕延。
长堤稽首辰过午，莫之愿者频呼天。
邻船苍头心恻恻，饲以胡饼裹以毯。
许为养子携以北，约略酬之三百钱。
小儿雀跃趋仆抱，老人呜呜夕未旋。
誓不敢收赐儿直，惟愿抚儿得长年。
黄昏捩舵篙欲发，老人再拜声凄然。
主人劝慰起掩涕，眼光遥注北去舷。
呜呼小儿喜得所，谁念老人沟壑填。
方信生男不如女，女直差可供粥膳。
我哀老人心蕴结，翦灯为作鬻孤篇。

汪辉祖所雇之船泊阜河时，下船登岸，看见有几位妇人在挖一种状如辣蓼的野菜，此野菜长约寸许，叶上长有很细小的茸毛，当地人将其称为蒜梨子，可以将其研细成粉，当面食食用。还有一种其叶状如菊叶的，当地人将其称为灰菜，可以炒熟食用。一种像葱一样茎中空而丛生的野菜，当地人将其叫作宝葱，亦可以煮食充饥。挖这些野菜的妇人告诉汪辉祖，这里的人靠采食野菜活命已经好几个月了，这些野菜吃多了，有的人会脸面肿胀，不到十天由此而死去的人很多。人死后没有棺木下葬，直接被埋入土中，往往会被饿疯了的人刨开，剔下死尸上的肉来充饥。汪辉祖不相信妇人的说法，其中一位妇人便将汪辉祖引领到埋有死尸的河岸边，汪辉祖真看到了四处被人刨开的土穴和剔光了肉的尸骨，一片狼藉中，还有被人从尸体上剥下来的破衣丢在地上，其惨状让汪辉祖目不忍睹。

那一年江西漕运至京的驳船，用的是被称为长驳的小粮船，在过大王闸时，因小粮船搁浅而阻断了运河，以致汪辉祖进京谒选之旅一路走走停停，当汪辉祖到达山东台儿庄时，已经是四月二十日了。

四月二十六日，汪辉祖在台儿庄邂逅了乘船南下的旧幕主王士昕（晴川）。与王晴川一晤而别之后，便舍舟登岸，沿陆路继续北上。路上遇到了故人常熟人邵竹泉和其正准备赴直隶总督府充任幕宾的邵竹泉之堂弟邵云翘一行，于是便雇车与其结伴同行北上。抵山东藤县界河时，吃到了当年刚刚收获的新大麦面。本来当年的大麦尚未完全成熟，但饥饿的人们已经等不及大麦完全成熟了。到东阿县，在旧县官道中看到一辆接一辆的手推车扶老携幼从北而来，大约有三四千辆之多，一问才知道都是景州、德州一带的人，准备前往济宁拣拾麦穗以度荒谋生。

五月初一日，汪辉祖抵达甜水铺。因其所雇之大车车轴突然折断，只得让邵竹泉兄弟二人先行一步。第二天从德州渡过黄河，听说邵竹泉当日黄昏时分到达德州时，其所雇大车和车夫被捉了官差，不得已只能另行换别的小车离开德州北上。与其同行的还有另外几个与邵氏兄弟有相同遭遇的人，尚无车可雇，只好滞留于德州了。这个时候汪辉祖多少有点为自己感到庆幸，半道上因车轴的折断，而避免所雇车及车夫被征官差，竟是上天的眷顾，所谓“祸兮福之所倚”，不得不说其通过一个人生活中大大小小的际遇，以自身特有的呈现方式昭示其开悟人生的价值和意义。有感于此，汪辉祖写下了一首《捉车行》诗：

捉车何喧喧，夜打旅舍门。
云是星轺使，火急催南辕。
主人色惨阻，语客声酸楚。

客若速发吾受苦，锒铛锁项奈何许。
我闻荆北使者去未还，相公治河驻淮安。
王家营车八十辆，置之河干虚以闲。
捉车捉车安所用，坐使无益悲滞壅。
青蚨十贯入胥囊，瘦马曳轮连夜送。
车坚车敝不容择，往往中途伤逼仄。
偾辕濡轨时复闻，歌行路难谁与恤。
问阶此厉者伊谁，指挥闻是司牧儿。
司牧儿横若斯，呜呼堂堂司牧知不知？

汪辉祖由德州继续向北，进入河北雄县之后，再往北，沿途乡野四望中逐渐有了生机，看到了一些丰收的气象，老百姓的生活也显出相对安详和乐的气氛来。

五月九日，汪辉祖到达京城。负责这次谒选事务的是吏部主事徐铨（字端揆），此位主事乃是汪辉祖故交徐梦龄（颐亭）先生的第四子。徐铨虽供职于炙手可热的吏部，却少有权柄在握者势炎张天、灼人千里的做派，其门庭往来也并不一如他的其他同僚那样喧腾攘攘，足见其清操自律的品性。到达京城之后，汪辉祖借寓在故友王文简的古藤书屋之中。古藤书屋宽敞明亮、布置得恬静雅致而且清凉宜人，让汪辉祖感到了宾至如归的舒适惬意。并不屑于竞奔投告的汪辉祖，难得有这样一个闲适的机会，便将自己此次北行谒选途中的见闻日记整理出来，汇编成册。闲暇之余拜望了自己会试中试时的各位座师以及同科进士中尚居停于京师的同年，还探视拜会了一些在京的其他故友知交。高邮贡生陈肇麒（小南）乃是当年顺天府乡试举人，通过徐端揆的引进介绍，得以与汪辉祖相识，陈肇麒执弟子礼问学于汪辉祖。

王文简，即王引之（公元1766—1834年），江苏高邮人，字伯申，号曼卿，是王念孙长子，清代著名学者。祖父王安国曾为左都御史兼领广东巡抚、礼部尚书、吏部尚书，父王念孙为直隶永定河兵备道，皆以治名物训诂著称。嘉庆五年（公元1800年），三十四岁时便以一甲探花及第，授翰林院编修，三十八岁时参加翰林院考试，名列一等，晋升为侍讲。后历官工部尚书、英武殿正总裁、吏部尚书、礼部尚书。道光十四年（公元1834年）卒，享年六十九岁，谥号“文简”。王引之少年就从事声韵、文字、训诂学研究，深得王念孙学问之精髓，王念孙曾喜曰：“此子可以传我所学！”从二十岁起，即研究《尔雅》《说文》《音学》等书，所学益精，撰成《经义述闻》三十二卷，《经传释词》十卷。曾奉旨勘订《康熙字典》讹误，撰成《字典考证》。后人辑有《王文简公文集》

六月，吏部才援例将汪辉祖资历投供上奏。汪辉祖应其会试座师王杰（惺园）邀请校勘《天下郡国利病书》，时不时还与会稽茹敦和（三樵）一起探讨商榷吏治方面的一些问题。汪辉祖曾向时任左都御史的纪晓岚乞索《双节赠言》，这次便借谒选滞留京城的机会，汪辉祖多次前往拜谒纪晓岚，但因面缘未到，未能得以相见。纪晓岚读过汪辉祖所撰之《越女表征录》一书，甚是嘉许，便嘱邵二云先生约汪辉祖与之相见，汪辉祖于是专程应约前往拜见纪晓岚。纪晓岚题赠汪辉祖五言古诗一首，诗中对汪辉祖“相赏笃至”。汪辉祖是一个对科举功名孜孜以求、不达目的不言放弃的人，曾读过纪晓岚谈闱艺的书，其在乡试、会试中自然受其指引，因此，在与纪晓岚的交往中，便主动执弟子之礼，以表恭敬。

《天下郡国利病书》，明末清初顾炎武撰。是记载明代中国各地区社会政治经济状况的历史地理专门著作，全书共一百二十卷。顾炎武自崇祯十二年（公元1639年）后，即开始搜集史籍、实录、方志及奏疏、文集中有关国计民生的资料，并对其中所载之山川要塞、风土民情作实地考察，以正得失。约于清康熙初年编定成书，后又不断增改，但终未定稿。该书先叙舆地山川总论，次叙南北直隶、十三布政使司。除记载舆地沿革外，所载赋役、屯垦、水利、漕运等资料相当丰富完备，是研究明代社会政治经济的重要史籍。一代文翰王杰专邀汪辉祖校勘此书，足见其对汪辉祖博学多识的赏识和信任。

这次汪辉祖拜会纪晓岚，纪晓岚题赠汪辉祖的五言歌行体古诗，即《汪氏双节诗》。兹录如下：

客从南方来，贻我越女录。
夜深偶披卷，酸恻难卒读。
如弹寡女丝，幽咽吟黄鹄。
悲风生字里，惨澹秋灯绿。
百感忽苍茫，慷慨交心曲。
红闺多薄命，少小婴荼毒。
茹痛就黄垆，凋零随草木。

其间幸传者，恒沙中一掬。
是由局外人，身未罹茕独。
如彼饫膏粱，不知藜藿腹。
乍见虽咨嗟，烟云旋过目。
谁能劳笔砚，一一登简牍。
君子胡为者，搜此无瑕玉。
愿以金管毫，遍写汗青竹。
遂使九幽魄，炳若三光烛。
自云孤露早，零丁悲惨酷。
风雨日飘摇，庐舍几颠覆。
所幸拒秋霜，未殒凌寒菊。
四壁仅存留，两母亲鞠育。
聆音问疴痒，节口营膻粥。
凄凉对纺瓦，涕泣开书簏。
怀冰不畏寒，对榻互相勖。
万苦极颠连，一线幸延续。
青云获致身，墨绶今沾禄。
悲哉不逮养，寸心攒万簇。
回忆困踬时，艰辛皆目瞩。
碑状难连篇，十才存五六。
其余琐屑情，多若笋成束。
口所不能言，惟有肠转毂。
缘此感余怀，耿耿如枨触。
濑水流相合，惊禽鸣相逐。
同病多相怜，疾痛如连属。
怀铅询耆旧，洒泪谈贞淑。
拟因中垒传，代写皋鱼哭。
我闻为太息，遗事重三复。
古来闺阁人，铅华耀罗谷。
风花逝不停，摇落何其速。
惟此贞烈心，长存偕岳渎。

人纪赖以立，搘拄同鳌足。
惟嗟名姓湮，寂寞归原麓。
君能力表章，不惜霜豪秃。
足知两母前，此义闻之熟。
想见松与柏，风霜交谡谡。
为君述慈范，握管容先肃。
他日輶轩采，或当登史局。
煌煌烈女传，千载藏瑶椟。

诗中除表达了对汪辉祖双节母亲尽孝抚孤的懿范美德的钦敬，尤其对其懿范美德养成艰辛过程的理解外，更表达了对“青云致身”“墨绶沾禄”的汪辉祖“子欲孝而亲不待”之人同此心的感怀。

七月，原选任容城县知县者，因年老而改任教职，汪辉祖与董书城得以成为候任知县的备选人。

七月二十八日，汪辉祖离开京城，援例赴热河行宫觐见乾隆帝。

闰七月初六日，汪辉祖到达热河，初七日受引朝见乾隆帝，得到朝廷圣旨，与汪辉祖一同候任的董书城被任用为容城知县，在这一轮候补中，汪辉祖落选。

八月，汪辉祖通过吏部掣签，被朝廷任用为湖南行省永州府宁远县知县。

汪辉祖从乾隆四十年（公元1775年）乙未科会试中试，取得拣选知县资格以来，迄今已历十二年，除因丁母忧的三年外，这九年，对一个素怀经邦治国、临民施治襟抱情怀的人而言，这不可谓不是一个较为漫长的等待，当然这样漫长的等待，无疑多少也是一种“坐观垂钓者，徒有羡鱼情”的煎熬。在清代的官员选任制度中，凡满、汉人入仕之途，有科举甲第、拔贡入监和蒙荫俊秀、议叙优选、杂流捐纳等途径。按例由科甲暨恩贡、拔贡、副贡、岁贡、优贡、荫贡等经科举出身入仕者为正途，其余为异途。但满清入关政权稳定后，随着经济社会的繁荣稳定，文教兴盛，正途出身者即载途填道，官多缺少，具备做官资格的人，必须在吏部候选，因地有繁剧与否之分，官缺自然也就自有肥瘦之别，难得选中，且即便选中者，往往亦不能立即赴任，还须挂号排队，届时抽签决定去向，谓之铨选。会试中试即取得做七品州（散州）、县官的资格，由吏部依其科分、名次进行铨选，轮到谒选，即到吏部凭掣签候缺，称之为选班。选班重科目正途，清初，由于科举仕进所积压的人才并不多，进士知县惟双月铨五人，清中期后，科举中试者日众，候选官员壅滞积压现象日益严重，铨选者等待的时日渐长，且日甚一日，选官得候缺补任者，有至十余年之久者，甚至有终老而不得任用的人。这样一来，让科举正途之中，亦自时常闪现出竞奔钻营、蝇营狗苟的身影，官场之败坏之风自此而兴。

九月三日，吏部大臣对候选知县例行核验放任。十八日，吏部颁给文凭之后，汪辉祖即呈吏部，告假回籍省墓。并呈请户部预借支领养廉银四百两，任职吏部自然深知朝廷考铨地方官员路数的徐端揆，建议汪辉祖用自己支领的养廉银在职级上捐加二级，以备到任后，在未来的职任考评中能用以抵销公过，确保不因考绩欠优削剥职级而失去职位。汪辉祖对此陋规旧习，内心虽然极不情愿，但出于对徐端揆的尊重，当然也出于对当时官场习尚的遵循，也不得已而照此办理了。

汪辉祖曾经的座师嵇璜，出于对门生的厚爱，还有意写信托汪辉祖代致湖南巡抚浦霖，时在京为翰林院编修的同科进士冯鹭庭（集梧）也有意写信托汪辉祖代致长沙知府裴宗锡，他们的目的都是出于好心，为其说项，以期打通仕途关节，意在为其官任仕途铺平道路。这些出于善意的关照之举，均被汪辉祖一一婉言辞谢。其座师王杰听说之后，对汪辉祖的如此举动大为嘉许赞赏。

不得不说，汪辉祖的这一系列举动，堪称当时官场中的一股清流。即将正式走入仕途的汪辉祖，对风行其时的官场陋规旧习，既有妥协，也有坚守，妥协是一种智慧，为官作宦不可能不食人间烟火，对官场旧习的部分有限的妥协，不只是消极的全身远祸的需要，更是积极的让自己能够得以临民施治，实现其人生理想、价值追求成为现实的基础和前提，虽然是不得已而为之的一种被动选择，却更是一种不得不为之的主动承担，这种承担体现的是一种不亏道义气节的智慧。坚守是一种气节，为官作宦，持义守正在所不辞而一往无前，面对官场陋规陈习守住道义的底线，不媚俗阿世退让、不卑躬屈膝逢迎，这是一种自标清高的品格和气节。

是月，汪辉祖与一同谒选补缺赴任的几位同僚一道，集体在浙江绍兴乡祠举行饯别宴会。参加这次饯别宴会的有汪辉祖同科进士郑为纲（钓台）、元城知县高学濂（念斋）、洵阳知县余心畅（介轩）、太湖知县谢文涛（曲江）、临淄知县徐志鼎（春田）、翰林院编修将外放任南溪知县的徐立纲（铁崖）等。

逢此盛会，汪辉祖欣然提笔赋诗四首，以此作别在京前辈恩师、同年及挚友、故旧、同乡。

一

百里头衔试服官，台星回首望长安。
策名自效清时用，责实谁知太守难。
曾是佐人心欲碎，翻因历事胆犹寒。
耳边诅祝分明在，可易民将父母看。

二

乞得鸿文遍搢绅，马驮吟卷出层阍。
牵连都及遗孤事，担荷弥惭不肖身。
忍负熊丸垂训日，怕羞金笔赠言人。
捧盈执玉寻常语，愁结名场未了因。

三

算难藉手贡葵衷，臣职差能续谕蒙。
耕凿从渠忘帝力，雨晹好与说天工。
敢云政拙勤堪补，盼是人和岁屡丰。
致远合筹宁静术，官箴凛凛邑名中。

四

潇江曲曲抱湘流，说到零陵更换舟。
作吏许寻山水约，携家同入画图游。
传闻县僻风犹古，料得身闲兴自幽。
归橐他年应不俭，九疑岚翠望中收。

诗作一出，响应热烈。参加这次宴会的人，有次韵应和的，也有自作古今体诗相酬者。为汪辉祖所作之诗留言题序作画的人更是不胜枚举。仁和县在翰林院任编修的余集（秋室）先生为此画了一帧小品《潇湘山水图》，寓意汪辉祖此次得缺赴任，一去潇湘，万里鹏程。常熟黄泰（韵山）先生取汪辉祖诗中“作吏许寻山水约，携家同入画图中”一联的意境，也画了一幅山水画。山阴王元勋（湘洲）为汪辉祖画了一幅写意山水《望衡图》。题赠汪辉祖的诗文较多，大多数内容集中于通过对其二母守节抚孤的品节的赞颂，以勉励其谨守吏职、或通过称颂其二母的懿德风范以儆诫其要战胜官场邪恶之类。时任礼部尚书的任大椿（芝田）先生在品读这些诗文图画之后，总括性地、详细地阐述了为官品节的观点，认为“自治愈严，阅境弥苦，因厄备尝而人不知，疑忌交深而忘莫白，节至此穷矣，穷而思通，终不可通，求不失其守，则法二母之节，二母之守焉斯可矣”。江西鲁洁非对汪辉祖的题赠寄言，更是殷切，担心汪辉祖为官之后会因为自己对幕学的精深造诣而有所自恃，提醒汪辉祖“君子不以己所能者愧人，不以己所不能者病人”。并且用老子的“上善若水”和“水利万物而不争”之类的话勉励劝诫汪辉祖如何做到无过自全。后来汪辉祖将任大椿和鲁洁非的这些话，都收入到了《双节堂赠言续集》之中。邵二云先生对汪辉祖的赠序，除了对汪辉祖的夸赞，其对官场及幕府的议论更是鞭辟入里，让人警策：

法家以辅礼制，律者，法也。审察于礼与法之相贯通而后能明律，而后能养人。余读《唐律》“疏”“传”“议”，予比于仁慈，而参合必以“唐六典”为依据，犹见礼教之遗焉。《明律》改用重典，峻文苛法欲以齐民，恶睹所谓礼以养人者乎？后之治律者，能铨度于世轻世重，以济于平，仁者之用心也，刻者为之则伤恩而薄厚，昧者则坐视人之生死疾痛而不自省。州、县之长，盛服坐堂皇，吏抱文书，伍伯环立，哆口叱诃，问以律则懵然莫能知，倜然以为不足。知其援律以定谳者则为幕宾，钩覈案牍以上下其手者，则为吏胥，居其间颐指气使者则为奴仆。甚至奴仆吏胥与幕宾连合为一心，舐文破律戕虐民生，流弊靡究。呜呼！是曷望其知律以养人乎哉！吾友汪君焕曾娴习经训，以家贫谋养治法家言，议论依于仁慈，佐州县治引三礼以断疑狱，远近称平允，廉介严于取予，异乎俗所云幕宾者。今以进士谒铨得湖南之宁远县，夫以焕曾之明律而通于礼，本之以仁，持之以廉，吾见焕曾之道得行，而豫为宁远之人贺也。虽然焕曾佐治有年矣，于律文信能通其意而济于平矣，自恃其能以事上官必傲，以待同列必骄，其御下必愎，傲也骄也愎也，吾未见其道之得行也。《书》曰：“钦哉，钦哉，惟刑之谧哉！”钦以言乎敬也，谧以言乎静也，能敬以静，则不敢自恃，而可免于傲与骄与愎，养民之道庶有济乎？余与焕曾交，屡以文字相切磋，兹行也，同学之士，多为歌诗以送之，余隐括为序，以赠其行，何以处我，焕曾独无意哉。

汪辉祖对邵二云先生的这篇赠序给予了“语尤切挚，古意肫然”的评价。确实，较之于其他往还之诗文，邵二云先生的这段言恳意赅的话，更别有一番深意。

任大椿，清代官吏、学者。字幼植，一字子田，江苏兴化人。生于清高宗乾隆三年（公元1738年），乾隆三十四年二甲第一名进士出身，历官礼部主事、《四库全书》纂修官、御史。旋迁任员外郎、郎中，乾隆五十四年（公元1789年）升陕西道监察御史，未莅任而卒。任大椿为扬州学派的前期代表人物，一生立闱于考证名物制度及辑录小学、史书的研究，少工文辞，诗风清远，作为徽派朴学的知名学者，任大椿长于治《礼》经，尤其长于名物，而且精通小学诸类。任大椿治学作风严谨，注重小中见大。其治《礼》初欲荟萃全经，深入研究之后方知《礼》浩博难尽，于是变通方法，“思即类以求，一类既毕，乃更求他类”。后之学者，如能推广其意，循序渐进，分而治之，最后通解全经的愿望当不难实现。其所著述的《弁服释例》《深衣释例》二书，皆就《礼》经中最小的问题进行研究，剖析入微，即此一端，亦是体现出徽派朴学家主张作“窄而深”研究的范例。任大椿平生治学博综群籍，折中己意，著有《弁服释例》《深衣释例》《字林考逸》《小学钩沉》《子田诗集》《吴越备史注》等。

对这次京师饯别的宴会上所吟咏往还的诗文，汪辉祖将其汇编成四册，春田（即徐志鼎）先生题名曰《日下兰言》。汪辉祖于是书之后页上再题古诗一首：

一官义从公，此身宁自主？
念此身有来，忍为官所苦。
官重身乃轻，身官两无补。
我生良独难，十一岁无父。
二母鞠我身，教之守规矩。
偶小尺寸逾，欲挞涕零雨。
为养读律游，谆切勖自树。
谓身三世传，厦巅待撑柱。
凛凛慈母训，艮止严布武。
贞节天所矜，一第幸成祜。
痛今奉官符，风树摧肝腑。
岂惟养不逮，慈训谁覼缕。
万一远素心，玷亲岂在钜。
遍乞天下文，卷尺浮尺许。
母仪赖以章，兼为官箴辅。

感诵赠别词，不袭宠行语。
推本扬前徽，美意足含咀。
相望修厥身，惟恐当官迕。
我闻宁远县，为昔舂陵土。
曾哦次山诗，感叹色惨沮。
行且身亲为，得毋忘咻噢。
官未一日休，身须百方努。
昔贤畏友朋，此义互终古。
丁宁仁者言，百朋宝片楮。

徐志鼎，字调元（公元1745—1799年），号春田，又号红亭，别署玉雨主人，浙江嘉兴平湖人。学者、诗人。乾隆四十年（公元1775年）进士。官四川南溪知县。乾隆四十四年（公元1779年）掌教观海书院，归里后主讲桐乡（乌镇）分水书院。诗词兼优，诗宗韩昌黎，从张寄舟学画，后爱阅内典，画亦不作。著有《吉云草堂集》《争光集》《玉雨词》《红亭日记》，修纂《嘉庆桐乡县志》《平湖县志》。

这次汪辉祖赴京城谒选候缺，滞留于京城达半年之久，除了与其同年故旧的交往外，平素交往密切而相往还的还有时任翰林院编修的俞廷榆（柱峰）、茹棻（古香），吏部主事鲁兰枝（南畹）、吏部主事邵洪（双桥），进士吴尊盘（殷六），举人徐文博（春宇）、李廷辉（立山）、丁溶（秋水）、胡如瀛（海屿）、钱楷（裴山）、戴殿泗（东珊）、王煦（棻园），贡生蔡环黼（蒿床），明府汤元芑（稻村），举人冯宬（稚云），以及举人胡钟（兰川）、章宗源（逢之）、朱钰（春泉），文士陈滏源（研香），还有进士孙树本（秋坪），举人邵四栩（芾亭），文士黄泰（韵山），等等。曾经与汪辉祖在戊子科浙江乡试中副榜癸卯科乡试中举的同年周广业（耕崖），也与汪辉祖有过从往还。在与这些志同道合之人的诗文往还中，让汪辉祖尽享友朋之得与同道之乐。

在与这些朋友的交往中，让汪辉祖不禁回忆起乾隆三十四年（己丑年，公元1769年）自己第一次赴京参加会试时，所交往之翰林院诸公。在其清茶饮啜中，或谈文论道，或手谈试艺，乐在羸马敝衣的清苦生活中，风雅高标，引人想望。但自乾隆三十七年（壬辰年，公元1772年）四库全书馆开张之后，翰林院中的衮衮诸公，其忙碌竞奔日甚一日，日常往还的规制作派更是变得排面宏大、铺张奢华。汪辉祖曾听好友乾隆壬辰科榜眼、翰林院编修的孙迟舟说过，诸城刘统勋到翰林院之后，面对开四库馆后，翰林院所呈现的热闹喧嚣景象，曾经感慨道："本衙门向耐清苦，今因馆务热闹，将来馆停，诸君恐难为继。"这次汪辉祖因谒选候缺而再次造访翰林院时，发现虽然四库馆裁撤已久，而翰林院既经曾经的奢华，便已难以回复到从前的俭朴状态中去了，只是刘文正公已经再也看不到这样的景象而已。比如，从前翰林院公车庆吊，一次不过开销银钱三钱或者五钱，最多也不过二两银钱，而今五钱银的开销已经十分稀少了，二两银钱的开销已成为常态。谒选候缺之官大多是贫穷清寒的读书人，在谒选候缺之前，往往依靠聚徒授课得以养家糊口，只能勉强维持生计。候缺之时，有讲究排场的人，通过在戏楼酒馆借贷赊欠来与官场之人应酬交往，以达到谋职补缺的目的。以致在未得补缺的素常生活中，贫困拮据，生计束手无策，甚至有将自己的职任文凭典当质押的各种狼狈尴尬。更有一旦候任而得补美差肥缺，一下子就忘记了自己的本来，事事处处摆当官的排场，招募长随侍从。有为了排场摆谱，不惜向债主借贷六折七折的砍头息，或者高达三分四分的高利贷，有如饥鸟喙食，完全不计后果，等到离京赴任之时已经负债累累了。及赴所任之职所，势必会假手吏胥，设法张罗牟取私利，以至左诎右支，难敷其用。有鉴于此，汪辉祖认为，一个人要想做一个清廉贤明之官，就必须正本清源从谒选候缺开始严格要求自己。既然朝廷体恤谒选候缺之人的清寒窘迫，按例由吏部预支借给一定数额的养廉银两，如果真的能够俭约刻苦地要求自己，怎么会让自己受到债务的牵累呢？这次汪辉祖在京谒选得缺之后，在邀约同人饮宴方面不仅非常疏少，而且十分俭约，而同人故旧也无不见谅，更没有人向汪辉祖推荐长随，也没有向他人馈赠财物敬礼，连必要的饯行作别的宴席也没有过多的举办。仅仅向曾经会试的座师们略表了一下杯水寸芹的心意。在进士同年公费中认缴了二十四两银钱。

十月一日，座师王杰邀约宴请汪辉祖，并与之进行了彻夜长谈，教诲勉励为官之大义，言恳谆谆，意切殷殷。

十月初二日，与监生秦春田（耕和）和一同谒选候缺的孙树本（秋坪）一道离京。孙树本与汪辉祖一同谒选候缺，补授四川新津县知县，同样也以省墓为由而告假返乡。在清中后期，会试金榜题名后，大多中试者只是取得谒选候任的资格而已，只有谒选补缺之后才算真正实现了光宗耀祖的夙愿，实现临民施治的政治抱负和人生价值。因此，得缺之后，回家省墓既是朝廷常例，更是自己衣锦还乡、光耀门庭的机会。汪辉祖在与孙树本一同离京出彰义门时，赋诗一首，题名曰《新嫁娘》：

新嫁娘，知得否？
昔日女，今日妇。
妇不易为，味调众口。
况当两姑间，酸咸从所受。
人人抬眼皆生疏，娣姒周旋法谁某。
小郎衣履小姑绣，管摄不周或丛咎。
凌杂米盐，黾勉井臼。
殷勤结缡三致辞，愿儿贤声荣阿母。
新嫁娘，知得否？

诗中借“新嫁娘”为喻，在其所表达的情感意蕴中足以看出，汪辉祖以其长期坐幕辅佐主官而得到的官场经验，对自己即将出任知县所面临的种种可能的官场尴尬是有着足够的心理准备的。

返乡途中，在涿州时，汪辉祖见驱赶骡子的人，不禁设身同情而心生悲戚，便邀秦春田一起共同吟咏了一首《驱骡行》诗：

琉璃河外尘影高，骡驮骡载如丝缫。
骡夫驱骡叱咤豪，谓吾豢养夕复朝。
尔庀有厩饥有槽，匪需尔力胡尔茭。
力小不称频鞭敲，骡也仰天悲诉嚎。
呜呼！尔骡不自料，何弗麋鹿同逍遥。
栈豆恋恋未肯抛，食人之食劳人劳。
上公卿下簿领曹，量能给廪谁嬉遨。
骡乎骡呼安所遭，主人刍粟非滥叨。

汪辉祖至涿州一路边腰站歇憩时，又作《观马》诗二首：

一

舆人惜马力，不使弹力驰。
廿里一饮水，卅里刍秣之。
计程行百里，卸鞍必以时。
行步常偶蹶，扬鞭不忍施。

马渐解人意，缓急无参差。
如何为民牧，民隐了不知。

二

我观当辕马，全车任独负。
群马多自如，辕下空骧首。
行止逐马群，驾先卸每后。
群力少不齐，覆车谁归咎。
倾压到腹蹄，忧患独身受。
百里专城官，此义当念否？

汪辉祖观骡、马而吟咏的诗，当是对自己即将走进的官场的讽喻自诫。虽然汪辉祖尚未真正走马上任进入官场，但作为一个有几十年在州（县）衙署坐馆为幕经历的师爷，对官场中的林林总总形形色色甚至枝枝叶叶、牵牵绊绊，其实是深谙于心的，用骡、马喻州县小吏之艰辛与苦难，可谓近情切理，道尽个中三昧。

本来，汪辉祖一行是雇车直接到山东平度王家营的，但抵达滕县将到城驲时，突然天上乌云密布，恐雨雪天气而致路上泥泞，便改道从台儿庄雇舟沿大运河涉水南行。刚到台儿庄一上船，天上果然飘起了纷纷扬扬的鹅毛大雪。

当年的秋天，淮河南河口决堤，安东一带陆地沉没而成一片汪洋，与高邮的宝应河连成一体，船行于此，十分危险，幸好雪霁天晴，一路平安无事。

抵达淮安之后，汪辉祖不禁诗兴又起，触景生情，再赋诗一首：

两岸淮堤高过屋，堤下人家水中宿。
堤东平铺万顷波，堤西稍稍见原陆。
中流大舸连作桥，竞渡千夫操畚揭。
水多土少可奈何，欲湮洪流先苇束。
一锸土饶一握金，官符星急无夜夙。
堤上老人泣且言：皇仁自广天心酷。
月记孟秋日甲辰，清黄并涨交撞触。
七方口岸决同时，安东城市埋鱼腹。
泛滥高宝连维扬，三百余里罹惨毒。
河湖一气接混茫，奔走长官尽蒿目。

民命上系圣主慈，治河使者相随属。
五里霪洞十里渠，分之使杀河身复。
洼田久已成巨洪，田略高于水潴蓄。
为鱼为鳖知几多，存者三旬活九粥。
昨年苦为旱魃灾，疫鬼春深侮茕独。
道殣纵横无一收，往往犬豕出残椟。
何图延喘百日余，微命又遭河伯蹙。
骨肉凋亡生亦徙，声将泪迸仰天哭。
嗟余素未习图经，安知河势起与伏。
与河争地河日高，扬子江头合四渎。
危绝淮安百万家，釜底藏身逼水族。
我皇仁圣格天昊，其来虽暴去幸速。
善后谁纾黼座忧，贾让三策挑灯读。

诗中难能而可贵之处在于，除了对当时河淮之间水旱交乘及疫情肆虐所造成的巨大灾难的真实记录之外，更睿智而大胆地指出了被天灾所掩盖了的人祸，尤其是治河工程中不尊重自然规律“与河争地”所带来的危。汪辉祖的这一见解，不仅于汪辉祖所处的时代，即便是放在而今当下，也称得上是别具慧识独见的。

汪辉祖在从清河到宝应的路上，触目运河两岸景观物事，即赋五律一首：

百里堤西路，苍花千顷遥。
沤浮知屋脊，荞露认林梢。
庆是谁家亩，分从几处消。
蚩氓无达识，挂网荡渔舠。

十月二十四日夜，汪辉祖所乘之船正行进在前往丹阳的运河之上时，睡在船舱中的汪辉祖，梦见自己的生母徐老夫人一脸病容，忧心忡忡的样子，还像生前素常一样操持着家务。过了一会儿，徐老夫人在家里的庭院中亲手栽植了一棵树，树上开满了五颜六色的鲜花，在太阳下熠熠生辉。再过了一会儿，见她手里拿着烛台上了家里的藏书楼，手里握着几十副约五寸长短的竹筹，对汪辉祖说道：“（这些东西）差点弄丢了，要好好收藏着啊。”说完就走下了楼梯，倚靠在竹床旁边。恍惚之间，样子好像变得丰满起来，仿佛是她三四十岁时的样子。她把手里的烛台放在几案上，倚靠在汪辉祖的右肩上，对汪辉祖说道："最近经常有人来跪拜我，你一定要记得答谢人家哦。"一边说一边一一弯着指头数出了十几个人的姓名来。汪辉祖回答说："不用答谢的，我在见到这些朋友的父母时，未尝不跪拜的。"徐夫人说："尽管如此，但我哪里担待得起呢，你一定要答谢人家啊。"汪辉祖只得恭敬允诺，这才抬头看见母亲面有喜色。因此问道："娘，现在您的胃口还好吧？"母亲回答说："跟以前差不多吧，但是最近心里确实是没啥负担了。"汪辉祖对其母说道："娘，您老人家何必有心事呢？只要你老健康长寿，做儿子的也就没有牵挂了。"母亲说道："太难了，太难啊！"边说边掉下了眼泪，汪辉祖也跟着掉下了眼泪，说着说着母子俩不禁执手相望，大放悲声。此时，汪辉祖所乘之船被邻船相撞，让其从睡梦中惊醒过来，醒来之后的汪辉祖两眼还饱含泪水，盖在身上的被子也被泪水打湿了。完全清醒之后，汪辉祖回想自己以前虽然经常梦见亡故的父母，但都是相对无语的场景较多，即使偶有交谈，梦醒之后，也往往对所谈内容不甚了然，从来没有像这次在梦中一样，母子之间不仅交谈了这么多话，而且醒来之后还如此清楚明了。此情此景，汪辉祖不禁想到，眼下岂止是母亲健康不再，即使是在梦中相见，让做儿子的承欢尽孝也不是一件容易的事啊。想到这里，汪辉祖不禁悲从中来，急忙披衣起坐，将刚刚在梦中母子相见的情景记录了下来。

十一月初三日，汪辉祖回到了萧山瓜沥大义里家中。值其第六女殇亡，汪辉祖祭省祖先、父母之墓，将自己即将出仕为官的消息祭告了自己的列祖列宗。

是年，汪辉祖长子继坊乡试中举，为筹措次年参加春闱的川资，汪辉祖典卖了部分田产，为其上京应考做准备。

在家逗留期间，汪辉祖自撰了座佑箴一则，并嘱陶南园将其楷书装裱，准备携之赴任，用以自省自警。其内容是：

毋肆汝口，轻率悔乘；毋任汝质，疏野谤兴。过刚必激，好胜必矜；汝矜而激，人将汝惩。古诗垂戒，畏及友朋。官幕异势，毋恃汝能。躁急易误，碎琐谁胜。惟勤惟俭，以渐以恒。上下协一，庶无怨憎。好人是训，遗命服膺。赠言盈箧，双节并称。汝不自爱，先业曷承。素丝染缁，白圭玷蝇。敬奉遗体，夙夜兢兢。

是年，汪辉祖将其游幕心得《佐治药言》和《续佐治药言》付梓。其《佐治药言》，自“尽心”起，而止于“就馆宜慎”，共四十条游幕佐治箴言。《续佐治药言》，自“摘唤须详慎”起，而至“玉成有治”，是对《佐治药言》内容的增补和扩充，两书可谓言简意赅之佐治津梁之力作。

垂衰筮仕　终挂弹章

1786年　乾隆五十二年　丁未年　五十八岁

正月，汪辉祖长子汪继坊赴京参加礼部会试。

二月初一日，这一天，是汪辉祖选定的启程赴官任的日子，他起了个大早，打点好行装，携家带口，雇了一艘船户带有眷属的大船，便从萧山义桥出发，逆钱塘江而上，向其任所湖南宁远进发。

船到常山县后，即改走陆路。经一天的行程后，到达玉山县，便再另雇一艘驿路官船沿信江顺流而下至芦溪县，再改走陆路行四十里，到达赣江边的萍乡县。又再雇一种叫杷杆船的小船，顺赣江之流而下，经洞庭湖，三月初七到达湖南醴陵县。在醴陵县，汪辉祖拜访了当时常熟知县代署醴陵知县的赵贵览（韡轩），赵贵览应其所请，详细地介绍了湖南的风土人情和官场习尚风气等等基本情况。

三月八日，到达湘潭县，拜会湘潭地方名士方维祺，方维祺对地方时政的论述极为准确精到，让汪辉祖佩服不已。汪辉祖在此得知湖南巡抚浦霖将要赴常德督查整治河堤的消息后，当晚便决定将眷属暂时留在湘潭，自己一个人独自乘小船顺湘江而下，立即赶往长沙，第一时间向巡抚报到。

三月九日，汪辉祖到达湖南省会长沙。先后拜会了湖南巡抚浦霖（善浦）、布政使汉军郭世勋、按察使满旗恩长。同时还拜会了时任衡永郴桂道兼署岳常澧道道台世宁、永州府知府兼署道篆的太仓人王宸（蓬心）。另外还拜会了长沙府知府钱塘人陈嘉谟。

汪辉祖在拜见湖南巡抚浦霖时，当巡抚问其年岁，汪辉祖据实回答说，在职官履历上是五十一岁，而实际年龄上已经五十八岁了。接着再问：“曾经做过幕宾吗？”汪辉祖回答说：“曾经做过。”浦霖对汪辉祖说：“职任之官不应过于较真的。你去见过布政使、按察使之后立即到任所视事去吧。”汪辉祖应诺而出之后，回想自己在浙江担任幕宾时，那时浙江的巡抚对新谒选到任的地方官吏，往往要一二十天才给予接见的机会，即便是接见之后，也并不马上让其到职视事，而是让那些谒选得缺到任的官吏滞留省城，既不能到任视事，又不敢上禀辞任。汪辉祖曾经就此而产生过为官之难的忧心。当时，汪辉祖座师王杰由浙江省督学升任左都御史，汪辉祖前往送行，王杰与汪辉祖相约谒选时在京城相见，汪辉祖由此而敬谢推辞道：“我恐怕不善于为官，不敢谒选的啊。”王杰劝诫道：“真正的士君子就应当做自己应该做的事，当谒选入官的时候就不能放弃机会，上天要成就一个人的功名勋业，定会为其安排一位好的上司，不应对此过于担心。”汪辉祖此时回味起王杰先生说过的这番话，自己感到这次谒选而任宁远知县所遇到的上司，从目前短暂的接触交往来看，应当是一位难得一见的好上司，这算是自己人生际遇中的幸运吧，并由此深感欣慰。

第二天，汪辉祖的顶头上司永州知府王蓬心先生在接见汪辉祖时，谈及巡抚浦霖对汪辉祖的第一印象，说：“巡抚大人非常赞赏你的实诚。而且让我专门转告你，宁远那个地方的民风疲沓彪悍，你曾经研习践履过刑名师爷，是有希望进行卓有成效的清理整饬的。听一位陈姓的太守说，你是一位有三十多年从幕经验的有名幕师，而自己却自谦地说自己仅仅是学习过为幕之道，而且他说那位陈姓太守对你过去长期从事幕宾的业绩品行，向巡抚介绍讲述得非常详尽。巡抚告诉我说，此人不仅诚实而且还不自我夸耀，是一个很有识见修养的人，你在接见汪辉祖的时候，要把我的这番话据实转达。”

王蓬心知府接见汪辉祖之后的第二天，与汪辉祖一同来湖南入职的同官在谒见巡抚之后，巡抚浦霖又将汪辉祖专门单独留下来，巡抚幕宾长沙县鹿邑举人傅广聪事先曾提醒过汪辉祖：“巡抚大人行事精明细致，你在回答其所提出的问题时，务要简明扼要。”等到浦霖接见汪辉祖时，在一一讯问了汪辉祖游幕的经历及其每一位主人姓名之后，对汪辉祖交代道，宁远这个地方民风疲沓，难于治理。并举出当地有名的讼师，甚至还有“天罡”“地煞”之类绰号的地痞等，来加以佐证说明。巡抚之所以对宁远地方如此熟悉，乃因宁远的前任知县是巡抚的同年进士，是因为县民向总督衙门提诉控告而辞官去职的。对此额外的提醒关照，汪辉祖当面向巡抚深表谢意。之后，汪辉祖乃循例向省城各衙门一一辞行。与汪辉祖一同面见臬司街门按察使的十一位新上任的知县，都谈及汪辉祖在乾隆四十六年担任龙游知县王士昕幕宾时发生的轰动一时的检骨验尸案。按察使恩长对汪辉祖特别交代说："这个地方的民风刁蛮凶悍，一旦涉及人命的案子，即使最嫡亲的直系亲属没有异议，而那些同族的旁系亲属甚至外族中有姻亲关系的人，也会以死者的亲属名义提起诉讼。长期以来，即使在最终查实讯明之后，也仅仅只能对不实的讼告者予以杖刑或戴枷示众的惩罚。而我在遇到此种案件时，都要责令开棺验尸，一旦坐实提起诉讼的人犯有诬告之嫌，一定予以重惩。你在受理此类案件时，非详细检验其尸骨不可。"汪辉祖起身恭敬答谢道："卑职一定恭敬遵从您的教诲，但下官依然还是坚持认为，是否开棺核检尸骨，还是应对死者予以法外施恩，尽量酌情周全。"恩长回答道："这其中有更深层次的道理吗？请说出来听听。"汪辉祖回答说："对尸骨进行复检查验，是一件令尸亲当事人感到非常惨痛的行为，如果有冤能够得以申雪，死者自然是心甘情愿的。倘若万一是因为胡乱讦告的缘故，而让无辜死者的尸骨受到拆解洗蒸之类的检核查验，更让无辜的证人无端受到株连牵累，而诬告者按法律规定也仅仅最多受到充军的惩处。我个人觉得似乎胡乱讦告者，其情节虽然恶劣。而法律的惩处却并不严厉。况且如果并不是死者的父母亲兄弟和妻子、子女，其他的亲属都不是至亲，照法律的规定是不能够参与其事而提起讼告的。对此类情形，应该先期予以明令禁止，以杜绝滥诉讦告。如果怀疑是胡乱讦告，又确实能够传讯到案审理查实，予以杖责和戴枷示众，似乎也是足以对辜枉之徒起到惩戒作用的。"恩长回头对其同僚说道："这话说得是很有道理啊。"又转头告诉汪辉祖："现在宁远县就有一姓邓之人的案子，已经委托零陵知县前往会勘查核去了，你到任之后要认真推进此案的勘验事项，我会通过这个案子来检验你临民施治能力高下的。"

走出臬司衙门时，一同拜会按察使恩长的同僚为此替汪辉祖感到庆幸，并告诉汪辉祖说："按察使恩长是一个观察入微、不容易受到蒙蔽的人，僚属部下平素都没有人敢轻易向其提出有异议的意见建议，你初来乍到就向其发表了一通宏论，如果被其采纳，将会对你的仕途带来很大的好处的。湖南这种擅自开棺复检死尸之风，肇端于长沙府一位姓裴的太守，湖南按察使曾经在批词上批评长沙知府不耐劳苦，幕友起草拟就案卷之后，经草草审讯，便拟定重新开棺复检的申详，便将此批转各府参照执行，因此被人背后议论为造孽之举。八九个月前，这位长沙知府突然暴病而亡，而其幕宾也意外身故。听说按察使恩长对此已多少有些反省后悔了，因此，你刚才的意见就容易被恩长所接受。但是，除你而外，又有谁能如此直白地回答恩长公所提出的问题呢？”

后来，按察使恩长果然采纳了汪辉祖的建议，并颁行谕示，严纠混冒尸亲进行讦告诉讼的不良社会风气。

汪辉祖到任宁远后，在审理宁远县邓姓案子时，得到永州府陈姓知府的详批，允许其免于对尸体进行开棺复检。当然这也得益于永州府陈知府在审理狱案时，勤勉审慎的一贯作风，不到万不得已，陈知府也是不会轻易同意开棺复检尸骨的。

汪辉祖在前往宁远县的路上，路过衡州时拜谒了时任湖南学政（督学）的昆明人钱澧（南园）先生，钱南园先生也跟汪辉祖谈及宁远地方的风俗习尚，认为汪辉祖到任视事后，很有必要厉行移风易俗，以开风气之新。同时汪辉祖还拜见了衡阳知县许凝道，许凝道是安阳人，乾隆二十六年（公元1761年）辛巳科进士，年纪已七十多岁了，其为人老成端方，稳沉持重，后升任都察院经历。许凝道笑着对汪辉祖说：“我向来没有款待来访客人的习惯，今天却破例设便饭款待你，是因为有话要对你交代。”席间，许凝道将永州官场吏治的种种弊端详细地向汪辉祖做了介绍，并且指出尤以宁远县官场风气最差。在此之前，只有陈丹心在宁远担任知县时，能够正己爱民，不愧为父母官之称，真不愧是一代名臣刘统勋（谥文正）的门生。自陈丹心之后，二十余年来，还没有见到一位称职像样的知县，今天见你诚恳如此，想来陈知县清廉爱民的作风后继有人了。汪辉祖对此勉励期许恭敬以志，并且自己暗下决心，既然刘统勋的门生陈丹心能做一位正己爱民的好知县，而自己作为王文杰的门生，也是不应该玷辱其门墙的。汪辉祖还顺道拜会了清泉县知县倪为贤，倪为贤系崇明县拔贡生，汪辉祖曾经有幸得到其所赠题的双节堂诗。此次相遇于宦途他乡，执手相顾如同故交契友。倪为贤留汪辉祖一起共进晚餐，谈及湖南巡抚浦霖尚容易侍候，而按察使恩长却是一个有雄才大略且心细如发的人，对其不可不小心谨慎应对等等。在衡阳居停数日之后，汪辉祖即从衡阳沿陆路前往宁远。

三月二十五日，汪辉祖抵达宁远县界。宁远县属吏首辅巡检李峻、典史王谦来官驿客栈与汪辉祖相见。并请新到任的汪辉祖援例斋宿宁远县城隍庙，之后择日再到县衙走马上任。汪辉祖告诉他们说：“我虽不会虚应过去那些繁文缛节，但尽管如此，对于不敢与神祇相质之事，我也是断断不敢做的。”

二十六日一大早，汪辉祖一行步行二十余里到达宁远县衙。一路上，在官道两旁观看新知县到任的人云集，县衙里的吏役更是夹道跪迎，喊诺应答之声如雷震响，其场面的威仪阵势堪比繁剧都市。汪辉祖想到自己佐幕三十余年来，已经齿残发衰，幸蒙皇恩委以临民施治的社稷重任，不禁感动至极而涕零不止。又想到含辛茹苦将自己养育成人的两位母亲，如还健在，也不过只有七十多岁，尚能迎养侍奉的，但现在已是久在泉下，自己虽有此能为，却已无从报答了，真正所谓子欲孝而亲不待。汪辉祖由此想到，自己已没有什么属于个人人伦孝道的私愿，需要在自己为官的任所来实现了。唯一担心的是，自己任职以后会不会有负于朝廷、有负于百姓、有负于两位慈母曾经寄托于自己身上的殷殷厚望。于是坐在官舆中的汪辉祖更加坚定了自己谨身爱民的信念，吟哦了两首表达自己此时心志的七律诗：

一

驽朽何缘答圣明，郊圻百里荷专城。
长忧官折儿孙福，难副人称父母名。
翘首争看新令尹，扪心自愧老书生。
贪天惟有丰年颂，岁岁平安到官成。

二

慈帏冰雪两艰辛，成就孤儿忧患身。
百里慵书江上客，卅年读律幕中宾。
题名晚悔慵稽古，窃禄迟悲不逮亲。
今日做官逢运气，敢忘遗训妄为人。

刚一进县城城门，汪辉祖就看见街边用绳索拴捆着几个恶少，似有想申诉什么的样子。到县衙按礼跪拜接过知县印信之后，即升堂发签传令审案。一年老差役跪拜禀告说：“还有很多贺新官到任吉祥的礼仪尚未举行，审理案件的事，还是等来日再说吧。”汪辉祖回答这位差役道：“为官者庆贺吉祥之礼仪有比审理民事更重要的吗？”于是，当即升堂审案。此举一新宁远官衙之风，着实让宁远百姓别开生面。

汪辉祖到任宁远之后，审理的第一个案子就是这件县民王胜字与流丐斗殴案。县民王胜字被四名流丐勒索，恶丐因勒索不成，即结伙群殴王胜字，此举激起了街坊邻右的义愤，群起而将四名流丐拴绳押送至县衙大堂前。此即汪辉祖甫一进城即见到的那几个被捆绑在街边的恶少。汪辉祖在升堂讯明案情后，当即对四名流丐课以大杖重枷的惩罚。一时赢得堂下听审的县民欢呼称赞。审毕之后，一年老衙役跪地禀告说："这些流丐借称邻县上年歉收而窜入宁远县境，总数不下六七百人，对宁远各乡侵扰牵累已十分严重，甚至有居住在僻远乡下的零星村民，因不堪其扰而远走他乡的情况发生。"于是，汪辉祖便下令选派县衙差役对境内流丐进行缉捕驱逐。

汪辉祖到职视事不久，典史在前来拜会时，汪辉祖即讯问驱逐流丐之事的办理情况，才知道布置下去的缉捕驱逐流丐一事，并没有得到真正落实。汪辉祖为此责问道："为啥对流丐的究问不能落实到位？"典史回答说："因为流丐太多而县衙里的捕快差役太少，以少御众，害怕激成更大的事变。"对此回答，汪辉祖也感到一时难以措手。

三月二十八日，县衙属吏依例送衙役名册给汪辉祖，让汪辉祖按名册点验催收赋税的差役。汪辉祖此时突然心生一计，终于找到了缉捕驱逐流丐的措手之策，当即亲笔刊写专门的两寸小单，在点名时分别派发给催征赋税的差役，让他们在催征赋税时，所到之处，若遇到流丐，立即会同邻近地方保甲缉捕驱逐，如此一来，就使前往各地催征缴赋税的差役即同时负有缉捕驱逐当地流丐之责。

在宁远县境内泛滥成灾的流丐中，最负恶名者，是一个叫老猴的人，此人原籍广西，外号人称飞天蜈蚣，其妻亦名号飞天夜叉，年近五十岁，会一点拳脚功夫，寄居在宁远县内的一岩穴中已经有十六七年了，所纠集的同伙多达六七十人。这伙人平素分路出去强行乞讨，轮流将其所乞讨来的东西供奉给老猴夫妻，老猴夫妻有享用不完的余财，便借贷给生活无着的贫民，当起了坐收渔利的翘脚老板。如果有人忤逆冒犯了他的同伙，老猴便挺身行凶为其出头撑腰，由此而恶名远播，周遭百姓谁也对其奈何不得。汪辉祖通过寻访调查得其实情之后，即与驻防宁远境内的姚姓把总约定，与乡民一同设法对其进行缉捕。等老猴酒醉而归时，采取突然袭击的办法将其捆绑到衙，到案之后严刑究问，让其交代同伙匪徒的姓名之后，便将老猴羁押于狱，然后据其交代，分头一一缉捕其同伙。其妻飞天夜叉闻风夜遁，余党亦各自亡命逃窜，一时星散而去。不到半个月的时间，宁远县境内困扰百姓多年的流丐问题得以肃清。老百姓对汪辉祖到任之后，雷霆出击，为民除害所取得的成效，非常拥护，感戴之余，踊跃完纳历年积欠的赋税，宁远旧习由此不惩自新。

时至初夏，汪辉祖即以知县名义发布饬令，让县衙属吏按农时节气厉行劝农之责，并将此作为一项制度。县衙里的那位年老差役，由此向汪辉祖禀告道："自从陈知县离任去职之后，宁远有将近三十年没再行劝课农桑了，因而衙门上下几乎已经没有人知道衙署职责中尚还有这么一项职责了。"衙役口中的陈知县，即许凝道曾与汪辉祖说起过的刘统勋门生陈丹心，汪辉祖据此而知，许凝道所言不虚。这位年老差役名李成，是陈丹心任知县时遴选的差役班头，其自陈丹心离任宁远之后，每任新官到职，除点卯值堂外，常常告病假一个月或两个月，因为害怕知县的胡乱作为而受到株连牵累。自汪辉祖到任之后，天天到岗承应，所差委的事项，从无差池，由此可见陈丹心知县的知人善任。当然，这位年老差役也用其忠职尽责之举，用行动表达了对汪辉祖到职视事后的践履作为的认同。

四月初七日，有县民蒋良贵到县衙喊冤申告，诉其弟媳田氏与胡开开因争佃田，而被胡开开殴打致死。升堂讯问时，蒋良贵称其弟媳承佃李维翰租田已经三代了，而胡开开为谋取该宗田产的租佃权，在争执中将其殴打致死，讯问其殴打致死的凶器何在时，诉称是犁木棍击伤脑门，当场便将其凶器夺了过来，随手丢弃了。汪辉祖审案时，发现申告者蒋良贵言辞躲闪、神色张皇，便心生疑窦，感觉此案必有蹊跷，于是便将蒋良贵暂时羁押在县狱之中。因为尸亲被羁押狱中，衙门中人顿觉惊诧。在等候前往现场勘验核伤时，有县衙中的守门人私下悄悄告知汪辉祖，案中另一人李维翰乃该乡首富。汪辉祖根据自己曾经坐幕时办案的经验，富绅首户是最容易被无辜攀引牵累的，于是便从涉案人中将其名字抹去了。

当时，宁远县衙所延幕友王君和负责核验伤痕的仵作因公事被借用至省城办案，而邻县新田县并无仵作之类属吏，汪辉祖便带着负责刑案的书吏亲自到现场勘验死者田氏的伤痕。田氏的尸体仆卧在田中，头皮发际部位有一斜长的伤痕，皮破而血出，实非棍棒所击打之伤。到原告蒋良贵家时，见其犁上已无犁棍，即携带着蒋良贵家之犁头绕道至蒋良贵所供述的抛弃打人凶器犁棍的地方，捡到的犁棍与蒋良贵家的犁头是原物原配。进而深入走访调查，最终得以查明真相：原来致伤田氏额头的凶器，不是犁棍，而是另外的竹片，田氏是其夫蒋良贵之弟蒋良荣所殴致死。原因是田氏盗窃李维翰租谷，被李维翰发现后，便欲退佃另外招租，而田氏之夫蒋良荣由此责殴田氏，失手将田氏殴伤致死。汪辉祖通过调查了解，对此案的实情查明之后，便谕示结案，不牵累胡开开，亦不传讯李维翰到案呈供。经由此案，一时之间，汪辉祖断案英明之誉，传遍宁远县境四乡八里。

宁远县当地凡取得进学秀才以上功名的读书人，都有干涉影响甚至左右掌控衙门事务的陋习，而且平素并不主动与地方官长沟通交流。汪辉祖认为，有功名的读书人负有协助官长管理地方事务的责任，如果地方官长不与其相见并进而进行有效的沟通交流，官长就不能全面了解地方的风俗习尚。于是就吩咐县学教谕将此想法恳切晓谕县内士子，渐渐的县内学人士子开始与汪辉祖有了良性的交往互动。对来访的学人士子，汪辉祖无不以礼相待，对向汪辉祖呈递上来的所写之习作文章，还一一予以修改教正。每与士子见面，一定都会仔细向其讯问所居之乡里的相关情况，比如适宜种植什么庄稼，有没有盗贼、讼师、地痞之类的人之类的问题，如果回答有，汪辉祖就会详细讯问并核准其姓名、年龄、相貌等等，并一一记录在册。在升堂问案时，一定要对记录在册的这类人翻检查阅一遍，以备审理案件时进行着意稽查。对以讦告为业的无良讼师，则在通衢大街上张榜公布其姓名，如果是无功名的普通百姓，就详细注明其绰号，如果是有功名在身的读书人，则简要地注记清楚其里居所在，并且通告知晓县民，对其过往抱告诉讼的无良行为，一律既往不咎，令其改过自新。若有再犯，必将严惩不贷。在诉讼中，对有功名的读书人作为旁证的，也先行张榜公示，升堂问供时，对着青衿的生员，一律不在大堂上当面问供质证，而给其纸墨笔砚，让其在县衙大堂的右厢房席地而坐，写出书面证词。同案旁证中一定要有没有功名的普通百姓，一旦发现士子生员有作伪证包庇的行迹，除一律与同罪之普通百姓一并惩处外，并且另请县学教谕当堂亲自进行杖责。对未作伪证者，对其书面证词也不入案存卷，而是将之另行送交督学及府、县学教职先生处，作为岁考时答卷的参考，让学官对其行为先期进行评判责罚，然后再上报其岁考成绩。汪辉祖这一举措，将衿士抱告甚至挺身出头作证的行迹，作为其日常操行评判的重要依据，对衿士把持衙门的不良风气，起到了非常有效的匡正作用。这种通过端正学风而达到移风易俗、改良社会风气的举措，无疑是抓住了社会治理中所谓上层社会在成风化俗中的关键性作用，自然能够收到事半功倍的效果。

一天，有一位自称黄丹山的人到县衙具辞申诉，通过观察其年龄相貌和了解其乡里籍贯，知道其为宁远南乡一带的有名讼师，素常人送绰号智多星，真名叫黄天桂。公堂之上诘问清楚其相关情况后，汪辉祖先就其行为处以杖责，并将其捆绑于大堂之外的廊柱之上示众，然后对其具状申告的案件，一一示期审理，并且故意采取间天审理一案的办法，有意延长审案时间。如审理某案时发现是其唆讼具状，就让衙役对其杖责二十，杖责之后，依旧捆绑在廊柱之上。不到半个月的时间，黄天桂已经疲惫不堪，难以自支了。其母亲只好主动央告提起诉讼的原告撤诉息讼。待其所唆讼的原告都已撤诉息讼之后，再将其捆绑于廊柱之上示众十天，以其连累母亲犯下不孝之罪的名义，再给予重杖责罚。待黄天桂涕泣悔罪之后，让其具结悔改，才予以释放驱逐。其弟黄天荣也是一起衅唆讼的无良讼棍，人送外号叫霹雳火，经此之后，只得与黄天桂一起带着眷属逃窜到宁远之外的道州去了。

汪辉祖为宁远一境之安宁，除了大手笔强力纠治衿士抱告和讼棍调唆架讼外，还施行了一系列深得民心的仁政。一是对其到任之前（乾隆五十一年，丙午年，公元1785年）因粮价飞涨（每石稻谷高达制钱四千文以上）时，县民所赊借的仓谷，公开告谕县民，暂缓催纳，待秋收后视其丰稔再定。虽然因为汪辉祖的德政，让完纳赋税者十分踊跃，但大灾刚过，民力并未完全恢复，经济拮据的状况并未得以根本改变，于是汪辉祖一边如期向朝廷对未能充实完库的官仓进行核销奏禀，一边谕告各乡：“歉收之后，大概力绌，大户亦未必从容，但较小户尚可那展。应勿拘四月完半之例，努力全完，以免催提。小户即于急公之中，可见睦邻之义。令下车伊始，未遑抚字，先事催科，殊非亲民之道。然误奏吏议地方官办理不善，分难辞咎，而累及上官，心有不安。”此谕一出，县民深感汪辉祖“抚”字当先，体恤民情之爱民情意，敢于自咎自责，忠于朝廷的担当情怀。争相完纳新课、积欠，一月之中，纳赋数倍于前，共征缴常平仓谷八千石，在县社仓谷两千余石，代收前任任期内未收积欠谷一千九百余石。除二千石谷已作为兵饷上缴外，其余都是前任知县历年应征积欠折价移交过来的。

五月，汪辉祖基于宁远县境内民生艰困的实际情况，向朝廷上折请求平粜仓谷。在现谷舂米平粜时，汪辉祖即采取分男女两类并依照籴者户籍门牌作为依据，使过去吏胥包户之种种弊端得以一概禁绝。

汪辉祖还为了昌明文教，厉行端正学风。对县学崇正书院中的生员及童生的季考及常课，重新修订条规制度。并作论文绝句十二首以示之：

一

言孔孟言大是难（御制幸贡院诗），煌煌天语训儒冠。
买珠莫便轻留椟，龙颔探来子细看。

二

枵腹难雄抵掌谈，心花意蕊古今含。
试看四月抽丝茧，都是三春食叶蚕。

三

学得飞升练骨仙，精神到处细筋连。
开枰一著关全局，胜算须操下子先。

四

堂堂正正阵云排，侥幸奇兵万一乖。
底事蚕丛寻别径，杏花春色在天街。

五

浮烟涨墨总无情，依样葫芦作么生。
闻说传神归阿堵，休教眉眼不分明。

六

不律阴持造化权，何当苦调谱哀弦。
雒阳痛哭才伊管，梁传伤生尚少年。

七

第一难医是俗尘，陶镕六籍出鲜新。
摭将成语供涂抹，班马韩欧也误人。

八

侏离钩棘转喉妨，语到科名要吉祥。
省识虞廷飏拜礼，书生羔雁是文章。

九

毫端生气斡灵机，落纸烟云字欲飞。
赤脚十年行且嫁，丹青虚写五铢衣。

十

黄河九折势奔腾，路入千岩逸兴增。
若使冈平流直泻，教人留眼阿谁能。

十一

力穷穿缟笑羸兵，善始谋终气自盈。
解悟秋波临去转，歌阑应有绕梁声。

十二

骨劲神清藻采妍，朱衣能使命无权。
米颠赞石传三字，乞取论文得妙诠。（皱则致不直，透则义不粗，瘦则词不肤，兼此三长，庶几有目共赏。）

六月，湖南巡抚令按察使发函调汪辉祖到省上襄助办理公事，这本来是一个接近上宪大吏、赢得仕途前程的绝好机会，于绝大多数官员而言，往往求之而不得。但汪辉祖却具函辞谢。其申明的理由是：

受事未久，即蒙调晋省垣，可以面承训诲，上进有阶。逾格栽培，实非意想所及。但宁远偏隅，疲顽习久，诸事废驰，未敢缕陈，库项仓储，多有民欠，查非捏饰，照例接收。然设法弥补，势难猝办，自维谫劣，深惧旷官。接篆以来，夙夜焦急，检查历年讼档，自大宪以至本府共四百余案，三八收辞，日不下二百余纸，计惟竭诚殚力，将新辞旧牍，依次厘清，日在公堂，与绅民相见，谕以皇仁宪德上下相孚。庶可不藉追呼，输将踊跃。若此时赴辕，须开征远县，旧欠未完，新征又督，官民未洽，掣肘必多，仰祈恩免，俾得从容。犬马之力犹存，驰驱之报可待。傥敢饰词委卸，怠惰偷安，咎由自取，难逃遐观俯听之中云云。

在得知此事之后，受聘于汪辉祖知县衙署的幕宾王某认为，如此回绝上宪大吏的差委，是不恰当的，更绝非明智之举。县衙里的属吏巡检、典史等属吏也纷纷出言劝止汪辉祖，认为如果仅仅是巡抚下令上调，尚且勉强可以回绝，而按察使出面商调，是万不可回绝的。对这些基于官场世故的劝阻，汪辉祖作为一个曾经长期浸染于官场的资深幕宾，何尝不知其中的利害及其后果，但却依然坚持自己的观点，决然回答道：“不过才力不及，或以避事去耳。”于是将此辞呈禀上。巡抚并没有由此罪怪汪辉祖，反而为此向按察使为汪辉祖开脱说：“宁远这个地方土地贫瘠，士民刁蛮，而这位汪姓知县竟如此敢于担当负责，实在难得。”并且立即出面劝止了按察使上调汪辉祖的想法，而按察使通过调查，也了解到汪辉祖在辞请此次差委的申禀中所言属实，不仅没有将汪辉祖的不遵调遣视为忤逆犯上，而且还逢人便对此予以夸赞。并且下文告知各道、州，对此前欲调汪辉祖赴省的命令予以撤销。

汪辉祖的幕宾王某却将之视为不求进取之举，在吃惊和意外之余，恐怕感觉追随如此不谙官场世故的官长，终竟会求取无望，一无所获，于是便向汪辉祖请辞幕宾之席。王某的念想心思，对浸润于幕道官场多年的汪辉祖而言，自然是心知肚明，所谓道不同不相为谋，汪辉祖也就未作过多挽留，而任由其辞幕而去了。自此以后，汪辉祖在宁远县知县任上再也没有另外延聘幕宾入衙坐馆。宁远地在僻远，本非繁剧要津之邑，加之历来循吏无不谨遵“利不百不兴”之执政理念，少有妄求的汪辉祖，官清自然事简，幕宾之席，对精于幕业的汪辉祖而言，也就可有可无了。

汪辉祖在开官仓平粜仓谷时，发现因一些乡民居所没有里所门牌编号，致使平粜仓谷难以精准入户。借此机会，便顺势在宁远县境内推行一直没能很好落实的保甲户籍门牌编号制度。

八月初一日，汪辉祖召集宁远县所辖三十六里的地保至县衙，亲自发给每人一个空白簿册、一方墨、两支笔，令其将所管领统辖地域的四至界限暨所接壤村落名称、山林、田土、堰塘、桥梁数量以及大路若干通向何处，原住民住在自有房屋的，从事何种职业，而流寓于此的外来户依附何人，有无固定住所、职业等等情况，详细登录在册，限三个月内完成缴案。

是年秋天，宁远县全境风调雨顺，普遍获得丰收。有鉴于此，汪辉祖即下令开征赋税。汪辉祖在下发的开征赋税的布告中，如此晓谕各乡里民众：

官民本属一体，缓急义须相关。听讼之任，责专在官；完赋之分，责分于民。官不勤职，咎有难辞，民不奉公，法所不恕。宁俗钱粮素多延欠，今旧习已更，深为嘉尚。再与民约：月三旬，旬十日，以七日听讼，以二日校赋，以一日手办详稿，校赋之日亦兼听讼，官固不敢怠也。尔等若遵期完课则少费校赋之精力，即多留听赋之功夫。至谷既丰，收价已大减，四月间完一石者，今可两石有余，此则具有天良，不待长民者之催督矣。

汪辉祖在此谕告中持公秉义，言简意赅，将官、民义务与责任一一明示，用公开公示的形式，为公平公正的治理夯实了坚实基础。这在中国传统社会治理模式中，官、民义务与权利并不明确，且常常在普通百姓缺乏基本的知晓权的情况下，无疑是一种难能而可贵的创例。这一创举，后来被传诵至省府所在地长沙，深受巡抚激赏嘉许。

九月，汪辉祖受永州府知府王蓬心委派，到新田县会勘审理一件因争夺山林权属引起的讼案。当汪辉祖审理完这件案子回到宁远后，不幸患上了较为严重的痢疾，腹泻不止，几乎到了饮食断绝的地步。多次更换医生诊疗，均无较好疗效。乡民在完纳赋税钱谷之余，多有前来衙门探访看望汪辉祖病情的人，有的还送上一些白菜干作为礼物。虽然是普通的并不值钱的白菜干，但因宁远当地并不出产这种白菜干，所以于宁远乡民而言，这白菜干因其稀有而算得上是很贵重的礼物了。

十一月，宁远各乡里地保上缴来的其所辖地域的户籍人口及相关情况的登记簿册，汪辉祖下乡一一进行随机抽查核对，一旦发现有错漏的情况，即当面责令地保另行造簿予以纠正补充。并传令其余未被抽查到的各乡里保甲，自行检查校核，发现有遗漏错讹的地方，主动领簿自行进行补充纠正。

是年冬天，汪辉祖没有回萧山省亲，一个人枯坐在宁远县署衙斋寂静的深夜里，听着县城外回雁峰方向传来的一声声雁叫声，想到宁远县远在衡州以南五百里，从北方飞来南方过冬的大雁至此回雁峰后，即不再向南飞翔迁徙。宦游者的千里家山故土之念，由此山、此雁之山影雁声而引发，个中滋味，自是万绪千愁，无限感怀，一言难表。汪辉祖想起自己曾经读过的宋荦所著的载录杂记耳闻目见之山水异闻的《筠廊偶笔》一书里，关于回雁峰之由来，认为回雁峰的得名，是因其山形走势像回头雁之状。宁远县衙里冬夜里来自回雁峰的声声雁鸣，让汪辉祖想到了这回雁岭并非如宋荦所说，乃其山势状如回头雁之形，分明是指北来之雁自此回头北归而得名的。这声声雁叫，除牵出他无尽宦游乡思缕缕，还让他由此想到，稗官杂记之说，多是不足为据的。古人之所谓知识，强调读万卷书之外，还须行万里路，因为书中之知与识，或因其乃一人一时之耳闻目见、甚至道听途说之囿，而知非其真知，而识并未得常理，因而难以足资凭信。

宁远县旧习中，人命案件里牵连无辜、为祸最烈的，当属路边之意外死亡的无名死尸案。一些无良地保以及市井无赖子弟，往往会选择乡里那些家境殷实而又没有见过什么世面的人，借路毙之无名死尸对其进行攀引恫吓，利用其胆小怕事，进而讹取钱财。如果达不到目的，即向官府具辞讦告，在那些蠹虫一般的不良官差吏胥的翼庇勾连之下，借此上下其手敲诈勒索、大饱私囊。有的甚至采取阻拦下葬以逼取官府勘验成案，往往那些因为事发之地所处偏僻而路途遥远，为官者因此而不愿亲自前往勘情验实，其由此引发的敲诈勒索尤为严重。因此，在一个月中以人命而报请勘验的此类案件，往往达八九起之多，有时甚至多达十余起。老百姓将这类案件称之为“油火命案”，其大概意思是说，当一堆干柴将要着火的时候，有人会在上面浇上油，用“干柴”比喻那些无端起衅肇事的地痞无赖，而“油”则是指那些无良官差胥吏。汪辉祖到任履职之后，对此类案件，举凡受报立案，必当立即亲自加以讯问，讯问完毕即赶赴现象对路毙之尸进行勘验，有陆续而来主动作证的人，也沿路一一讯供问实。在勘验路途中，如果正好是晚上，就随便找一个地方借宿，有时即便借宿之所是鸡舍猪圈之类的污秽之地，也不避辞。务将不实之申告讯实于发现尸体的现场，并以此对提起讦告涉嫌构谄诬告之人予以严惩究治。如此一来，才使当地的这一恶习得到了逐步有效的纠正。

十二月初一日，宁远县境内九疑支山上有一个俗称拚命岭的地保，前来县衙禀报，称县民刘某家门口有一个自缢而死的无名尸体，事涉人命，当立案究治。汪辉祖得报之后即命令起轿前往死尸发现之地进行现场勘验。前来报案的地保急忙阻止说，此拚命岭离宁远县城有九十余里之遥，且山路险峻逼仄，知县大老爷是不能前往的。汪辉祖不禁十分诧异，当即厉声呵斥地保说：“你都可以从那里来县衙，我却不能到你那个地方去？难不成我这堂堂七品知县去与不去的决定权，掌握在你小小的地保手里吗？”于是便带着随扈启程前往拚命岭而去。第二天一早，汪辉祖一行即到达九疑支山下二十里许的地方，果见重峦叠嶂、深涧交错，山路崎岖逼仄、险峻难行。只得换乘一顶小竹轿再向荆榛丛莽深处继续行进，走了五六里路之后，因坡陡路险，连小竹轿也不能乘坐了，汪辉祖只好下轿步行，又走了约三四里路的光景，只剩一条羊肠小道蜿蜒隐约通向深不见底的幽涧之中。其时已是隆冬时节，山涧中水声潺潺。山间小路逼仄之处连一只脚都放不下，汪辉祖与同行的人前挽后扶，小心翼翼地攀缘着路边树枝丛草，背向深涧像伏身于地的螃蟹一样手脚并用，一步一步地攀爬行进，历艰涉险之后终于到达了死尸所在的现场。经过现场勘验诘讯，发现此案确如汪辉祖所料，乃地保与当地地痞流氓勾连串通，将路毙的无名死尸移放到刘姓乡民家门口，企图借此讹诈勒索刘某，而勒索不成遂报官成案。这伙人所打的如意算盘是，报官立案之后，知县一定不会亲自前往现场，而将讯情问实之任委以当地地保，如此，他们敲诈勒索的目的就能够达到了。汪辉祖将此案查实之后，对涉案地保和地痞各责以最重杖刑，并将其一伙拘提到县衙，戴枷示众。而受诬告的刘姓乡民并没有为此而受到丝毫牵累。等到勘验审结此案出山之后，汪辉祖才发现自己厚厚的棉袄早已被汗水湿透了。此时坐在官轿中的汪辉祖不禁为此感慨万端，遂吟诗两首，其中一首五绝为：

层厓纷虎迹，密树乱猿声。

俗敝机谋险，官劳性命轻。

汪辉祖在时隔十年后所写的《病榻梦痕录》中，对此情此景依然记忆犹新，为自己在办理此案时，虽历艰涉险，但却因自己的亲力亲为而使无辜之良善得以保全，让作恶的地保、恶棍受到应有的惩处，更为自己在宁远知县任上终结了当地已然习以成风的“油火命案”而感到由衷的欣慰。并总结感叹道：“其境可想，然自此油火之风尽熄矣。”

是年，宁远还发生了一起因争夺田产而引发的讼案。县民匡学义，本是陈姓人家的儿子，被一名叫匡诚的人抱养之后，匡诚自己生育一子叫匡学礼，匡诚将其田产分了八亩给螟蛉之子匡学义。匡学义长大成人后，归宗陈家。后来，在匡学礼重病不起时，又赠给了匡学义五亩田产，并将自己的身后家事托付给了匡学义。匡学礼死后，遗有田产二百亩，其妻李氏勤俭持家，颇有能为，经过十七年的苦心经营，再增置田产百余亩。这些田产所取得的收入越来越丰厚，李氏的兴业置产，也深得匡学义的鼎力襄助。一日，有一宗典买来的田产被原田主赎回，正好匡学义外出不在家，李氏令其已长大成人之子匡胜时检出契约时，则发现契约上面记载着此宗田产乃为匡学义与李氏共同出资典买，而其他新置田产均是如此记载的。李氏就此质询于匡学义，匡学义坚称，匡学礼死后所有新置田产，均系自己与李氏共同出资购置，而新置田产所收租佃也是平均分配的，其具体内容也都一一记载在承租田产的簿籍上。李氏为此诉告匡学义侵夺田产至宁远前任县令处，前任县令基于匡学义出示的簿籍书证，对李氏的主张未予支持。李氏当然不服，又诉告至永州府，永州府将此案发往零陵县审理，零陵县知县也以田产的购买契约和承租簿籍作为凭据，驳回了李氏的主张。李氏再诉至道台衙门，此案已逾年余，尚未作出终审判决。李氏请求道台衙门将此案发回宁远县，让汪辉祖来审理。汪辉祖考虑到匡学义替李氏管理家务，家中田产都是由其负责交易买卖的，李氏虽然手里拿着田产契约，但却因为并不识字，对田产契约上所载记的具体内容，应是一无所知。自然，田契也就不能作为田产归属的凭据了。但如果不依白纸黑字的田契进行判决，却又难以让匡学义心服杜口。而且所有新置田产，匡学义与李氏平分田租所入都是有记载的。李氏不能仅仅以口说凭证而取得新置田产的全部产权。因此，汪辉祖在审理时，也权且按照田契所载，当堂判定此宗田产及其他新置田产为匡学义与李氏共同购置。李氏再三哀求并剖明此宗田产及其他新置田产的购置经过，情深痛切之处以至号泣不止。汪辉祖挥手示意将李氏驱赶出县衙大堂，并且假意夸奖匡学义善于经理家务，使匡学义由此放松了警惕，竟然忘记了知县汪辉祖此时正在审理自己与李氏之间的田产纠纷这件事。于是，汪辉祖便问匡学义的家产几何，匡学义便照实回答说，自己原有田产十三亩，问其租息收入有多少，回答说每年租谷收入约有三十一石，折合大米有十六石，问其家庭人口，回答说共有七口人，除自己夫妻二人外，还有两子三女。问其谋生之业，回答说除他自己替李氏打理家务有些收入外，只有长子已年满十八岁，可以下田耕作。问毕，汪辉祖对匡学义说，照你自己的话说，你所有的田产收入在完纳应缴之赋税后，所余不过大米十四五石，以此供养六口之家，光是解决一家七口人口腹之饱尚且有些困难，况且每天还另有一些柴米油盐瓜果蔬菜之类的开销，凭你的能力如何能够支应过来？匡学义回答说，家里的老婆孩子日子过得非常清苦。汪辉祖质疑道，其他乡里邻右都说你平时就显得很有钱的样子，家中日子过得也十分滋润，是真的吗？匡学义答道，自己吃的苦只有自己才知道，别人哪里晓得。汪辉祖问讯至此，拍案大怒，对匡学义呵斥道："如此说来，你与李氏购买田产的资金一定是盗窃来的了！"说罢便转头吩咐衙吏查阅历年来宁远县所报立案而未能侦破的盗窃案，假装要究治匡学义盗窃之罪。至此，匡学义已无言以对，十分狼狈，连忙下跪申辩道，自己确实是良民，不曾有过盗窃之行为，所购置田产，钱确实是李氏出的，只是自己欺李氏不识字，其子匡胜时年纪幼小，在田产契约上作假写上了共同购买的内容，想等到将来李氏亡故之后，好以此为据，与其子匡胜时争夺田产，而每年的田产佃租收入，自己都是如数交给了田产购置的实际出资人李氏，从无丝毫欺瞒。其佃租收入的簿籍上所记载的田租收入均分的内容系其伪造，只为将来与匡胜时争夺田产权属时为作为佐证。至此，汪辉祖才再将李氏呼入大堂，宣判道，田契上匡学义的名字当堂涂去，作伪的承租簿籍也一并当堂销毁，田产归李氏所有。此时李氏要求追究匡学义牵累其起讼枉费之责，汪辉祖对李氏劝导说："匡学义图谋侵夺田产，确实可恶，但是本官姑念你丈夫因对其平素为人的了解和曾经的兄弟情谊，而将你孤儿寡母托付于他，如果所托不当，你原有产业恐怕都已经毁废殆尽了，怎么还能新置田产呢？"因而对其意图侵夺田产的行为免于追究处罚，勒令其归宗陈姓宗族。自是此案得以圆满解决。

宁远县城自清初遭受兵燹毁损之后，城垣塌圮，城墙上的雉堞郭门之类，大都已毁损而沦为废墟。县城内旧时祈典所用的殿堂楼观、庙宇祠堂也多废毁不存，除其中的文庙因曾经被士绅捐资修复重建，尚略具规模，龙神庙因乾隆五十一年丙午宁远大旱的特殊原因得以修复外，其余的如武帝庙、城隍庙、火神庙等，都已塌圮于风雨之中，已不复有曾经的观瞻。县城西部、南部一带，虽然名义上算是城垣街市，但早已人烟稀少，破败荒芜如同荒郊村墟。唯有城东门、西门一带尚有一些杂货商铺和客栈。至于县城应有的家弦户诵之声，更是寥无踪影，城内也早已没有了游学驻庠之文士学子了。连县衙官署都倾颓破败，甚至缺少应有的官仓府库，每年征收的赋税钱粮只得寄放在衙署内宅之中，完全不成体统。

汪辉祖到任履职视事之后，即先捐出自己的官俸修建了府库三间，并增设管理府库的库书、库丁两个差职，谨饬其掌管好府库管钥，以此杜绝赋税不入府库而被擅自侵占挪用的弊端。再以知县的名义向上申详报告允其预支知县养廉银，用以修缮县衙官署。并倡议发动县内富户绅粮认捐出资修建火神庙、城隍庙等祠堂庙宇，至是年年底，宁远县城内庙宇祠堂相继修复竣工。

一县之中，县城城垣内楼观庙堂的修复建设，不仅仅事关城邑市井的观瞻气象，而关乎城邑所在的文明教化，于地方官临民施治的系统性治理而言，兹事体大，非可等闲小视。此一系列举措作为，是汪辉祖为官一任、造福一方的为官之道中全面、协调、系统施策的顶层理念的切实的具体践行。

十二月四日，因邻近的新田县知县出缺，汪辉祖奉命兼署新田县知县，至第二年四月八日，新任新田县知县到任视事为止。

是年底，汪辉祖收到其长子继坊来信，得知其长孙宁儿（后取名汪世钟）出生。汪辉祖将自己的俸银汇兑回家，用以修缮自己位于大义秀山之麓的祖墓祭祠，并嘱将鲁洁非曾经受汪辉祖托付而为之撰写的建祠碑记镌刻其上。

汪辉祖履新宁远不到一年，革衿户、惩流丐、治衅讼、追积欠、饬保甲、劝农桑，加之捐俸修缮官署府库，倡导绅粮大户认捐出资建祠修庙等等，可谓新政迭出，临民施治有担当更有作为，既有革除旧习的雷霆手段，也不乏鼎布新政的赤子襟抱，至为重要的是，汪辉祖之种种革故鼎新的善政良策，让宁远社会面貌为之一新，社会风气为之一变，无往而无不有所建树，都是值得大书特书，称道赞颂的！

1787年乾隆五十三年戊申年　五十九岁

正月，汪辉祖首次在宁远县衙公堂上举行乡饮酒礼，此一礼敬乡贤耆宿的典礼，在宁远已经多年未曾举办过了，故引得阖县上下的民众集聚观礼，一时宁远城内万人空巷，观者如墙垛，盛况空前。

正月初九日，赴所兼署的新田县勘验审理该县北乡一路毙无名女尸案。该路毙女尸年纪七十余岁，身上有摔跌之伤痕数处，从其尸体判断乃系冻饿至死，汪辉祖勘验属实之后，即令地保敛尸掩埋。当地有居民告诉汪辉祖，前几天曾有人看见一群乞丐背负着这位老妇人行乞，担心会有老妇人的亲属借此滋扰生事而使邻右乡民受到牵累。汪辉祖告诉他们说，如有亲属讦告，其弃尸不顾，已犯罪在先，必当先行予以追究。如此一来，其他非其亲属自然更不敢冒名嫁祸而寻衅滋事起讼扰民了。

新田县另有一县民前来告禀，称其居家房舍旁边的一间废弃空房子里有一个受伤的人，已处于垂死的状态。汪辉祖前往勘验时，发现此人已处于昏迷假死的状态，即令随行的仵作进行现场勘验，当仵作正在解开那人衣服查验伤痕时，那人从昏迷中苏醒过来。经讯问得知，乃邻省广西全州人氏，只身行乞为生，因被他人殴伤无法行走，即以此空房子借宿存身。经查验发现其左臂左腿有曾被棍棒殴打过的伤痕。于是，汪辉祖根据多年担任刑名师爷所积累的办案经验，对前来禀报的县民说道：此人一定是伙同群丐行窃时，被事主发现追殴，受伤之后由其同伙挟持至此，以图伪诈此地乡邻。无须给其饮食，任由其伤愈后自行离开，倘不幸伤重不治而死，挖坑埋掉即可，无须再行报告。离开现场后，汪辉祖将那所空房子的主人叫到一旁，私下嘱咐道，上天有好生之德，人应存恻隐之心。当私下给其适量饮食，待其伤情稍缓一些的时候，将其驱离此地，是不该不闻不问、不管不顾的。

汪辉祖及随员一路再行五六里地，在经过一村庄时，见有一群三十多人聚集在一起的男女流丐，便下令让其离开新田县境。这群流丐不仅不听号令，反而围着汪辉祖索要离境的盘缠费用。汪辉祖对这群流丐训诫道："驱逐流丐，是为官者的职责所在，有违于此，为官者当受到朝廷追究。是没有给付盘缠的道理的。"接着向这群人发问道："你们到过宁远县没有？"回答说："没有去过。"再问："你们知道宁远县的汪知县不？"回答说："听说过的。""知道他收拾宁远县流丐头目老猴的事吗？"回答说："知道。"再问道："你们认识那位汪知县吗？"回答说："不认识。"汪辉祖当即正告那群流丐："我就是邻县那位汪知县。现在兼署新田县知县，负有对此县的治理之责。你们如果不自行离开，我将把你们枷号至县衙治罪。到那时，等待你们的恐怕就只有死路一条了。"众流丐听闻之后，纷纷叩头谢罪，表示愿意自行离开。只几天的工夫，新田县境内那些啸聚作恶的流丐均星散而去，杳无踪迹了。那个借宿空屋佯死的乞丐，亦在伤愈之后，自行离去，空房的主人为此前来县衙向汪辉祖致谢。各乡乡民络绎而来向汪辉祖这位署任知县道谢致意的，有上百人之众，一时之间，新田县城内一派祥和，欢声载道。有人称赞汪辉祖道："咱们新田县自柴知县柴青天离任之后，再也没有见过如此除暴安良的好官了，今日得见，何其有幸啊！"

多年之后，汪辉祖在其所著的《病榻梦痕录》中对此不禁意味深长地感叹说："余读书数十年，忝为民长，一无善政，而两县得民，俱由去丐，良可自笑。"恐怕汪知县所笑之意涵中，除了有对其所处时代官场昏聩无道的无奈与迷茫，更有对大清子民如此容易满足却总是难以得到现实的满足而内心产生的五味杂陈。对那位曾经在新田县留下好口碑彼时被善良的新田县民拿来与自己相提并论的柴知县，后因亏空论死，以至晚节不保，汪辉祖更有一番老道于世故的评述："所云柴青天者名桢，令新田三年，升同知去已二十余年，时为福建兴化府知府，访之闽人，政声甚美。迨壬子（乾隆五十七年，编著者按）夏余归里，柴公方为浙江盐道，有贤名。后为两淮盐运司。以官浙亏空论死，盖棺论定，古人所为重晚节也。"这位新田县民声口相传的柴知县之晚节不保，实在说，恐怕不仅仅只有其自身初心不再的主观原因，官员堕落中其个人价值观的扭曲，无不是在整个社会主流价值观受到时俗流风的肆意解构中得以蜕变完成的。官场风气败坏而至世风日下，而世风日下之中，又何尝不影响官场风气。

宁远县东北部有一个地方，离县城有七十余里，因其地处僻远，土瘠民贫，那里的乡民贫穷而刁悍，大多以非法私宰耕牛为业，当地的乡民无紧要之事，断不会进县城，而县衙官吏也有近百年没有亲自到过此地。此地乡民不遵朝廷律令，竟养成了长期抗缴赋税的恶习。这年的四月，汪辉祖在巡检抽查地方保甲时顺道来到此地前，即先期告知乡民，届时须聚齐一处听其宣讲皇帝圣谕。按照事先约定的时间，汪辉祖身着官服，带着县学里的儒生前往宣讲，环坐周围听讲及看热闹的男女老幼，为此感到非常稀奇诧异，对此从来没有见过如此盛大庄重的场面，不禁议论纷纷。等乡民聚齐之后，汪辉祖便开始深入浅出的当面讲解奉公守法的大义所在，并具体详细解读朝廷禁止私宰耕牛的法令及其道理，以及如期完纳赋税钱粮的法令及其必须一体遵行的理由等等。那些乡民听着听着竟然心以为然而面露喜色。自此以后，此地的乡民每当进县城时，都会到县衙里向汪辉祖请安问好，嚣噪刁悍的乡风民俗竟由此而逐渐得到扭转。通过这件事，让汪辉祖深切地感受到老百姓其实是最容易受到感召教化的。此地地势较高，土地贫瘠干旱，汪辉祖有意在此凿井疏泉，以此解除当地乡民长期的受旱之苦，无奈因其地多砂石，难以找到可资利用的地下水源，让汪辉祖未能得以偿愿遂行。为此，汪辉祖一直对当地的百姓怀着一种深深的愧疚之意。

五月，在汪辉祖的一力推动下，宁远县保甲户籍门牌制度得以全面落实推行，为便于官府辨识管理的门牌渐次下发至各乡各户，并明令未领到门牌的民户可以自行前往县衙补领。一时之间，曾经人迹杳杳的宁远县城、门可罗雀的宁远县衙，因纷至沓来领取编户门牌的乡民，竟变得喧腾热闹、熙来攘往起来。

宁远县地僻人穷，加之汉夷杂居，其旧有的婚俗习尚，让来自经济富庶、文化昌明之地的汪辉祖感到难以接受。在中原汉文化占主导地位的整个封建社会的婚姻家庭伦理关系中，夫妻双方的权利与义务从来都不是平等的，丈夫在家庭中处于支配主导的地位，夫妻关系一旦确立，居于从属地位的妻子，必须绝对服从丈夫，并终身不得改易，即所谓的从一而终。但在宁远县境内，这一在汪辉祖看来事关伦常大义的夫妇之伦，却并不尽然，当夫家因为生计或者夫妻不睦，即可以将其妻子作价卖与他人为妻，而且买主可先付半价，留半价暂不支付，以防买卖双方由此产生讦告诉讼。妇人也不以从一而终、守节为重，一旦不幸成为寡妇，劝其改嫁的说媒者便接踵而至，即便是有头有脸的士绅之家也都将其视同寻常，而且寡妇娘家越有声望，似乎越乐于有人来提媒说亲，并以此而增其身价名望。待嫁的闺阁小姐也并不以给人续弦当继室为耻，对中年丧偶而不得不续娶寡妇或初嫁与人为妻充当继室者，对谁是正室夫人、谁是媵妾之类的名分，竟然不会有所计较。家族中对妾的称谓和妾对家族其他人的称谓，完全与正室夫人没有区别。女子十二三岁谈婚论嫁前，与邻家同龄女子中意趣相投者即结为姊妹，其相对固定的关系犹如夫妻配偶一般，其他的人不得再参与其间，互相往来十分亲密，一直到出嫁之后方才结束。女子在出嫁的前夜，同族姻亲及邻右中年纪在十四岁以上的未嫁女子，都会齐集于出嫁女子的家中，在其大堂的左右两边设长凳，中间设长几，所有女子杂坐于长凳之上，几案上摆放杯盘酒水香茗，称之为歌堂。出嫁的女子在闺房内以哭为歌，而歌堂杂坐的女宾以歌相和，出嫁女子的姻戚兄弟也跟着女子一起哭，哭完之后便是乐队的鼓吹和奏。乐队演奏告一段落，出嫁的女子再哭，唱和与鼓吹一如既往，如是反复循环。出嫁女子哭唱的内容，为一一讲述赠送其陪夜的女子们的事迹，而坐在歌堂中赠其陪夜的女子则用和歌，唱出不忍与其分离之情意。这样一唱一和、鼓吹相杂以至通宵达旦。出嫁女子声音唱到嘶哑为佳，而且声音越嘶哑越好。正因为如此，当地的女子当长到八九岁时，就将学习唱歌作为必修课。新女婿来迎娶女子时，岳母家的妇女便向其泼水，其以能避开所泼之水为能事。对这些婚姻习俗，汪辉祖将其认为事关公序良俗之大伦种种，一一开列出来，对认为有违婚姻伦常者，即明令予以禁止。有对此不理解的人，汪辉祖即透彻阐明其中的道理。与此同时，还交代当地士绅收集采访那些隐藏于民间而不为人知的节妇贞女的事迹，在经过调查核实之后，由县衙颁匾予以褒奖。汪辉祖此一移风易俗之举得到当地社会舆论的普遍好评。

是年七月初一日，汪辉祖在宁远县为第二年己酉科会试而将参加湖南乡试的生员进行了一次壮行的宾兴酒礼，其在宁远县的历史上算是首创。宁远地老天荒，文化并不昌明，有清一代至汪辉祖任知县止，虽已逾百年承平之世，就科举而言，只有雍正十年（壬子年，公元1732年）和乾隆九年（甲子年，公元1744年）两科会试中有两人（每科各有一人）中试，其余各科份均无人上榜。或多或少受此影响，以至于宁远县内生员大多并不热衷于科举功名，加之距离省城路途遥远，以至每科到省城应乡试的人，竟也只有寥寥三四人或四五人不等，生员应试的士气日趋低落，读书士子甚至进学修业，也仅仅只满足于以能充当刀笔吏糊口而已。汪辉祖到任之后，将可造就之学子录用到县学书院里修习儒业，每月亲自到书院督课四五次，予以劝勉鞭策。在参加赴省乡试的宾兴礼宴席上，汪辉祖还以县署的名义对家境清寒者，酌情给予参加乡试的盘缠资助，并且以知县之名上书湖南督学，恳请乡试录取中，对宁远学子给予倾斜照顾，以使遗才得举，达到激励宁远学子求学上进的目的。因此是科赴省参加乡试的宁远学子经由府、县学考选中试者即达二十三人之众，另以遗才荐举而得以赴省参加乡试的更有十四人之多，是宁远县数十年来从未有过之盛况。汪辉祖奉湖南学政之聘入闱任湖南己酉科乡试同考官，在路过其曾经兼署知县的新田县时，闻讯赶来迎送汪辉祖的新田县民夹道相望，可谓盛况空前。

八月初一日，湖南学政主持的院试举行，分两场，第一场考八股文，即“四书”经文有关的内容，其题目是“可以为师矣”（编著按：此句出自《论语·为政》：“子曰：‘温故而知新，可以为师矣。’”），第二场考试帖诗，即命题作诗，题目是“披沙拣金，得‘文’字韵”。

就第一题而论，以《论语·为政》中的“可以为师矣”为题，依此句在《论语》中的语境而言，前有“温故而知新”之句，意即时时在在温习旧知故得而开发启迪新知新识，此当是学人士子的会心之得，所学在一己之我，而会心之得其所哉，于己便有一新之自我，于人于世，便自能成楷模垂范，于我自是为功，而于人自当其用。儒者修习进业之事功从来便无不以切用于物我为鹄的，故言之，温故而知新，可以为师矣！倘将“温故”与“知新”分而论之，“故”是过往知、识，“新”乃心之所新得，于哲学范畴中之理论与实践之两端而论，无论其“故”还是“新”，均为“理论”范畴的记问之学，博学淹通，终将付诸“可以为师”之人生实践。当然，“可以为师”，于“师”之“传道授业解惑”之义项而论，为师者，既须传承旧闻旧识之“故”，不然，何以谓之师，亦须授人以一己所得之“新”，倘不如此，照本宣科，也不堪为师之任。至于“师”之垂范义项，意涵更其宏博深广，所谓“齐家”“治国”“平天下”之“立德”“立言”“立功”的种种，当在其中。科举试场中，在经文中寻章摘句为题，所考的一方面是士子对其“微言”的精准透辟的理解，另一方面，更是对其“大义”基于价值审美和世用事功的宏阔阐发，其中自有命题者为国选才的良苦深心。

就其试帖诗试题“披沙拣金”而论，“披沙拣金”，典出唐代刘知己《史通·直书》中，“然则历考前史，征诸直词，虽古人糟粕，真伪相乱，而披沙拣金，有时获宝。”对浩如烟海之历史典籍，须下“考”之孜孜以求的一番功夫，须有“征”之慧眼独具，方能于“披沙”之中见“金”拣“金”，去粗取精、去伪存真，须有慧眼卓识之真章，更不可或缺取舍存废之气概，这是于求学问道之方法途径的层面而言的，当然放到更加宏阔的视野，于形而上而言之，这是求学问道之追求境界，唯有不放弃、不懈怠之千淘万漉的漫长过程，才有真金得见的无限风华。以此题旨命题限韵作诗，于诗之比、兴、赋中抒情遣怀，兴人所未曾言及之别样意境，观人所未及见之风华，群赋大道公义，怨及人间正道沧桑。当然，于士子之才识风华，是足以能够试出高下来的。

八月初二日，湖南布政使柬送新颁科场考试规则至学政处：从是科考试起，举子三场试艺均可添注涂改，但其字数每场试卷中不得超过百字，誊抄朱墨之卷时，对涂改之处均须加以注明，二场默写，头场试艺经题中专用《诗》中之意，次年的会试试艺题用《易》中之意，以后乡试、会试轮流依次用《春秋》《礼记》，分用完毕之后，再合用“五经”中的意涵。

八月初六日，汪辉祖入棘闱任湖南乡试考官，其年湖南乡试主考为翰林院检讨浙江仁和人蔡其武（字毅堂）、刑部山西司主事江苏吴县人潘奕藻（字畏堂）两位先生。而潘畏堂先生是汪辉祖在京城的故旧知交，但潘、汪二人在评判试卷高下的标准上却大有参差，汪辉祖所呈荐之试卷却不能得到潘畏堂的首肯，因为潘畏堂所推崇的是文章中所表现出来的才气风华，而汪辉祖所呈荐之试卷，往往都是些质朴无华的持重文章。畏堂先生笑着对汪辉祖说道：“你何必一定要录取老成持重的学生呢？”汪辉祖回答道：“我乡试中试时已经将近四十岁了，如果当时房师只录取少年才俊的话，我也就没有机会成为房师了。”潘畏堂先生回答道：“先生所言虽然不无道理，但是国家科举考试录取人才，目的是要让选中之人将来能够为朝廷出力的。如果所取之士都已步入迟暮之年，国家治理之伟业又怎么能够有所指望呢？”汪辉祖当时对潘畏堂的话是不以为然的，但事后仔细琢磨，觉得潘畏堂先生的观点才是切中科举要旨的至理之言。汪辉祖在入闱评阅试卷期间，兴怀所至，便取试院中批卷之蓝毫，写下了六首《试院述怀》诗：

一

暂解铜章意洒然，谁云俗吏不如仙。
来参玉尺抡才地，坐对金风洗露天。
文价早输莺掖贵，名场尚结鹿鸣缘。
连宵湘岸殷雷动，几许潜鳞待跃渊。

二

秋闱九上四春官，席帽麻衣力就殚。
从此出关真不易，即今经手忍相谩。
虚叨宪府殷殷聘，怕素公庖日日餐。
文字久抛尘牍外，微才欲竭梦难安。

三

楚客词华自昔闻，三闾余韵尚留芬。
程材细准新裁格，迷眼愁辜旧论文。
曾是揣摩行我法，了无恩怨与人分。
心声第一惩钩棘，会有濂溪独冠群。

四

濡毫染靛几俄延，过眼安能信了然。
不是承恩先一第，多应逐队试三篇。
寻常鲁卫难兄弟，铢两王庐别后前。
为问无双谁国士，好从万选觅青钱。

五

又听喧喧报鼓吹，文场鏖战已竣期。
欣逢片玉初商价，爱看飞鸿欲渐逵。
甲乙我愁持鉴误，推敲人讶拔尤迟。
轮肠不尽怜才意，除是朱衣还未知。

六

参斗芒寒夜气深，短檠摇影更披寻。
也知遇合关渠命，未敢苍皇负我心。
青鬓能消秋几度，骊珠肯使海终沉。
区区报国文章分，桃李他年何处阴。

九月初一日，汪辉祖所主持的房闱中，共有五名生员中榜，其中石门县有梅峄、侯登元二位考生，湘潭县有江起凤，宁乡县有刘宜翥，另有一位华容县考生程廷举中副榜，而程廷举在前科乡试中即已中过一次副榜。宁远县参加是科湖南乡试中也有一名叫乐之祈的生员中举，这位乐之祈是汪辉祖在宁远大兴书院后，与王定元、李承膺一起被汪辉祖称为书院三俊者之一。

九月二十日，汪辉祖完成担任湖南省乡试同考公务之后，即回任宁远县知县。

湖南乡试结束后，湖南省按察使想让汪辉祖留在省城长沙协助办理全省的狱案。正好时任湖广道监察御史的钱沣（号南园先生）赴长沙清查审理瑶籍县因瑶产而诉告湖南巡抚之案，因须约谈汪辉祖，即命其兼程速归。汪辉祖向湖南按察使禀明情况并辞谢挽留其在长沙协助办理全省狱案差事后，面见了钱沣，与钱沣探讨“体国治民”之道时，汪辉祖一一道来，条分缕析，深得钱沣先生的首肯。钱沣先生书写了一幅楹帖赠予汪辉祖，其内容为：修身欲到颜曾地，奉国唯从官礼书。钱沣还让其家人抱出其幼子来，让其与汪辉祖相见。在交谈中，南园先生对汪辉祖说道：“我在京城的同年中，只与邵二云（晋涵）先生交好，其他的都无往还。像先生这样虽然隔省相远，但却不能不相叙同年齿序。”因为钱沣先生是辛卯科（乾隆三十六年，公元1771年）进士，比汪辉祖乙未科（乾隆四十年，公元1775年）进士，早四年。而钱沣乡试中举则在戊子年（乾隆三十三年，公元1768年），虽隔省不同，算是同年举子。如此相论，汪辉祖与钱沣便可以同年相称了。

钱沣，字东注，一字约甫，号南园（公元1740——1795年），云南昆明人。清中期著名大臣、书画家。钱沣出身于昆明城内一个银匠家庭，幼时家境贫寒，刻苦好学，曾入昆明五华书院学习，乾隆三十三年戊子年（公元1768）乡试中举，乾隆三十六年辛卯恩科中进士，授翰林院检讨，历官翰林院编修、监察御史、湖南学政、通政司副使、江南道监察御史，通政司参议加太子太保，吏部尚书、协办大学士等。为官以亢直闻名，任监察御史时曾面责当朝重臣和珅身为军机，办事不遵礼法；上书弹劾封疆大吏陕西总督毕沅、山东巡抚国泰等人，故《清史稿》谓其“以直声震海内”。为官任事勤苦，积劳成疾而早逝。钱沣书画俱佳，其书直逼颜真卿，又参以欧阳询、褚遂良，笔力雄健，气格宏大，行书参米芾笔意，峻拔多姿。尤其是学颜之书，别成一体，后学颜者，多以其为宗。其画自成一派，以画马为擅，尤其喜欢画瘦马，其风鬃雾鬣、盘骨毕显、神姿傲岸、形削而神逸，为识者争宝之。钱沣诗文苍郁劲厚，正气盈然，现有《南园诗存》《南园文存》和《钱南园遗集》传世。

钱沣的亢直耿介，弹劾和珅、毕沅、国泰等，在《清稗类钞·谏诤类》中均有载记："钱南园既补通政司副使，复以事镌级，再补言官。时和珅擅权，直庐自立私寓，钱劾之，谓'国家所以设立衙署，盖欲诸臣共集一堂，互相商榷，佞者既明目共视，难以挟私，贤者亦集思广益，以济其事。今和珅妄立私寓，不与诸大臣同堂办事，而命诸司员传语其间。即有私弊，诸臣不能共知，虽欲参议，无由而得，恐启揽权之渐，请皇上命珅拆毁其寓，遇事公同办理，无得私自处判。'疏入，命钱入军机以监之。逾年，钱暴卒，上大恸。""乾隆末，甘肃冒振（赈）一案，侵蚀公私款项至数百万，事发，总督司道以下伏法者数十人。时毕沅方抚陕，具知其事，然以勒尔谨、王亶望皆和珅死党，毕亦奔走和门者，故明知之而不敢言。钱南园侍御乃上疏劾之，略云'勒尔谨、王亶望、王廷赞虽已分别伏法，而现任陕西巡抚毕沅，前曾奉命署理督篆，以陕甘接壤，折捐冒振（赈），瞻徇前任，畏避远嫌，明知积弊已深，不欲抉之自我，宁且隐忍以负朝廷，实非大臣居心之道，其罪较之捏结各员，尤觉有增无减。敬请敕下部臣，将毕沅比照诸人严加议处，以昭宪典之平。而各省督抚大吏，益知所警惕，不敢习为瞻徇，久致养痈'云云。疏上，比终以有奥援故，竟免议处。""昆明钱南园通政为御史时，劾东抚国泰。时刘文清公偕和珅奉高宗命往山东讯鞠，并谕御史同讯。方谳狱时，国泰忽起立，骂御史曰：'汝何物？敢劾我耶！'文清大怒曰：'御史奉诏治汝，汝敢骂天使耶！'立命隶人批其颊。国泰惧而伏，珅遂不敢曲芘。狱上，国泰伏诛。初，钱将奏国泰事，诣所善翰林邵南江曰：'家有事，需钱十千，可借乎？'邵曰：'钱可移用，将何事也，盍告我乎？'钱曰：'子勿问何事，有事欲用此钱，当欲吾子取之。'越三日而弹章宣矣。时国泰声势方盛，人皆为之危，幸高宗察其忠直，得擢通政司副使。邵于是叩之曰：'子前告我需钱十千，岂为此事耶？'曰：'然。吾自度劾国泰，必受严谴戍边，故预备资用耳。'邵曰：'若果有此行，十千钱亦不济事。'曰：'吾性喜食牛肉，在道可不用傔从，以五千钱市牛肉，日啖此，可无饥。其余钱，吾自负之，得达戍所，足矣。'"仅此三事，钱南园之官品人格足以彪炳史册。

是年秋，宁远县年集等三十六里乡绅富户，共同倡议募捐修复重建宁远县城城墙。汪辉祖在其倡议书上签署同意之后，即亲自实地踏勘城墙暨四个城门毁损状况，以及其需修复的工程情况。经过现场踏勘核算工程量并进行工价预估，折价需耗费银两为三千四百余两。汪辉祖即按照宁远全县共分三十六乡里之行政区划，将城墙及四门修缮工程划分为三十六个工程段，让各乡里分担各段修缮任务，对土地相对贫瘠、物产相对短少的乡里，让土地相对肥沃、物产相对丰富的乡里襄助共同完成。每个工程段专设董事二人，对完成全部工程量所需要募集的银两和采取何种方式募集及其具体分摊捐纳的数额，均由其自行商议决定。而所募集的银两，概由县衙官府统一管理其账目，由官府统一按照工程完成情况，依据工匠完成工程的工时、物料领用耗费的明细账册，经核查无误后，开出印单去各里董事处支领银两。这样管理，所募集银两并不输纳入县衙官府，由各乡里自行掌握，杜绝了纳入县衙官府之后吏胥克扣之弊，更避免了官府直接管理募集银两而容易被人怀疑有染指侵占之嫌的弊端。方案拟定之后，汪辉祖即下令预先购置所需物料，并定于第二年二月初一日动工兴建。

汪辉祖还将县衙府库中常平仓里的钱粮向县内无应祈之神庙，按其实际需要进行酌量拨付，以资敷用。宁远县内有一座三伯公祠，祠内设有三塑像，当地土人称其为三伯公，相传系当地历史上三位捕虎除害有功之人。秋收之后，宁远各乡里均纷纷为其申报各种祀典，为此汪辉祖遵从民意，捐出自己的一部分俸银，将此神祠中的三伯公塑像缮饰一新，并将其奉为仓神，允准乡民加以礼敬。

宁远有一县民名叫黄名世的人，是一个以替人打官司为业的讼师。在前任赵姓知县任上时即因替人讦告相讼，因其所抱告的官司上控至巡抚按察司，经长沙太守审理判定系诬告，在审理过程中，黄名世翻供后弃案逃逸。汪辉祖因其他事由将其缉获到案，经检察查明，省按察使衙门有一名叫史坤的差役，在该起案件中有揽讼徇私之嫌，汪辉祖即据此呈文禀明按察使衙门，欲将此人签押到案一并听审。时任湖南巡抚的浦霖受理汪辉祖的呈文之后，立即将史坤革去差职，并递解至宁远县，任其审判发落。一时间湖南官场一片惊诧，都认为这种下级拘提上级衙门差役到案进行审理之事，是从来没有过的。

零陵县民谢子纯，其胞弟亡故六个月后，弟媳刘氏生下一遗腹子，现已三岁。刘氏有一姓董的女佣，与一地痞无赖蒋甲有私情勾连，而董姓女佣与刘氏因一些鸡毛蒜皮之类的小纠葛而离开了。谢子纯因觊觎弟媳刘氏家产，便以利相诱，唆使蒋甲指认刘氏的遗腹子是他与董姓女佣所生之子，乃刘氏向董姓女佣乞养的，而现今董氏女佣想将刘氏的这个遗腹子认领归原。于是便唆使董姓女佣出面作伪证，指认刘氏所产之遗腹子非其所生，以此侵夺刘氏家产。此案控诉至零陵县衙，再控至永州府，官司诉告已经超过四年，尚未能得到定谳判决。其间还采用了滴血认亲的办法，以此判断谁是孩子的亲生父母，但滴血认亲的结果也并不确切。此时正好遇到汪辉祖因公事到永州府拜会知府王蓬心，知府便提到此案双方当事人及其人证物证的相关情况，委托汪辉祖审理此案。汪辉祖经审理案卷发现，刘氏方的佐证都证明刘氏确实生有一子，有当时参加刘氏诞子喜宴的亲友为证，但却并不能足以否认董姓女佣指认此子为其所生的口供。汪辉祖经过仔细检阅原案案卷，发现虽然双方证人证词不一，但都不曾提及一个关键的证人，就是为这个孩子接生的稳婆，仅有刘氏所雇的乳母在刘氏生子四个月后，董姓女佣指认其子为刘氏向其乞养之后的证词。汪辉祖因此摒去衙门里的吏役等闲杂人等，对此案双方当事人及证人一一分别提讯，刘氏告诉汪辉祖，为其接生的稳婆钱氏尚在，当时从旁服侍生产的还有除稳婆以外的另一邻居老太太也尚健在。并声言产后开始是自己哺乳，因自己患乳痈才另雇乳母哺乳的，也有为其治疗乳痈的医师可以作证。汪辉祖问刘氏所居之乡里的详细地址，刘氏说距县城不过七里地。汪辉祖告诉刘氏，不得将此讯问过程和内容向外人透露半个字。于是便借故出城，到刘氏所居之地查讯为刘氏接生的稳婆、刘氏所雇之乳母以及为其侍产的邻居妇人、为刘氏治疗乳痈的医师等人证，这些人的供述均与刘氏所述相符。回城后即提讯审问蒋、董二人，方才得到此案系谢子纯唆使蒋、董二人恶意串通起诉控告的实情，即对谢子纯和蒋、董二人分别按律治罪。不到一天的工夫，这个拖延了近四年之久的官司便得以定谳结案。

宁远县南部下灌里有李姓人家聚族而居，相传为唐代状元李郃后代。里左有一座叫祖墓的山，现在是李氏家族的坟冢之地，系李姓先人先前从蓝山县一萧姓人家购得，而萧氏在此山上原来也有祖茔坟冢。李氏购得此山之后，便将萧氏旧坟削平，在其上建立一启祥墓碑，将其称之为郃父之墓。为此，萧氏多次上诉至县衙，前任知县均以李氏立此碑于史有据，而萧氏祖墓是否在此并无真凭实据，不予准告。汪辉祖到任之后，萧姓人家听说汪辉祖勘验山川地物详细审慎，再次呈递图样，请求汪辉祖亲到现场进行踏勘。汪辉祖准状之后，便前往现场踏勘，萧、李两姓族人前来迎候的人各有数十人之众，而从旁围观看热闹的人，更是不下千人。按萧氏所呈图样，其所绘之五个坟冢在李氏墓后的小山峰顶的山原上，而今所能见到的仅有丰草茂木，并无坟墓状的地面构筑物。但萧氏却极力主张其草木下面就埋有装着其祖先尸骸的棺木，并且愿意具结作保，请求开挖地下，以证其所言不虚。当勘验时挖掘至地下已深达五尺时，尚未发现尸棺之类的痕迹，汪辉祖打算就此停止开掘了。虽然萧氏族人情辞恳切、哀求再三，但汪辉祖对此地地下是否真有萧氏族人所言的尸棺，已然心有怀疑。但汪辉祖为慎重起见，还是特意召请临武县一位对观勘墓穴风水有所擅长的老者，向其请教当地土葬风俗。这位老者告诉汪辉祖说，在当地的土葬风俗中有深埋至地下达八尺之深的情况。于是，汪辉祖便命令再向下挖掘，当挖至约七尺深时，就见泥土中出现了白色的石灰，颜色灰润而气味浅淡，入手即化作粉末。那位老者说，这样的石灰性状应该是入土两百年以上的坟茔才会有的，于是再往下掘进约一尺许时，就发现了埋在那里的两根人的胫骨。自此，萧氏族人群情汹汹，作势要掀倒李氏建于其上的启祥碑。汪辉祖当即予以呵止，并指出，这件事李氏家族确实不占理，李氏宗族的启祥碑也确实该推倒，但是如果不等官府判决裁定而擅自行动，就是藐视王法，寻衅滋事，谁现在推倒李家的启祥碑，谁就是犯罪。于是命李氏族人退到汪辉祖身后站立，命令萧氏族人立即停手。当即督促随行的官差协助萧氏族人将从地下挖掘出的尸骸收敛掩埋完毕后。汪辉祖下山时，令李氏族人走在前面引路，自己在后面就李氏族人在萧氏祖坟之上修建启祥碑之事，对萧氏族人进行劝慰开导，意在让萧氏族人安茔息讼。第二天到县衙之后，汪辉祖就此案作出了如下判决：

李山原受于萧，旧葬诸坟皆在萧之下。山名祖墓，当因萧氏而起。萧族微居远，致先墓渐为李侵，今既验有墓据，李自不得复占。查李家谱载，始祖郃墓在木塘，去下灌二里，并不在启祥墓所。且称郃系唐太和元年状元，授河南府参军，让第刘贲，忤中官出知贺州。按两唐书《刘贲传》俱云，李郃，河南府参军，应贤良方正被选，以贲下第，疏谏不纳。后历贺州刺史，非由入选而后授参军也。唐惟进士第一人称状元。他科首选无此号。遥遥华胄，李郃之名之称与官迹先后已俱未确，何况其父？且始祖之称，以上世更无可考也。郤尚有父，即不得为始祖。今李谱祖始郤，墓祖又始启祥，以矛刺盾，不攻自破。是启祥墓碑显属李氏伪造。但建立已久，沿伪承谬，莫究所始。追祈之礼，有兴无废。将原碑移置小峰之下、李墓之上。其自峰而上地尽归萧，李再侵损，执此呈究可也。

此判一出，因其引史考实，合情切理，义正词赅，双方心悦诚服，自此服判息讼。

湖南郴州宜章县有一寡妇郑宋氏，因无子嗣，想将自己的亲侄儿郑观过继为子嗣。同族之人认为郑观没有兄弟，而且其父已经亡故，因此其不能过继给他人为子嗣。郑宋氏将此诉告至县、州，已历时四年之久。案子被巡道发给汪辉祖负责审理，汪辉祖经对历次诉告的案卷审查之后，即提出了自己的答复意见，认为郑观可以继嗣给郑宋氏，这是无可厚非的。对守寡之妇人立嗣，理应听由其自己决定。宗族内昭穆辈分相当的子侄中的独子，是否能够继嗣，在大清律例中并没有禁止性明文规定。至于经传中所谓“已孤不为人后”的说法，只是说孤儿成为别人的继嗣时，不能得到其亲生父亲的允准认可而已。按道理郑观是可以出继给郑宋氏的，这也是朝廷皇命律例所允许的，还有什么理由再对诉告双方进行提讯呢？因此劝止宜章知县不再传讯诉告双方到堂，按大清律例直接下达判决裁定。时任永、绥巡道的世宁同意并采纳了汪辉祖的这一建议意见。并对其同僚感叹道：“如此评判本就能够结案审定，何至于使案件拖延至今以至牵累百姓。对朝廷律例中未作出明确规定而不能作出裁断的案件，州县之官怎么能够完全将其交给幕友办理呢？”

是年，长子汪继坊从家里来信，告知汪辉祖说，其已故嫡母方太夫人娘舅家人皆亡故绝嗣，讯问对其外祖父母的安葬事宜。汪辉祖便回信让其购买湖汀之地安葬其外祖父母，并嘱其家人按祀礼要求年年祭祀。

1788年乾隆五十四年己酉年，六十岁

正月，汪辉祖在宁远县衙举行乡饮酒礼。

乡饮酒礼，是中国古代中原汉族文化中传统礼俗之一。起源于上古氏族社会中，在《吕氏春秋》中对此礼俗即有载录，认为是上古时乡人举行射礼前的一种饮宴仪式。西周时，大多以致仕之卿大夫担任乡饮酒礼的主

持人，饮宴席次以贤者为上宾，然后等而次之，严格区分尊卑长幼、善恶贤不肖等次，饮宴中的升降拜答，均有严格规定。此会有举荐贤能之士以献王室的功用。一般每年正月择吉日举行。汉时郡县多于官学中举行，朝廷多在辟雍（辟雍，本为周天子所设之官学，专以教授贵族子弟之用。取其四周有水，形如璧环而名，内分五区，中曰辟雍，南曰成均，北曰上庠，东曰东序，西曰瞽宗，以辟雍为尊，故常以辟雍统称之。后即以之作为太庙国子监的中心建筑，渐次演变成国子监内举行重大祭祀活动的地方，也作为皇帝讲学的地方）中行之，其举贤荐能的意义明显。隋唐实行考试科举之后，则以此礼仪为赴京参加考试的贡士饯行，以州县长官主持。明、清时期，此礼仪渐成朝廷定例，令京师及州、县以下，民间以百家为一会，以里长或粮长主持，坐席时以贤良不肖、善恶分为三等，不许混淆，以此作为规约社会道德伦常秩序的手段之一。在《礼记·仪礼》等历代典籍中均有对其规制的记载。《礼记·射仪》：“乡饮酒之礼者，所以明长幼之序也。”宋代王溥《唐会要·乡饮酒》：“开元六年七月十三日，初颁乡饮酒礼于天下，令牧宰每年至十二月行之……各备礼仪，准令式行礼，稍加劝奖，以示风俗。”清代官修《渊鉴类涵·礼仪·乡饮酒》：“汉永平二年，郡县行乡饮酒于学校，祀先圣先师周公、孔子，牲以犬。”《清史稿·礼志》：“雍正初元，谕：乡饮酒礼所以敬老尊是非曲直，厥制甚古，顺天府行礼日，礼部长官监视以为常。”汪辉祖在其辖制之境举行乡饮酒礼，其用意在于遵古礼而以此移风化俗，是对自古有之的乡饮酒礼所蕴含的社会功能的有效利用，体现的是儒家临民施治中道德教化基本伦理观念的具体践行。

二月一日，动工修复重建宁远县县城城垣，汪辉祖选派任用了八位能干的差役分别担负四门工程的督查工作，负责对施工工匠的具体监督检查。而汪辉祖自己也一有空闲即亲自前往各施工工程段面现场进行巡检督导，使各工段均不敢在施工中有偷工减料的不法行为。而负责各段工程的负责人也相互比拼，以工程进度和质量一争高下短长，实现了工期大大缩短而工程质量大大提高的目标。不到两个月时间，至三月二十日，整个工程即竣工完成。工程竣工后，汪辉祖即在宁远县衙的公堂上设宴款待酬谢各工段负责人及所有有功人等。

是年春天，汪辉祖走出县衙而巡视郊野，看见县域内四乡八里撂荒失耕的土地很多，忆及自己在丁未年春末初来宁远县就任时，所看到的漫山遍野的春荞夏麦，而今却少有种植，经过访察，才得知了土地撂荒弃种的原因，是因为去年（丙午年）天旱歉收。当了解得知，如果将这些撂荒土地全部复耕复种，是可以当三四个月口粮的。于是下令劝谕农户补种荞麦。在巡视中，汪辉祖还发现当地储藏谷物的粮仓大多修在居室之外，并且大都没有专门负责看管的人，由此导致粮食被盗的情况时有发生，于是劝谕绅粮富户须立即改变这种粗疏的储粮方式。

四月，汪辉祖得知其好友、时任湖广道监察御史的钱沣因丁忧去职回原籍，汪辉祖向其追赠赙仪之礼，以敬申哀衷。

宁远县民刘开扬与成大鹏为争山林权属事，刘开扬控告成大鹏将其弟刘开禄殴打致死，而成大鹏辩称自己并不在刘开禄被殴致死的现场，更无从知晓刘开禄为何人殴打致死。在公堂审讯时，汪辉祖发现刘开禄尸亲原告刘开扬言辞躲闪、脸色多变，于是将诉告双方一并羁押。随后即将两人一同押往城隍庙中，汪辉祖当着二人的面，虔诚地向城隍焚香叩拜祈祷之后，让成大鹏和刘开扬二人也叩首城隍庙阶下，这个时候汪辉祖观察到刘开扬神情张皇且全身战栗，当要求二人当着城隍神对质时，更发现刘开扬显出了魂不守舍、瑟缩不前的样子，此时汪辉祖对刘开扬的诉告是否切实，已经有些怀疑了。当晚三更时分，汪辉祖就此案再次向神灵祈祷，并再次专门提审了刘开扬，但依然没有审出此案的真实案情来。正当此时，突然有一酒醉者在县衙外大声喧哗，且硬要闯入县衙大门，县衙门役竟然无法阻止。一问醉者的姓名，乃刘开扬之子刘闰喜，对此一蹊跷之事，让汪辉祖更是心生疑窦，于是便将刘开扬押往其他地方关押，在县衙大堂专门对刘闰喜就此案的相关情况进行讯问。审讯中，刘闰喜供诉称，刘开禄其实并非刘开扬的亲胞弟，而仅是其堂弟，且因病重不治而已处于垂死之状态，刘开扬为构陷讹诈成大鹏，即令其侄儿刘长洪将其背往与成大鹏发生权属争执的林地上后，让其子刘闰喜将刘开禄击打致死。而刘长洪等人却都是刘开扬诉成大鹏殴打刘开禄致死的词证之人。于是便将刘长洪、刘开扬等人分别一一提讯，所供之词与刘闰喜所述之情节均相吻合，而刘开扬自己对此也供认不讳。当汪辉祖审得此案实情之后，再次讯问刘闰喜何以自己投案供述的原因，此时刘闰喜流着眼泪告诉汪辉祖说，他昨晚本来是打算逃往广西地界藏匿起来的，在家里正与其妻饮酒诀别时，突然有人在外敲门并大声喊道："赶快躲出去吧，县衙里缉拿你的差役马上就要到了。"

自己即开门出屋夺路奔逃，只见一身材高长而面色很黑的人在前面为其带路，等到了县衙大门时，仿佛有人从自己身后将其推拥到县衙衙署大门口，因此才有自己到县衙门口喧哗并强行闯入的事发生。这个刘闰喜虽是下手殴毙刘开禄的元凶正犯，但在原案案卷中却并未出现其姓名，而其父刘开扬却是讼案中被殴毙的刘开禄的尸亲，是诉讼原告，如果按原案卷中诉讼双方所显示的人物关系，一旦刘长洪等人在大堂审讯录供之后就离开宁远远遁他乡，此案就难以究出真相了。进而让真凶得到惩治，以成为经得起检验的铁案，就会无从谈起了。那位导引刘闰喜到县衙叩门自首的神祇，其相貌与汪辉祖所祈祷的城隍神极其相像。案件真相大白之后，汪辉祖念及被殴毙的刘开禄本来已经病入膏肓、气息奄奄，即使不被殴击，自己也可能会死去，如果让主谋刘开扬和其子正凶刘闰喜父子二人均为其偿命，出于于法无据的矜悯之心，似嫌过重。因此在判决时，只拟将下手正犯刘闰喜以故意杀人之罪判处斩首抵命，而对此案其余罪犯均网开一面，不予依律追究。此案被递解上报至湖南省臬司衙门时，臬司在派员对案件进行复审时，发现拟处死的元凶正犯刘闰喜身后尚有主使之人未得到应有的依法追究，而且此一情节事关重大，便驳回未准。

这一年正好是朝廷因乾隆皇帝为次年庆其八十寿诞而开恩科，各地为庆祝恩科考试纷纷举行宾兴礼。七月，汪辉祖在宁远主持完宾兴礼之后即奉调至省。

宾兴礼，是清代盛行于全国各地的一种科举典礼，主要是指府、州、县级别的地方官举行宴会送别科举生员。是从西周兴起的乡饮酒礼演变而来的一种科举礼俗。唐宋以来州、军地方官举行的乡饮酒礼逐渐与科举典礼混行。明代初年乡饮酒礼被割断了与科举制的关联，而致在清代宾兴礼演化成一种成熟的地方性科举典礼。

汪辉祖奉调至省时，时任湖南巡抚的是冯光熊，任湖南布政使的是汪辉祖赴宁远任职来湖南报到时的原按察使恩长，而此时任湖南按察使的是姚学瑛，按察使姚学瑛对汪辉祖在宁远刘开扬一案中徇情枉纵，采取宽宥包容的态度，未予严加追究。冯光熊此时调任山西巡抚，原任湖南巡抚浦霖对此案进行了详细究问，指责汪辉祖道："你何至于在审理此案时出现如此大失水准的定谳判决，恐是明知不当而故意犯的错误。刚才听了布政使和按察使两司衙门对你任职宁远以来，接受委托所办理的衡阳、永州的多起案件，各项与案件有关的事务都尽力尽责。而且你的上司府、道两级都曾经评价你在宁远所办理的所有案件均无一上诉控告。有鉴于此，虽然在此案件中，你有重大的过犯错误，但对此就不追究你的责任了，希望你重新审理此案，将功补过，对自己的错误不袒护回避，马上对此案进行再审，立即予以纠正。”于是汪辉祖重新对刘开扬一案的嫌犯进行了判决定谳，对刘开扬、刘闰喜父子二人依共谋杀人之罪，拟出了斩首偿命之判决后申详禀报。

对宁远县刘开扬一案，汪辉祖在其《学治臆说》和《病榻梦痕录》中都曾提及，所不同的是，在《学治臆说》中只写了自己礼敬神灵之虔诚之心，因而得到城隍神的襄助，在审理时受到神灵襄助，进而得以揪出殴毙刘开禄真凶主谋，而省略了自己在定谳判决时因徇情枉纵，在受到上宪究问后不得不重新审理改判定谳等情节，将此案例仅仅当作是为官须有所敬畏、对冥冥之中的神祇的虔诚致敬能够感召神灵的范本。《学治臆说》一书系汪辉祖对自己临民施治经验的总结和感悟，其目的在于给后学晚辈示教垂范，如此取舍，自然也殊无不当。而《病榻梦痕录》作为汪辉祖自述年谱，更多的是对自己一生过往中值得记录的林林总总的如实回顾，当然真实的载录自己的过往经历，尤其重要。其中既有其人生经历中的经验，也不乏过往中的失误与教训，让后人从中受到启迪，虽其意旨同样也是指向教化的，但其所能容纳的内容自然也就可以丰富得多。除此而外，《病榻梦痕录》中对此一案件全过程的真实再现，尤其是对汪辉祖自己在此案件的定谳判决中的过犯的真实载记，更是难能可贵的，虽然其中有以儒者本当心存悲悯作为自己在此案判决中徇情枉纵过犯的借口和托词，多少有为自己的这一严重过犯进行辩护之嫌。

八月一日，汪辉祖担任是年湖南省院试考官，是院试内帘考官的第二名。是年湖南院试考题中，其一涉及《四书》内容的题目是：何用不臧，子路终身诵之。这句话出自《论语·子罕》，原文是：“子曰：‘衣敝缊袍，与衣狐貉者立而不耻者，其由也与！“不忮不求，何用不臧？”’子路终身诵之。子曰：‘是道也，何足以臧？’”《论语》中这个小故事的意思是说，孔子告诉他的弟子们说，一个人如果自己穿着很破败的衣服立身于穿着华贵的狐裘貉皮衣服的人中间，却并不显出半点惭愧局促来，只有子由这个人才能做到这一点，正是《诗经·卫风·雄雉》中“不忮不求，何用不臧”所颂赞的一种境界啊。于是，子路便将“不忮不求，何用不臧”

这句诗作为自己终身诵读的锦句，当孔子得知子路此一表现之后，对此批评道，仅仅做到这一点，也是不足以值得称道的。恐怕以此为是年湖南院试题目，在于要求参加考试的生员，在全面理解和掌握此一语境的情况下，真正体会其中所包含的精神价值的追求不只是停留在实现自己对物质生活环境出现相较之下的巨大差异时应有一种淡然的态度，更在于对精神价值追求时所需要实现其不受任何环境左右和影响的真正的自我完满。《诗经•卫风•雄雉》的全文如次：

雄雉于飞，泄泄其羽。我之怀矣，自诒伊祖。雄雉于飞，上下其音。展矣君子，实劳我心。瞻彼日月，悠悠我思。道之云远，曷云能来？百尔君子，不知德行。不忮不求，何用不臧？

而是年湖南院试第二题诗题是：披沙拣金。须用“求”字韵。披沙拣金，是一个惯见于典籍中的成语，典出唐刘知己《史通•直书》：“然则历考前史，征诸直词，虽古人糟粕，真伪相乱，而披沙拣金，有时获宝。”其题旨在于考核是否能用诗歌这一特定的形式，在满足诗之赋、比、兴的特有的表达方式和韵脚确定的前提下，在兴、观、群、怨中讲清楚对待浩如烟海的历史典籍所应采取的去粗取精、去伪存真的道理。这是宋、明以来理学家们倡导并一力推行的以理入诗思想在科举考试中的具体实践。以抽象的观点作为诗题，既考察了士子阐道释理的学识见地，也考察其抒怀谴兴的才艺风华。答题完卷的难度中，足可见命题者对为国选才的良苦深心。

八月初二日，湖南省布政使向考棚送来书面的是年院试同考官评卷规则，要求同考官在评阅试卷时，对每份试卷都给予切实中肯的评语。初六日，汪辉祖即入闱担任是年湖南省院试同考参与阅卷。是年湖南院试主考是翰林院检讨汉军旗籍的徐鉴（镜秋）先生、翰林院检讨普安籍的邓再馨（兰溪）先生。至八月二十七日，试卷评阅完毕，填写发布院试草榜，对汪辉祖所负责的考棚的考生试卷都在其上补加了小批，徐鉴系汪辉祖好友孙迟舟的门下弟子，孙迟舟乃汪辉祖游幕平湖时结交的好友，也是其儿女亲家，徐鉴在孙迟舟先生处曾经读过汪辉祖所写的诗文。考试张榜之后，多次拿出汪辉祖过去所写诗文，与其进行交流讨论，相互之间非常投契融洽。汪辉祖对这次担任同考官的经历，恐怕更多的是由于主考官是其好友兼亲家的弟子这一特殊的缘故，再加上相互交流中的投契融洽，以至感慨良多，便用闱棘中的蓝毫写下了六首《书怀》诗：

一

簪花又傍玉堂仙，稽拜承恩列座偏。
白发今年添几许，蓝毫有约待重研。
芷兰得气秋风远，雕鹗盘云劲翮联。
是处楚材供采掇，知谁飞步冠群贤。

二

棘院沉沉月影寒，商量文律坐更阑。
人多旧侣缠绵话，箧检生书反覆看。
大府例容宽礼数，科条新与戒欺谩。
名衔莫讶如蝇细，永叔曾呼小试官。

三

寿考培材典礼殊，连番科第辟皇途。
文章有价王言大，评陟无私士论孚。
敢以微瑕轻白璧，却愁依样画葫芦。
此中趣味尝曾遍，十五年前策蹇儒。

四

场屋虚声昔滥叨，廿年落拓涩霜毫。
何图垂老铜章吏，屡厕衡文玉尺曹。
翰墨前缘荣齿录，风尘俗状愧形劳。
机边旧样模糊甚，乞取新花式俊髦。

五

几回把卷独微吟，秋露新凉入夜衾。
陡觉精神输往昔，勉支筋力到而今。
衡量怕负抡才分，灯火私怜下第心。
领略官题珍重意，长期妙拣出沙金。

六

匝岁秋光弹指中，九人幸得六人同。
重来谁预三年约，此去多凭尺素通。
衰未敢慵犹恋职，病如催老欲成翁。
赏奇更与烧残烛，万一能酬稽古功。

诗兴一起，汪辉祖便一发而不可收，一气呵成，再挥毫再写下了《内帘十咏》。旧时乡试、会试考官，入闱棘任考官之后，在阅卷期间便不允与外界联系，所以担任乡试、会试考官者，即称之为内帘官，汪辉祖所写下的《内帘十咏》，表达了他对这次自己担任考官经历的感喟：

入帘

委佩峨冠鹄雁齐，至公堂下即云梯。
悬名唱到容长揖，试卷携归见品题。
瓜李周防门下钥，虫鱼互订壁分藜。
从容独有金陀客，冷眼看人五色迷。

分房

久次新除各就铨，签题曾不系官联。
笼灯忽换东西舍，坐席遥分上下筵。
针芥若投应得地，燕鸿相避总随天。
怜余短视茫茫甚，恰傍前荣独炯然。

掣卷

暗中结契是文章，岂有丕休待忖量。
多士唱名才给卷，九人同考已分房。
鹏抟一任摩空汉，蝶浪谁容过短墙。
此际投胎关福命，恩无可感怨应忘。

命题

冰壶清映两心同，造化全归数字中。
百步悬侯藏彀力，万花镂样待春工。
案头条例长笺录，纸额关防小印红。
捧出层门争引领，桂枝香里散秋风。

阅卷

赤罽丹文射两眸，澄心先自涤轻浮。
还珠可许仍留椟，索剑何当仅刻舟。
惬意诗怜排雁齿，聱牙字欲辨蝇头。
瓣香卅载南丰祝，三楚风骚自古优。

荐卷

为拣精金披尽沙，斑斓入手望尤赊。
堂前许试量才尺，暗里还分障眼纱。

便有瑕瑜能不掩，终难铢两信无差。
从教近墨增声价，都是春阶桃李花。

落卷

千古文心如面然，春花秋实那能全。
风檐驹影驰弥迅，蜀道蚕丛径易偏。
无可奈何终一抹，谁能堪此又三年。
饮名多少荆南客，枉费君平卜肆钱。

搜遗

缄题入箧已经宵，棐几重摊念寂寥。
万一看来曾误碧，寻常画雪可兼蕉。
摘髭科第恩方渥，撒手因缘气忍骄。
添得几行评语在，鸳针欲度转无聊。

草榜

甄别连朝水镜如，欣从碧海掣鲸鱼。
里居未识青衿籍，次第先凭红号书。
得入彀中差不负，悬知名下定无虚。
翻愁前度成均土，狙击重惊中副车。

揭晓

奎光四照恰飞腾，士气三湘正蔚兴。
甲乙姓名文字卷，风云际会鬼神凭。
初昏预促谯楼鼓，报捷先笼驿路灯。
淡墨晴霞相映射，欢声到处颂升恒。

这十首诗，汪辉祖站在考官的角度以一个曾经饱尝科举奋斗历程艰辛的过来者，道尽了科举本身的社会功用及其科举场中人的际遇遭逢，读之让人五味杂陈。

九月初一日，是科湖南乡试揭榜。汪辉祖所负责的考棚共选中六名生员，分别是武陵县姚定益、长沙县曹有健、常德县唐虞乐、攸县邓德麒、湘乡县王步云、安乡县樊恭清。后将长沙县曹有健的名额拨归醴陵县樊柏林（寅捷）。选中副榜一名，是零陵县刘方璿，而刘方璿是己酉岁拔贡生，开始填草榜的时候，汪辉祖以原中副榜的考生在戊申科乡试时已取为副榜，这次再次取为副榜，似嫌不妥，于是便呈请两位主持乡试的主考，是不是可以考虑以其他备选之卷取而代之。当天，两位主考便就此相商于监考的湖南省布政使浦霖，浦霖认为此建议妥当，于是便将备卷依次顺补，按排名顺序当是刘方璿，而刘方璿也是拔贡生，按清朝科举例制，拔贡生相当于乡试科举的副榜，主考就想援例再依次顺补下一位考生。浦霖提出，是科考试中永州无一人中试，应该有一人在副榜中。因刘方璿为永州人，也就选中了刘方璿为副榜。汪辉祖由此不禁心生感喟，科举金榜题名，虽云全凭真才实学，但在冥冥之中却往往是有难以言说的定数的。

汪辉祖参加是年湖南乡试评卷工作结束后，被湖南按察使留在了省城长沙，委任其审勘全省呈报到省的狱案。在此之前，凡是被按察使委任审勘狱案的人，都会先期打探按察使对所审案件的倾向性意见，再据此提讯案犯审录口供。汪辉祖担心这样做，会有先入为主失之公允之嫌，决定在审讯案犯之前不依惯例向按察使先行请示，在对案犯审讯所得之口供尚未确实时，便以请病假为借口，故意拖延向臬司汇报案情的时间，一直到有了确实的口供之后，方才向其禀报请示。这样一来，其对案件审理的裁决意见，往往与臬司意见相左。虽然其裁定常常不合臬司之意，但由于所审之案证供确实、裁定切当，最终臬司不得不认同其定谳判决。因此，当汪辉祖在省受委勘审狱案仅仅二十余天，湖南臬司便令其回任宁远知县。汪辉祖禀报臬司告辞之后，便前往拜谒时任湖南督学的张姚成（讱斋）先生。张姚成是汪辉祖乙未科同年进士，对汪辉祖在湖南宁远县的政绩褒奖有加，汪辉祖自然对此谦逊地表示不敢担承。张姚成告诉汪辉祖，巡抚浦霖曾经对张姚成说过，浦霖在一次与钱大昕谈起汪辉祖时，钱大昕在浦霖面前夸赞过汪辉祖。浦霖也告诉钱大昕说，他在湖南任巡抚的五年中，绝少有其认可嘉许的州县长官，而一提起汪辉祖便赞不绝口，不仅认为在当下的湖南全省的州县官吏中无人可及，即使在有史可稽的过往中，像汪辉祖这样的干才循吏，也并不多见。因此，自己从来就没有将汪辉祖当作一般的州、县属吏看待。浦霖这个人对待下属一向以严厉著称，而且在下属面前从来不苟言笑。但对汪辉祖却是个例外，每当与汪辉祖谈论某个事情时，都会让汪辉祖充分发表自己的观点，并虚心听取其意见。汪辉祖对浦霖的知遇之恩，非常感激，而对钱大昕成人之美，私下里在其上宪面前对自己的夸赞奖掖，如此这般的施恩不图人知的高风亮节，更是感戴有加。

十月初一日，汪辉祖回到宁远县衙。是年秋，宁远县粮食丰收。于是，汪辉祖便劝谕县内绅粮富户捐资修建武帝庙，号召一出，反应非常热烈踊跃，捐资款额高达白银四百余两。负责修建的人倾尽所认捐银两来完成这一工程。以致武帝庙规模颇为宏大，庙前门外筑起的台榭上树起了高入天际的壮伟旗杆，其宏伟壮观的程度居于宁远城南所有庙宇之首。在宁远县城中有一座马神庙，不知兴建于何时，庙中树韦驮为神祇，庙宇已经倒塌很久了，韦驮所骑之马也已坍塌于地。汪辉祖将韦驮之像移往佛庙之中，捐出自己的薪俸对马神庙进行了修复重建，正位上重塑了马神之像。与此同时，汪辉祖下令各乡里，劝谕其遍种大、小麦，为确保第二年的夏粮丰收打下基础。

此时汪辉祖治下的宁远县，真可谓政通人和，百废俱兴。境内百姓安居乐业，城垣市井一派繁华盛丽。

1789年　乾隆五十五年庚戌年　六十一岁

正月，朝廷敕诏追封汪辉祖的祖父母和父母。追封其祖父汪必正为文林郎，其祖母沈氏为孺人；其父汪楷为直奉大夫，其嫡母方氏为孺人，其继嫡母王氏和生母徐氏为宜人。

是月，汪辉祖在宁远县衙举行乡饮酒礼。

也就在这个时候，与汪辉祖心契丰得的永州府知府王蓬心俸满回京入觐述职，永州府知府之职由永绥同知张健代署。

四月，朝廷钦命内阁学士兼礼部侍郎满洲人傅森前来宁远祭告舜陵。宁远所在的永绥道道台世宁作为陪祭一同前来宁远。舜陵在宁远县的南乡九疑山下，九疑山距离宁远县城约九十里远。四月十三日傅森取道道州前往宁远，在即将进入宁远县境时，此时天还未完全亮，路旁即有人用瓦片裹着书状，将之掷入傅森所乘车舆中，傅森将这个书状悄悄收了起来，到了行馆之后，才向巡道世宁讯问汪辉祖在宁远县的政声口碑。世宁回答道，汪辉祖勤政爱民，严惩盗匪，在湖南省都是数得上数的、难得一见之一等一的好官。等到舜陵祭祀典礼完成之后，傅森在接见汪辉祖时，意味深长地问道：“你在宁远为政的第一要务是什么呢？”汪辉祖郑重其事地回答道：“我执政的头等要务，就是惩治那些贻害百姓的讼棍、地痞和盗匪，对此从来都是非常严厉的。除此而外，我没有别的什么大能耐了。”傅森又问道：“你知道这些人不想让你在宁远县长期为官的事吗？”汪辉祖据实回答说：

“不知道。”于是傅森便取出那封掷入其车舆中的告状信，亲手递给了汪辉祖。这是一封化名为赵司空的人控告汪辉祖的状书，上面罗列了汪辉祖不理民事、不禁盗贼、纵恶殃民、浮收钱粮等十大罪状，虽然子虚乌有，却煞有介事，汪辉祖看完之后也不禁汗毛直立、惊悚而起。傅森笑着对汪辉祖说，你不要为此感到惊讶，在我看来，这不过是恨你的人诋毁构谄于你罢了。我沿途亲自访察询问了一些人，人人都夸你是一个好官。你在宁远的作为，与这封控告信中所指控的内容正好相反。我如果将这封告状信交给世宁，那么世宁援例就一定要把这封告状信呈报给湖南巡抚，而巡抚无疑会对控告是否属实展开调查，固然经查证不属实后，会还你的清白，对具辞诬告者给予应有的惩戒，但你就会因此被召至省城接受调查，也就不免有往还奔波的劳顿之费。我听世宁说你是一个勤政廉洁的好官，府库从无亏空，怎么能够忍心让这不实之诬告使你受到牵累呢？现在将这封控告你的状书交给你，请你自己调查处理就行了。为此，汪辉祖恭敬地向傅森表达了自己的感谢之情。汪辉祖反复查看了这封告状信的笔迹，发现就是在丁未年刚到任宁远县时，被自己驱逐出境的讼棍黄天桂所写。当黄天桂打探到傅森将其告状信直接交给汪辉祖之后，又从道州逃窜到广西境内躲藏起来了。对此，汪辉祖在其《病榻梦痕录》中对此有过深刻的反省检讨：

讼棍之伎俩，一至于此，各前任之不敢究惩，非无所见，抑不能化以德，而第治以法，适招之怨耶。

汪辉祖作为经历者，一语中的地道出了官场中最大多数的无所作为，都是因为明哲保身的世故使然。汪辉祖在宁远纠察整饬起衅架讼的不良社会风气，惩治唆讼牟利的讼棍，由此而结怨生仇的也只有黄天桂一人而已。其余那些曾经热衷于抱告上控的士子生员，自汪辉祖张榜谕示之后，都做到了一改前非，且自此以后再无在此问题上以身试法的行为。由此，汪辉祖得出一个结论，在移风易俗，树立良好社会风气方面，对生员士子的教化是大大易于普通民众的。

汪辉祖初到宁远时，发现宁远旧的社会风俗并非完全良善，曾经在征询社情民意的基础上，对不良风俗一一加以禁绝纠治，并将优良的乡风民俗汇编一册《善俗书》，将其刻版印行乡里。当地士民都纷纷称赞此一成风化俗、匡义利民的善治之举。

是年，汪辉祖利于政务暇余，将其旧稿《史姓韵编》修订完成，并刻版印行，还印行了自己早前即已完稿的《九史同姓名略》一书。

自从汪辉祖将宁远县县城的城墙、城门修缮完成之后，城内的街市便兴旺起来，沿街商铺渐次增加，县城内店铺林立，生意兴隆，走夫贩卒，熙来攘往，络绎不绝，呈现出一派欣欣向荣的繁荣景象。城内有一石姓人家的儿子正好于此时被选入永州府学之中，于是就有堪舆家认为，这是因为城池得以修葺完整之后，整个县城的精气神得到了汇聚的缘故。

这一年，宁远全县各乡里大春大、小麦大丰收，以至有很多年高德劭的老人专程前往宁远县衙，对汪辉祖治理有功表达感谢之意。在汪辉祖看来，能得到老百姓的认可，恐怕是对自己临民施治的政绩的最大褒奖，自豪与骄傲，肯定是当然的。

有清一代，对事关民生大计的食盐，沿袭历代王朝的官府专卖制度，实行产销区域配置制，以保障这一事关民生大计生活必需品的有效供给。按清廷例规，宁远配食两淮之盐，因宁远位于湖南南部，距离两淮距离遥远，加之山高路险，交通极为不便，盐商大多不愿贩卖淮盐至宁远，以至宁远相较于例食粤盐的邻县蓝山、临武两地而言，盐价奇贵，官价宁远淮盐的价格往往是周边邻县粤盐价格的八倍之多。因此，历来宁远百姓多食私贩至此的粤盐，官府对此也在有意无意之中，听任境内商贩私贩粤盐，并不严予查禁，县内也由此并无售卖官盐（淮盐）的合法商户。如是官民两便，各自相安，此一现象在湖南南部的一些州、县，几成常例。

乾隆五十四年（公元1789年），湖广总督毕沅厉行缉查私盐，以此疏通官府专卖的两淮盐引的壅滞不畅。总督、巡抚两级衙门派出差弁改装易服至宁远县境查禁私盐，永州府衙差役也借此机会从中牟利，而地痞恶棍更是借风煽火，从中渔利。因宁远县境内过往并无贩售官盐的专门店铺，在其他商铺中列售食盐均为非法之粤盐，在此新政之下，常常会受到搜查、敲诈，以致各商铺只好将食盐融化在水中进行私下售卖。因查禁私盐之故，以至于每杯盐水卖出了一文钱的高价，一时引得宁远境内人心惶惶。基于此种情形，汪辉祖本想联络有相同或类似情况的江华、新田、东安、道州等县（州）知县（知州）联署上禀，请求暂缓查禁私盐，但因涉及封疆大吏之新政，此一事关民生和提议，并未得到同官们的响应支持。于是汪辉祖只得单独以个人名义上书督、抚二院及盐、巡二道，提出在宁远县暂缓查禁私盐的建议：

宁远僻处万山之内，自永州至县，虽有溪河可通舟楫，然皆溯流逆上。水涨之时，已属流浅滩高，于嵯岈乱石之中，力争一线船路，艰险可虑。若遇水小，则由道州青口而上，即不能通舟。极小之船，亦不过勉强拖挽至泥湾而止，离县城尚远三十余里，是以淮商从不到境。乾隆二年清查引地，前督选史贻直奏准，淮盐不能接济，得以兼食网咯盐。数在十年以内者，许民零星买食，宽免缉捕。迄今五十余年，遵循办理。

某乾隆五十二年三月到任之初，见有肩挑背负盐斤，即经严查禁止。嗣因详核档案，事属便民随听，仍延旧例。上年正月，接奉宪行饰令，严禁私贩，疏通准引。某遵会同营员，认真查缉。据绅耆人等佥称，自有知识以来，从未见过淮盐。复经反复劝其勉为水贩，赴汉口运买淮盐，可以稍获微利，公私两便。无如县境既无著名殷户，俗又不谙经济。某数年以来，代筹生计，劝令贸易，若辈尚视为畏途。况持挟重资，远涉江汉，更无择其呼而不应矣。

民间向食粤盐，不过制钱二十二三文一斤。自上年禁盐之后，五六月间增至每斤三十六文。入冬以来，禁愈严而盐愈少，盐愈少而价愈增，近已每斤需钱五十文内外。乡里蚩氓不娴法律，居然于公堂之上，诉称食盐太贵，恳平市价。某随时申明例禁，为之显切戒谕。目下稽察严密，并无担盐入境，肩挑背负之徒，益得以藉以居奇。境惟东、北二门火铺稍多，比岁各火铺畏有盐累，俱不敢停歇带盐之人。近闻委员到处改装访查，人人意中时有一改装试买之官，虽零盐亦不敢列卖，甚将盐斤搅入水中，居民皆买盐水而食。过往旅客至无零盐可买。某恐传闻未确，慎选亲信丁友，分路扮作行商，随处试买，实与所闻无异。当民物恬熙之候，似不宜有此惊惶萧寂之行。

某身任地方，深惧不成政体。自惟慵浅，无以孚信于民，以致水贩裹足，招募久虚。私贩万不敢纵，而食淡实属可虞，辗转筹算，惭无良策。因思政在利民，术需裕课。宁远每年额销淮盐一千三百一十四引，向来虽有此数，历无水程到县，亦并无销引报文，是淮盐仅系空名，而粤私久资实用。与其民食无引之盐，不若官办有引之课。查县境东距城三十里，地名藕塘铺，与蓝山接壤。蓝邑例食粤盐，价贵之时，每斤不过二十文。宁远小贩肩挑油麻等物，至彼货卖，顺带盐斤，势甚利便。贪贱食私，乘间携带，查察有所难周。况零星粤盐，例听兼食，亦不便琐琐苛求，致滋纷扰。可否仰邀宪恩，俯念民食攸关，循照郴、桂二属之例，将宁远应行一千三百一十四引，改为粤盐引额。减淮课以增粤课，庶几课不虚亏，事归有济。伏读前督史原奏，内开‘如淮盐一时不能接济，许买食粤省盐零盐’等语，夫曰一时不能接济，计其时淮盐尚有到境者，故济以粤零，为权宜办法。今则淮盐绝迹，无可望其接济，而水贩难招，更无肯为淮商接力之人。淮盐不到，禁尽粤私，其势不至民间食淡不止。

夫以数百年相沿之习而革以一时，以十数万人待用之需而忧其不给。甘分需奉法，义属亲民，断不敢以粉饰稽查为故事，虚诳宪聪；复不能以颗粒尽禁为职司，重违民隐。是以不得不通盘筹画，求其变通，用敢委晰禀陈，伏乞恩赐察核是遵。傥蒙鉴允，饬查兼食粤盐之道、江、永、新四县，是否与宁远情形相等，会同议详妥办，德施无既矣。

汪辉祖此禀基于对社情民意调查研究之后的充分掌握，一方面，他指出，由于宁远山高地僻，交通不便，淮盐商贩由于利薄而从不到境，本地盐贩更因水运艰险，而久已不贩淮盐，朝廷所给予的淮盐盐引之数，仅系虚名，而粤盐到境虽属私贩，但久资实用，已成为宁远县民食盐的真正唯一来源。另一方面，他据实申明：民间依赖粤盐已达数百年之久，而现在粤盐被严禁，不允颗粒入境之后，而淮盐依然不能入境供给，宁远县民即有食淡之虞，百姓生活将会受到影响。于是，汪辉祖建议，一方面暂缓在宁远境内执行禁贩私盐之命令，容许肩挑背负之小贩携带少量粤盐贩卖，以保障县民供给。另一方面建议将宁远现行淮盐盐引额赋改为粤盐，化暗为明，例行课税。其理由充分，论述严密，既体现了汪辉祖熟谙社情民意的底气，更彰显了他维护民众利益而敢于为民请命的勇气。汪辉祖于具详通禀之后，未待上宪批复，即示谕巡役、地保，对贩卖十斤以下零星私盐者不得视同贩卖私盐予以拘捕。同城绿营营弁将汪辉祖的告示揭下，呈报总兵刘君辅，总兵再转呈总督、巡抚，并以自己奉令查缉私盐，不准私盐颗粒入境，而宁远知县汪辉祖却下令免捕贩盐十斤以下者，其谕令与宪令不符为由，控告汪辉祖，以此弹劾汪辉祖擅作主张、不遵宪令。汪辉祖乃自录告示，再行具禀上书，一方面为自己擅作主张的行为进行辩护，另一方面再次向总督、巡抚申诉其如此作为，乃是出于宁远民生大计的考虑，并非无端之有令不行的妄为之举：

营弁与某奉法虽均，处境稍异。营弁恪守功令，功令常能凛遵，即为办公无误。某责任地方，地方必须宁谧，方可供职相安。宁远僻处山陬，境内户口十有余万，如三日之内私盐尽禁，淮盐不到，百姓向某求盐，势将束手无策。故由蓝册、临武两县入境可通粤私者，有路四条，某禁止其三，姑留一条以济百姓食盐之用。待淮盐到境，不难立时杜绝。因缉私而滋扰，恐酿事端，出示晓谕，委非得已。

据时任毕沅幕宾的汪辉祖同年章学诚后来回忆说，汪辉祖此禀上达之后，毕沅令幕友传观，并称其为“莽知县”。所谓“莽”，恐怕不只是愚鲁、莽撞，不谙世故，更有为生民立命、不怕丢官坐牢的决绝与勇毅。这样的“莽”，不仅可爱而且可敬。自古官场尤其是官场历练出来的所谓官场世故，是绝对容不得如此之“莽”的，冲撞上宪，干犯的是委任授权制中官场赖以正常运转的规矩，得罪的不只是其上宪，挑战的更是整个官场甚至朝廷体制，是自毁前程的自绝仕途之举。好在时任湖广总督的毕沅，在汪辉祖的“莽”中看到的只是一种颟顸，当然或许也是更深层次地理解了这位本该深谙官场世故的名幕出身的老知县，内心深处那种为民请命的牺牲精神。毕沅虽对汪辉祖的申禀未予批示照准，但对其莽撞之举，亦未予以追究。而且还下令撤掉了宁远数县官府化装查缉私盐之员，并严谕营弁，只密缉私盐的大伙枭贩，对肩挑背负贩卖私盐十斤以下者不必概禁。

清廷旧例确定位于湖南南部万山丛中的宁远等县食用淮盐，本来就因不切实际而在具体执行中成为一纸空文，毕沅就任湖广总督之后，在不了解具体情况之下，整饬规范课税在缉查私盐一事上采取一刀切的办法，致使在宁远等地因缉私盐而影响民生，这无疑是政令失当引起的，作为具体临民施治的州县官吏，理当禀陈实情，反映民意，让上宪调整政策改弦更张才是。然而，封建的集权政治下，下属对上司的命令只能绝对地服从与执行，汪辉祖的邻县同官不愿与其联署通禀，就是基于对此政治制度下的官场世故谙然于心而作出的理智选择。唯有汪辉祖敢于仗义执言，在分析了交通、习惯、先例、人情风俗的基础之上，指出新令之不当，言辞虽然委婉，但观点却不失鲜明尖锐。

毕沅（公元1730—1797年），字纕蘅，亦字秋帆。因曾从沈德潜学于灵岩山，自号灵岩山人。江苏镇洋（今江苏太仓）人，清代著名重臣、乾嘉学派的代表人物之一，乾隆十八年（公元1753年）顺天府乡试中举，乾隆二十三年即以举人授内阁中书，撰拟、结写诏令，后入直军机处，任军机章京，负责撰写谕旨，记载皇室及军机处档案、查核奏议等。乾隆二十五年进士，廷试第一，状元及第，授翰林院修撰。乾隆五十年累官至河南巡抚，次年擢湖广总督，嘉庆元年（1796年）赏轻车都尉并准世袭。嘉庆二年病逝后，赠太子太保衔，并赐祭葬，哀荣倍显。但其死后第二年，即因治教匪不力等罪被追究，被抄家，革世袭。毕沅乃清代乾嘉学派的重要代表性人物，于经史小学金石地理之学，无所不通。尤以续司马光书，编撰《续资治通鉴》最为著名，又有《传经表》《经典辨证》和《灵岩山人诗文集》传世。

毕沅的才华学识与道德文章，我们暂不置评，仅就在湖广总督任上，作为位高权重的封疆大吏对些小宁远知县汪辉祖就盐引一事的抗命不遵的处置，在封建专制集权的时代，实属难能而可贵，值得大赞大颂、大书特书。

是年，汪辉祖认为宁远县的节孝祠不符合典礼规制，便捐出自己的部分俸银，对旧有的节孝祠进行改建整饬。宁远县旧乡俗中并不以妇女的贞节为重，平素也没有人到访节孝祠。在其捐俸改建后的节孝祠落成之时，汪辉祖便以知县之名亲自董率儒学生员，对入祠之贞节之妇一体进行祭告，前来观祭之人无不为贞妇烈女们的事迹所感动。汪辉祖并亲自为新落成的节孝祠撰写了碑文。并兴慨万端地写下了一大段重建节孝祠及其如何将宁远县有史可稽的贞女孝妇恭迎入祠奉祀的文字，其中所申明的崇礼大义，于今而论虽不免迂阔，但就当时的宁远而言，其移风化俗的作用，至是功莫大焉！兹全文照录于后：

於戏乎！此敕建宁远县节孝祠也。往史所载旌门之妇尤者专祠，非有奇行者表宅里而已。世宗宪皇帝御极之元年，诏直省、州、县各建节孝祠，有司春秋致祭。盖专祠节妇，而贞女烈妇类及焉，所以励壶范肃阴教，典至钜也。宁远节孝祠在学宫左，春秋之祀，旧以学官主之。余莅宁远谒祠瞻祠，礼堂分三间，虚其中不设位，左立总位一方，书唐宋以来忠臣义士孝子姓名，而书节孝总位一方，奉于堂右。盖创祠之初，以节属妇，而属孝于士因兼忠义之士，而并祀之。乌虖，戾矣！夫守贞之妇，律己素严，非懿戚不得相见，既完节克终，奉旌入祠矣，而转与不知谁何之男子杂坐一堂，魂而有知，必不能安也。彼忠臣义士孝子皆明礼达义者，又岂忍入。敕建祀妇女之祠，觊觎俎豆哉！然则宁远之节孝祠，自建立至今，六十余年，殆虚无人鬼，焉享此祀也。且其门垣湫隘，栋宇颓圮，不称朝廷褒异劝扬之义。今年三月，鸠工修葺，与学官谢君、张君酌议，撤向所设忠臣义士孝子之位，迁附乡贤祠，而清祠之基址，固祠之墙垣，倾者植之，罅者补之，丹雘涂垩，一改旧观。于是奉诏旌节妇于中堂，按名设位，以崇礼制。其未尝请于朝而自地方大府以逮有司官给扁褒表者，题曰‘宪旌’，亦附位于堂之左右。夫附祀非礼也，独念我朝重熙，累洽化理覃敷，礼部岁旌直省节妇无虑百娄十人。而邑志所载，仅雍正十二年旌表马头郑氏一人。近年奉旌三人，二礼士湾李氏，一东门樊氏，皆现存。遵功令则中堂特一位耳，其他志载，故明节妇杨文试妻孙氏，万历二十八年奉旨建坊，给银三十两，此诏旌也。又赵英妻张氏，传云，宏治八年，永州通判任良才署邑事，遵恩例具申当道以闻，建坊与否，无可考证。我朝贞节十二人，皆未邀旌典。是十三人并列于诏旌节妇之数，则分有未安轶之复，义有不可分祔左右。庶几礼以义起亦善，善从长之道欤？且余莅宁远三年矣，搜甄贞节非不殚力竭诚，仅于听讼时访得一人，邑人士公举四人，此外阒无闻焉。盖宁远之俗，孀妇不以再适为耻，间有守节之妇，罕知敬而礼之，往往湮没不彰，此而不急于表章，又孰知茹苦壹志之难能而可贵哉！祔祀之举，非惟褒往者，亦励来许耳。是役也，余经营其始，节孝后裔洎尚义绅儒，相与出资成之。夫以敕建之祠，名不辨，分不正，余忝司斯土，不能早为厘定而濡迟至于三年之久，是余之辜也。既竣事，爰洁治酒肴，依礼致祭，用妥贞魂而著迎神送神之词，勒于丽牲之碑。

汪辉祖为宁远县节孝祠所撰写的碑文，录之于后：

庙貌新兮肃观，名分正兮神安，乐具奏兮森列樽盘，嘉妇行兮白璧完，贞风扇兮芳名不刊，灵之来兮露洁霜寒，泪九疑兮竹斑，澄潇水兮烟鬟。皇旌宪旌兮志行允班，席长筵兮无怍颜，愧须眉兮起懦顽，灵之去兮天朗风闲。

六月，汪辉祖收到其会试座师王杰的来信，信中说：

四月望后回京，接手书，猥蒙关念并悉近况一切，且感年兄莅宁远三年，俭约持躬，诚信亲民，此平日之所深信者，至力辞繁剧，常怀敛抑，尤为卓见。国家取士，畀以百里重寄，原藉以爱养斯民，非为居官者一身一家计也。此理不明，遂至百计图维，如程子所谓日志于尊荣者，其弊何可胜言！年兄以此自待，以此训子，以此化导朋友，其积德更无涯涘。愚碌碌如常，毫无裨补，每念圣恩高厚，愈切惭惶。今春复邀恩命，襄事礼闱，幸免大咎。贱体亦平适，尚可支撑，精力自觉不能亦断不敢恋栈。专此布复不宣。

当时，永绥巡道世宁委派汪辉祖前往桂阳州勘查阳山尼庵被焚毁一案。受委之后，汪辉祖即从宁远出发，经三天的跋山涉水，才远远望见阳山，计算道里行程，当须四天才能到达案发之地。一路上层崖耸峙、深涧幽壑，有些路段连所乘的小竹轿也不能通过，只有靠徒步行走，其险恶的程度，简直不可名状。在烈日炎炎之下赶路，热汗如雨，道路的盘曲险恶，处处无不让人动容胆战、肉悚心惊。汪辉祖心想，一旦在路途中不幸中暑而亡，自己的尸身难免会被这丛莽之中的乌鸦飞鸢苍蝇蚊蚋们所侵蚀，恐怕连全尸也不能保存。想到自己本来就并不属意仕途前程，自此经历，汪辉祖曾经有过的告老乞休归乡的想望，再次萌生，并且似乎更加坚定而急迫。勘验完毕之后，汪辉祖即从桂阳转道至衡州，向道台世宁缴委销差，并将自己精力不济难以胜任职任的苦衷，向世宁当面予以禀告，并表达了想要告病乞休的打算。世宁答应到省之后即向巡抚转陈此意。

八月，汪辉祖在参加完向乾隆帝叩祝万寿大典后，正筹划着自己如何正式向朝廷申禀引疾辞任之事的时候，汪辉祖在宁远县知县衙署处理着自己履职的日常事务。九月初五日，因时任道州知州的王观伯卒于任上，汪辉祖被委兼署道州知州之职，当日即起程前往道州，接受道州知州印篆。

九月十三日，奉湖南布政使之命，兼署清查湖南全省仓廪府库钱粮之任。

十月一日，萧国璋署任宁远县知县。自此，汪辉祖即卸任宁远县知县一职，而专署道州知州。汪辉祖在卸任宁远县知县时，将任职宁远以来，所查实并登记在册的宁远县所辖三十六里的户口、门牌的簿书移交给了新署任的知县。因为自从有了这个簿册之后，宁远民间具辞上讼时，就再没有人敢冒充邻右，有效杜绝了衙门中不良书吏舞弊隐匿之事的发生。

汪辉祖署任道州之后，在奉命清查全省仓廪府库钱粮的基础上，随即着手在其所署任的道州追缴额赋课税积欠。道州之地有一非常不好的旧习，向来有拖欠甚至抗缴额赋课税的问题。此一痼疾顽症起因于乾隆四十年间，时任道州知州的汪燦，因其出身于富比封君之家，担心自己因将拖欠的额赋据实奏请朝廷核销，会影响自己任期考成，便拿出自己的私人财产对拖欠的额赋代为垫付完纳，自此道州百姓即将此援为成例，养成了拖欠额赋的恶习。已故知州王观伯所移交的账册簿记中，老百姓积欠额赋折合白银高达三千一百余两，其中竟有粮户积欠额赋至十数年之久的。原道州知州王观伯已经亡故于任上，汪辉祖自然不能与之进行详细核实，只得依据所移交的簿记账册向拖欠额赋的粮户追缴。但任由汪辉祖如何催征，均无人响应。深究其缘由，其中道州对未入州学的自修童生及衙门里的职员等，均于应缴额赋账册上注明其为入学青衿而免征额赋，汪辉祖对此一无律令可援之旧规，不予认可，当即发出告示，一律废止。此令一出，全州上下一片哗然。更有甚者，道州辖境内营阳上、中、下三乡之民，抗拒纳税甚至殴打催征官差，已经习以为常，以至最近几年来，催缴粮赋的差役都不敢前去催缴了，因而此三乡欠缴额赋特别严重。经查实，仅此营阳三乡欠额赋粮户即有一百二十三户，自乾隆四十五年以来累计所欠额赋折实成白银达一千五百余两。于是汪辉祖便令州衙内负责赋税的书吏，将以衿户为名而拖欠额赋的人家，一一分户列出其所欠额赋数并汇编成册，然后将其缮写出来，张榜公示于营阳三乡乡公所。

十一月十五日，汪辉祖以抽查社仓的名义，先期派遣州衙差役传令衿户届时到乡公所汇齐等候听宣。当天，汪辉祖轻车简从，到达营阳乡公所，而已接到命令的衿户却并无一人到场。无奈之下汪辉祖只得止宿于营阳，并责令差役再次催传。第二天早上，有原任长沙县训导的何延寿前来拜谒，何延寿其时年纪已经七十多了，为该乡欠缴额赋一事，向汪辉祖陈述辩解道，营阳乡粮户民力有限，请求对所欠额赋的追缴予以宽限。汪辉祖告诉何延寿说，拖欠额赋已有十余年了，哪里还有能够宽限的时间！并对其言论进行当面批驳申斥训诫之后，才让其离开。此后，陆续前来的所谓衿户有二十余人，汪辉祖让这些人行跪拜之礼后，再许其坐下来，听汪辉祖宣讲训示早晚国课的道理。并详细讲述了乾隆四十二年（丁酉年，即公元1777年）发生在浙江嵊县吴家山王姓一族因欠缴粮赋并暴力抗拒，后因此而被诛杀遣戍的案例，一一陈述讲解抗粮不缴可能造成的严重后果及其所要承担的法律责任。当时到现场听讲的人，思想上开始有所触动。乘此东风，汪辉祖决定将欠缴额赋的几户白丁之家，拘提到现场，当众予以责罚。并要求来到现场的衿户自己在所欠缴额赋的簿册上注明主动完纳所欠额赋的期限。同时传令未到现场的各家衿户，在限期内赶紧完纳。当时环侍围观的百姓不下千人，无不对汪辉祖此一严格执法之举肃然起敬，全程认真聆听了汪辉祖的现场宣讲和谕告。最后当场在所欠额赋最多的所谓衿户中各选一名监生、生员和自修生，拘押到道州衙门听候处置。当汪辉祖一行离开营阳时，衿户乡民于道路两旁跪送出境的人，比肩继踵、项背相望，汪辉祖均以好言予以劝谕安抚。自此以后，不到二十天的功夫，仅营阳一地就完纳欠赋达八百余两，而其余各乡也陆续对所欠赋额进行输缴完纳。道州额赋积欠的整顿工作取得了十分显著的成效。

汪辉祖署任道州，虽仅为署任之知州，但对利于政治民生之应行之政和应施之策，并不等待观望，而是针对此时此地的实际情况，因事施策，雷厉风行，行其当为，积极作为。其整顿积欠之举，体现了一个临民施治的地方官吏职任担当所应具备的应有之素养与能力：一是主动作为，积极有为。二是敢于正视问题、面对问题并善于抓住突出问题之关键所在。三是针对问题，深入调查研究，精准施策。四是措施有力，执行到位。五是有理有节，稳步推进。

十月初六日，受到湖南按察使姚学瑛的书面差委，着其赴桂阳县检办何刘氏命案。为此，汪辉祖先期赴永州向知州常明（后任贵州按察使）申告检办此案所面临的具体困难，因以前在省城长沙就听说过这个案子的大致案情，此案中母子四人皆死于非命，而具体死因，却众说纷纭，有说是为虎所伤，但此一说法因死者身上并无虎齿伤害的痕迹，衣服也没有老虎撕咬带来的破损，而难成定论；也有说是因奸情而被谋杀的，但也由于缺乏相应的人证、物证和事证的支撑，只能成疑。总之，此案疑窦重重，虽经多次专委能吏审理检办，均未能查明真相，无法审结定谳。汪辉祖受委检办此案之后，坚守其检办刑狱一向严谨审慎的原则，认为检验尸骨一定要访传技术熟谙的仵作，但当时永州府所辖各县中并无此等干练仵作，于是汪辉祖便申禀商请邻府有名仵作，并有意待其到来之后才一并前往勘验，以期彻查此案，使亡者沉冤得雪。

十二月初四日，汪辉祖受江华县典史的书面邀约专请，前往江华县代为勘验发生在该县的杨古晚仔命案。其时正值湘南山区的隆冬时节，由道州至江华县命案发生现场有二百多里的山路。汪辉祖启程之后，一路上雨雪连绵，山路崎岖逼仄泥泞湿滑，历艰涉险，方才到达命案尸骸所在的现场。

十二月初七日，汪辉祖在对命案现场的尸骸勘验完毕之后，正准备坐上肩舆回江华县衙时，不慎失足跌下山坡，跌伤左足，一时剧痛钻心彻骨。但汪辉祖依旧忍着腿伤剧痛，星夜乘坐肩舆赶回江华县县衙，将此命案审结申详通报。此时汪辉祖因侦办审结案件延误最佳疗治时机，而致腿伤病痛加剧，但汪辉祖依然忍痛坚持赶回所署任的道州。

汪辉祖回到道州之后，其长子汪继坊从浙江萧山大义村来到了其任所道州衙署。汪继坊告诉他，其次子汪继墉诞下一子，此孙出生之年正好与汪辉祖出生之年相距一甲子（六十年），也生于甲子纪年的庚戌年，高兴之余，汪辉祖给这位小孙子赐小名曰小同，其意喻指祖孙同庚。后正式取名叫汪世镐。汪辉祖从汪继坊那里还得知了一个不好的消息，汪辉祖嫁给同邑陈珏（双玉）的同宗堂姐因病去世。

1790年　乾隆五十六年辛亥年　六十二岁

正月，汪辉祖收到朝廷敕命其祖父母、父母封号的正式公文两封。其祖父被追封文林郎、祖母被追封孺人，其父亲也被追封文林郎、其嫡母嫡继母和生母均被追封为孺人。

正月二十日，以足伤未痊不能视事为由，禀告永州府知府，请求另委其他干员代其署理道州知州。此时正好得到长沙府公函，汪辉祖奉调任湖南首县长沙府善化县知县。汪辉祖自认为自己迂阔拙讷，并因此而时有违逆上司旨意之举，能被选调至湖南首县善化县任知县，虽不算是提拔，但应该算是同级重用，证明上宪对其履职能力和工作成绩是充分认可的，自己理应努力报答。但其腿伤未愈且疼痛加剧，尚需敷药疗治，加之天寒地冻受风寒之侵而痢疾发作，伤病交加延宕旬余，且日渐加剧，竟至卧病在床不起，已不能正常到道州衙门听讼视事了，便于一月二十九日再次正式递上呈禀，请求辞去署任的道州知州之职，在家疗伤治病。

二月初二日，湖南按察使姚学瑛专委道州州判前来，催促汪辉祖赴桂阳审理何刘氏母子四人命案，明面上是前来催委促差，而实际上是对汪辉祖受委办理此案后，竟拖延两月之久迟迟未启程前往，而现在又以疗养伤病为由辞官卸任，是否是故意逃避审理此案，有所怀疑，而特意派员前来探知实情的。汪辉祖失足跌伤和伤风寒致痢下不止是实，并无托故逃避之情节。道州州判只能将此情况，据实禀报姚学瑛。十五日，永州府专委新任宁远知县前来道州验病，见汪辉祖伤病属实，遂回复知府，酌请知府委员代署道州知州。

二月十八日，汪辉祖得准卸任所署理之道州知州。

汪辉祖受臬司姚学瑛所委办理桂阳何刘氏母子命案，因无得力仵作而未能遽行，却私自受江华县典史所请，长途跋涉二百余里代验杨古晚仔命案，虽回道州后禀报了往返江华途中遭遇大雨雪情形和自己失足跌伤之情节，但臬司姚学瑛为此颇感不快，早已怀疑汪辉祖有故意不遵差委的犯上忤逆之嫌。而今又以伤病为由，辞任所署理的道州知州之职，更加深了姚学瑛对汪辉祖是故意不服调遣，逃避所委职事的疑忌，便传谕永绥道道台世宁、长沙知府、长沙知县、湘潭知县和华容知县等人，联名致信汪辉祖，催促其立即领命前往桂阳验尸办案。此时的汪辉祖腿伤未愈且伤风痢下日剧，伤病交加，已至行动不便，不得不上禀请求谅情辞委。不过在湖南臬司姚学瑛看来，桂阳何刘氏母子四命大案非同小可，汪辉祖乃名闻一时的办案专家，委其审理此案，是倚重和信任，甚至更是一种抬举，而其借故拖延至今，依然未去办理，屡经催问，却以伤病为由，提出辞职。一个小小的七品署任知州，竟然将臬司之委置若罔闻。于是勃然大怒，欲弹劾其规避办案之罪，便约请时任湖南布政使的王懿德联署具禀弹劾，被王懿德基于对汪辉祖素常为官处事行止的了解而拒绝后，便以个人名义具禀弹劾。此时，对汪辉祖十分了解并认可的原湖南巡抚浦霖正好调任福建巡抚，而新任湖南巡抚的冯光熊对汪辉祖缺乏深入了解，但冯光熊虽然不了解汪辉祖平时的人品官德，但在处理此事时，却也还算慎重，并没有因按察使姚学瑛的弹劾就下令追究，而决定等永州府委派的前往道州查验汪辉祖伤病情况的宁远县现任萧知县查验实情之结果上报之后，再行查办。后宁远县萧知县上禀呈报，汪辉祖伤病属实，布政使也同意汪辉祖辞任所署理的道州知州，并另行委员接任道州知州一职。但姚学瑛对此依然耿耿于怀，再次上禀弹劾。巡抚冯光熊以原办何刘氏案的桂阳县知县陈玉垣尚未参革而先参另委之员，于例不合，加之湖南布政使为汪辉祖开脱说情的理由切实充分："牧令平日亏帑病民，分当速去。已病犹称未病，不可不查。汪某平日官声尚好，方调首邑。今以失跌求去，湖南虽乏人，何必斤斤留跛吏。因其跛而罪之，更何以服人。既告病，吾知办告病官例耳。"便未采纳姚学瑛的意见，汪辉祖即未被立即革职查办。而只是决定另行委任衡州府、郴州府会审何刘氏母子四人命案。在此事中，湖南布政使王懿德肯出头为汪辉祖说情开脱，不顾及同僚情面，恐怕与汪辉祖一力清查道州积欠并取得实效有关。布政使专司一省钱谷，对汪辉祖追缴积欠之事功自然上心，而按察使掌持一省之刑名，当然会以其不作速奉委检办命案为罪。湖南按察使姚学瑛对巡抚冯光熊的此一决定显然不服，再次上禀弹劾汪辉祖蓄意规避逃责。此时冯光熊已接到调任山西巡抚之命令，面对臬司的一再弹劾，不得已在即将卸任湖南巡抚之前，于五月一日，特参桂阳知县陈玉垣革职提审，并附奏汪辉祖是否借病迁延、有无规避情事，俟此案审明，另行查处。算是一个既不得罪臬司姚学瑛，又暂时搁置对汪辉祖进行追究查处的折中方案，但却为汪辉祖俟后被罢职留下了一个尾巴。此举只能算一种官场上的一种世故圆融，而非义之所赅地对汪辉祖的厚道周全。或许，大多数人于此事对汪辉祖仕途生涯的影响，只会指责姚学瑛的偏狭任气，而忽略了冯光熊所缺少的那么一种基于厚道的担待。当然，世故之中，厚道周全其实也是需要一种担当甚至是一种冒险的。

冯光熊离任之后，由布政使暂时代行巡抚之职，时吏部正好发表了汪辉祖调任善化县知县的正式公文。而鉴于原任巡抚冯光熊参奏桂阳知县陈玉垣时，附奏汪辉祖的批文尚未得到朝廷的正式回复，故只得以汪辉祖二月告病在先，例应对善化知县另行调补，于是上奏朝廷，准汪辉祖暂留道州养病候旨。

继任湖南巡抚的姜晟到任后，即奉旨查讯汪辉祖有无规避办案一事。六月初三日，湖南按察使派员至道州提解汪辉祖到长沙，当汪辉祖路过曾经做过知县的宁远县时，邑人盛情款留，涉嫌戴罪在身的汪辉祖因此而在宁远居停盘桓了两天。

汪辉祖因病也因受到弹劾而滞留道州时，其竭尽心智所撰写的《九史同姓名略》七十二卷已刻版准备印行，汪辉祖便借此宦旅中难得的赋闲无事的机会，自己亲自进行检阅修改，并让此时陪侍其身边的儿子汪继坊对此书稿再行认真校核。

汪辉祖与宁远守备彭善越、把总马世武均是数载同官，虽然在素常交往中，或可能因汪辉祖亢直狷介的性格而多有龃龉冲突，但其官谊私交，并未受到过多影响。在这次汪辉祖离开宁远时，二位相送至十里长亭，依依挥泪作别。其他前来相送者，更是络绎不绝，甚至有一直将其送至宁远县界道辅的。不少前来送行的人竟至叩首流涕，汪辉祖面对此种场景，想到自己此时的处境，不禁心有戚戚，黯然神伤。

在专制主义的集权政治下，虽然儒家文化浸入骨髓的民本主义思想，无时无刻不在规范和指引着官僚集团运行中体制机制及其从上到下、大大小小的官吏们的日常行为，但在既有的官场惯性机制下，对官员升迁废黜最终起着决定性作用的，并非是民意的选择，而仅仅只是授权的官僚机构甚至直接授权的某一具体的人的个人好恶而已。汪辉祖此时的遭际处境，其实就是这种官场文化最具体鲜活的诠释演绎。

路过永州府时，永州知府王蓬心赠送汪辉祖竹杖一枝，零陵县典史吴玉英（竹泉）担心汪辉祖因老迈体衰还尚在病中，一路上恐受酷热而中暑，还以个人的名义专门雇了一条杷杆船专供汪辉祖乘用。汪辉祖此时虽身负戴罪嫌疑，但曾经的上司、同官和友人以及相送于途的宁远县民，所洋溢着的真情与温暖，多少让汪辉祖感受到了在这六月飘雪的日子中，人间尚在的和煦暖意。在我看来，恐怕更重要的价值和意义还在于，这些来自世道人心的温暖，让汪辉祖在“德不孤，必有邻”的价值信念的坚守中得到了新的赋能，或许，这正是我们民族精神中的核心价值取向能够一脉相承、亘古不变，并且真正得以薪尽火传的真正根源所在。

所谓公道自在人心，但常常因为人心之隐微不显，让遭遇不公道处境者，难见其公道之所在。世道人心本来“惟危”，在公道不在的环境之中，必然而致跋扈豪横之势焰张天，人心之中所仅存之公道，恐怕更其稀见。更何况在跋扈豪横之势焰张天之下，多有自以为“仙气”附体而不可一世之“鸡犬”，附势趋炎嚣啼狂吠而落井下石！

六月十七日，汪辉祖被提解至省城长沙，臬司姚学瑛禀报新任湖南巡抚姜晟，要求派专人对汪辉祖严加监视看守。姜晟回复说，何必如此呢？但姚学瑛仍坚持认为汪辉祖是伪装脚伤，其意在规避办理何刘氏母子四人命案，一定要对汪辉祖严加惩办。新任巡抚姜晟和布政使王懿德均传谕长沙府知府，无须派专人到其所寓之处进行监视看管。长沙府知府也因为早已知晓汪辉祖被湖南臬司以规避何刘氏母子四人命案弹劾之事的来龙去脉，还就此事将原湖南巡抚、藩司、臬司三位上宪之间观点并不一致，以及巡抚冯光熊在具奏弹劾桂阳知县时附参汪辉祖的缘由，以及冯光熊去任之后，代署巡抚之职的藩司王懿德有意维护汪辉祖，却仅仅是因为汪辉祖是在吏部批准其调任湖南首县善化县知县两月前就已经告病辞职之故，才援例专摺上奏另行调补善化知县的相关详细情况，向新任巡抚进行了禀报说明。当然其用意在据实为汪辉祖关说辩护，长沙知府的此一举动，无疑对湖南臬司是有所冒犯的，但却不失为一种在官场中难能而可贵的仗义。

七月十六日，湖南巡抚姜晟奉旨亲自审理汪辉祖不遵差委一案，陪审的还有院、司、道长官。在审查鞫讯中，汪辉祖将拖延两月之久而未奉委领命前去办理桂阳何刘氏母子四人命案的始末根由，据实进行了陈述。听完汪辉祖的陈述，姜晟就相关过节进行了鞫讯：“你受委代署道州知州时，前任知州交接时有额赋课税的册籍，何须新任印官去清查积欠？”汪辉祖回答说："已故的道州王知州任内所有资金财物已经封存，但是所移交实际藏贮于道州府库的资财与账册登记的数目不相吻合，非查实厘清不可。"姜晟驳斥道："这终究不能成为你不遵差委、拖延办案的理由！"汪辉祖接着申辩道："还因为永州府辖各县当时并没有技艺堪任此类大要案的仵作，而分别商调郴州府和桂阳府仵作，也因种种客观原因没能及时到位，缺少专业仵作，所以不得不一再推迟。"对这一理由，姜晟亦不予认可，再次予以驳回："拖延两月之久，竟然没有商调到合适的仵作，这是什么施政效率！这样的理由是不能成为其拖延办案的理由的。"汪辉祖再次为自己的清白举证申辩道："二月间还因承接审理了本府内蒋坤荣命案，也是当时不能外出审理委任之案的原因。"姜晟对此理由再次予以驳回："你所审理的蒋坤荣一案，是一件容易审结的案件，何以因此拖延迟滞如此之久，这自然也不能成为推诿职责的理由。"汪辉祖再从受委之后自己是否逾期的问题，进行了自我申辩："本人十月初六日接受此案的差委，至十二月初五日因公至江华县代为勘验杨古晚仔命案，扣除公文转承办理之间的时间，应该并没有超出受委承办案件所规定的期限。况且其中还有必须应到的仵作未到这一情节，循例应在时间上给予应有的宽限。"姜晟针对此一情节，发问道："你办理此案需要关请仵作一事，禀报给了臬司没有？"汪辉祖据实回答说："十一月间臬司催检时，曾经据实呈禀臬司。"对此姜晟予以反驳道："在受到催督之后才具详禀报，已经迟了。况且你是十二月初七日才跌伤腿脚的，从时间上看已经超过了两个月的时间期限，如何能够逃避办理案件迟延而应承担的责任呢？桂阳知县陈玉垣是你的浙江同乡，一定其中包含有袒护同乡之意，所以才有意规避。"汪辉祖针对这一捕风捉影式的合理怀疑，据理力辩："何刘氏母子四人命案，是刑狱重案，按理绝不会仅仅因为汪某人不去检核审理，就会悬而不决，延宕不结的。在汪某人告病之后，不就委任衡阳知府和郴州知府进行了及时会审吗？由此可见，此案并非是汪某人有意延宕就能够回护周全的。"姜晟再次向汪辉祖发问道："想必你是因为臬司督查弹劾，才因此告病的，哪能逃脱承担规避审案的责任呢？"汪辉祖就此无中生有的指控，申辩道："臬司委派道州州判到州衙来催促我前往桂阳检审命案时，汪某已于此前三日书面报告病情，此时尚不知道有被弹劾一事。"姜晟就此穷追不舍，再次诘问道："你恐怕是因为逃避审核此命案的职责，才故意捏造病况来搪塞的。"汪辉祖为此申辩道："辉祖在江华县命案验尸现场失足跌伤，有目共睹，请求提讯已经在押的江华命案凶犯杨古晚仔和江华县办理此案的原任差役，即能判定我失足跌伤之事是否真实。”姜晟再问道：“现在你的腿伤是否痊愈？”汪辉祖回答道：“受伤的左膝筋挛之症尚不能舒展，请求予以亲验是否属实。”姜晟提讯至此，大概对汪辉祖是否属于故意延宕规避差委之职责，心中已经有了眉目。

在姜晟的提讯审理过程中，每一诘难，都是基于姚学瑛对汪辉祖不遵差委、故意推诿卸责的有罪推定而设置的，自然环环相扣、步步紧逼、穷追猛打，给汪辉祖不留丝毫可以腾挪转圜的余地，不可谓不老到狠辣。但汪辉祖接受差委，并无推诿，虽然延宕，实是事出意外，尽管未按时遵委前往办案销差，但确非故意规避。姚学瑛参本弹劾，本来就是捕风捉影甚至无中生有的欲加之罪。姜晟审证得实，已绝难成罪定谳。于是便命令汪辉祖退堂，择日呈上其亲述供词到巡抚衙门，以作定谳参考。

八月初二日，姜晟再次提讯汪辉祖到巡抚官厅，让长沙知府带医师对其伤情进行了认真验看，证实其左膝受伤属实，且至今尚未痊愈。

八月初四日，长沙与衡州府两位知府让汪辉祖自撰认罪供状。并且告诉汪辉祖说，八月三日在讨论对汪辉祖处罚意见时，臬司姚学瑛依旧怒不可遏，一定要将其不遵差委之罪成案定谳并拟罪发配新疆，长沙知府与衡州知府两人为其长跪求情，均未获允宽宥。

汪辉祖原来自以为，奉委时间扣除客观上应予以扣减的时日，未满办案所限之期限两个月，可免于处分，更何况自古官员告病辞官之后即已是普通百姓，于一介布衣而言，有何忤逆上宪、不遵差委之罪可究？长沙、衡州两知府为使其免遭发配新疆重谴，不惜长跪为之求情，二人与汪辉祖可谓素昧平生，只因心中所秉执之道义而甘冒忤逆上宪旨意之风险，实属难得。开始时，汪辉祖尚以“谙练仵作，例应关传。既经失跌，实难赴验。奉文未及两月，并非规避”为由再次为自己进行辩护。后基于位高权重之姚学瑛究治其罪的情势不可逆转，不得已只能以“奉文后，须查故牧交代并清理民欠，承审蒋坤荣命案，不能远出检骨。例以仵作到案起限，仵作未到，短视难以率检”为由，为自己开脱。但都因为有违臬司姚学瑛之意，多次呈供均不获臬司同意认可。最后，无可奈何的汪辉祖只得被迫输诚认罪，写下认罪服罚之如此供状：“四命重案。因仵作不到，畏难迁延，即与规避无异。”这位在臬司眼中桀骜不驯、干犯上宪的狷介知县，终于低下了自己昂扬不羁的头颅，臬司姚学瑛方才核准报部。

上宪之欲加之罪，不只是何患无辞而已，莫须有即可定罪成谳，官场之中，所谓人在矮檐下，不得不低头，汪辉祖此次被诬弹劾，最终不得不输诚认罚，即是一明证。当然，官场中的矮檐之矮，自与衙门府第并无直接关系，是其主官基于识见的气度、胸怀与格局之矮，高官显爵中，不无卑琐狼狈、蝇营狗苟之人，在在处处，何止汪辉祖所遇之姚学瑛一人而已。

十月，何刘氏母子四人命案所牵涉之案，终于获部准结案。巡抚奏拟桂阳知县陈玉垣充军台湾，汪辉祖附参革职。自此牵累汪辉祖近一年的不遵差委、规避逃责一案，终竟以汪辉祖昧心输诚认罪而得以成案定谳告结。

十一月，汪辉祖被革职后，暂时寓居省城长沙。赋闲中的汪辉祖受长沙知府潘成栋之邀约，参与校阅是年长沙府童生考试文章。

汪辉祖回想自己自从游幕在外，历常州、无锡、长洲、秀水、平湖、归安、乌程、仁和、钱塘、龙游等地府、县衙署为幕，又经宁远县为知县，参与校阅童子试试卷已达十七次之多，这次被革职而暂时滞留长沙，再次与科考应试文字结缘，汪辉祖内心为此感到十分幸运和欣慰。自然，这次的阅卷汪辉祖也是一如既往的认真负责，评卷结果公布之后，其公道平准的评判得到了长沙士林的一致好评，参加是年考试的长沙府学考试的诸童生拜谒潘成栋时，自是对此感恩戴德，潘成栋即将此归功于汪辉祖在评阅试卷时的谨严公允。由此受试童生便经潘成栋的指引，前往汪辉祖的寓所参谒拜访，都非常谦恭的以弟子拜见师长的礼节相待，并与汪辉祖过从交往，相与论文，相谈甚得。前来拜会汪辉祖的童生，络绎不绝，汪辉祖倚杖迎送，使其旅居生涯不再孤寂。此时，远在湖北任巡抚的福宁嘱咐候任知府张方理得缺赴任后，届时当聘任汪辉祖入幕佐理府事，对此好意，汪辉祖即以疾病未愈为由，予以婉拒谢绝。

汪辉祖在署理道州时，革除衿户、追缴积欠之举，因触及一些地方势要的既得利益，让道州境内一些不法士民心生不满，听说汪辉祖告病而被革职，便奔走相告，蠢蠢欲动，纷纷诉告汪辉祖，想要恢复衿户免除额赋的旧规。其中有一个名叫陈禹锡的讼师，老奸巨猾，以揽讼为业，是道州有名的无赖讼棍，汪辉祖署理道州时，曾一怒之下掌掴其颊，由此对汪辉祖恨之入骨。听说汪辉祖因得罪臬司而获咎，便化名陈君宝纠合道州州学生营阳乡人何竹筠及生员、监生、佾生等二十余人，讦告汪辉祖署理道州时加征浮收，湖南巡抚姜晟即批有司确查。汪辉祖听说此事之后，作《后春陵行并序》：

昔唐元漫叟为道州刺史，地经贼创，不忍征求赋税，《春陵行》所由作也。我国家太平，休养百五十年，州之民虽未尽殷阜，而有力者辄托一衿自庇，号称衿户，率以逋赋为能。余奉符权知州事，丁宁告诫，褎如充耳，且有议为苛碎者。势不至大惩不止。盍然伤之，因作《后春陵行》云。

我读《春陵行》，字字生恻楚。
可怜有司心，谁不怀妪煦。
民困当急甦，士骄彼何取。
皇治熙熙如，率彼达寰宇。
道州楚南隅，去天亦尺五。
九则贡有经，要会上金部。
尔独非王民，旧章敢挠沮。
俗学簪绅稀，科第罕接武。
宫墙幸注籍，荣逾绾华组。
名隶太学中，居然轩盖侣。
扬扬饰头衔，赀郎俨蚁聚。
不屑编氓齐，哆口号衿户。
名器旋旋干，冒滥逮佾舞。
区区赞礼生，吏员共参伍。
曰吏曰佾赞，为衿作肱股。
偶得免挞笞，势雄负隅虎。
其初傲乡闾，其渐狎官府。
常赋岁久逋，玩法转自诩。
岂无催科方，追胥怯枝柱。
作俑者伊谁，濂溪之后绪。
恭维圣恩隆，崇儒端士矩。
博士翰林官，数典竟忘祖。
宗族提挈之，若祭以尸主。
何氏尤而效，营阳互撑拒。
蔓延遍诸乡，嚣顽狂聋瞽。
譬如病膏肓，汤药哪能愈。

是讵生使然，养痈历年所。
忝余志整齐，遑忍刚且吐。
考册甘下下，政举力须举。
障川回倒澜，计当脱其距。
稍稍绳以法，怨讟起庠序。
拔薤非所难，薰烧慭社鼠。
用期诱循循，推诚入肺腑。
或点顽石头，弗烦千钧弩。
微款未及申，引疾去兹土。
过虑士风嚣，行或罹罪罟。
三复漫叟诗，今事异于古。
覼缕为此歌，采风冀小补。

陈禹锡纠合道州衿士讦告汪辉祖加征浮收额赋一案，在湖南巡抚委员彻查时，汪辉祖将其在道州时所抄录的营阳积欠额赋和抗赋不交者的底册具禀上呈所委之干员，以备查。后经提讯查实，发现浮加额赋的指控没有凭据，而部分抱告者抗税欠赋之情却查有实据。所委干员考虑此事涉及汪辉祖署任时之前任中个别官员为应付考成而自行垫赀完纳额赋等情节，而这些情节又都涉及历任知州的上司失察之责，凡此种种因由，就不打算真正对此彻查究办。于是便拟将何竹�等人处以杖枷示众而草草结案。对此，汪辉祖并不认同，认为道州衿民，刁顽成性，如此诬告上官，而不严加追究，恐以后将更加难以治理。至于因涉及历任道州知州及其上宪失察的顾虑，在汪辉祖看来，在乾隆五十四年奏请核销已故王知州积欠额赋时，已将欠赋年份迟延至乾隆五十六年了，也正是从乾隆五十六年起，汪辉祖才放手进行追缴的，因此可以不用为此而瞻前顾后。但查办此案的各委员仍认为汪辉祖的观点过于迂阔偏执，拟不予采纳。汪辉祖对此很不以为然，对所委之干员们说道："讦告我的事已经查证清白，我也将在不久之后即离开湖南，此事应与我并无多大关系。不究治惩罚这伙人，对我并没有任何损害。但为了道州今后的吏治起见，对这种目无官长王法之行为，如不严加究治，将来必将酿成大案。"于是坚持对此案督审彻查，并予以严厉究办惩处。长沙知府潘成栋、澧州府知府方维祺将汪辉祖的意见转呈湖南巡抚姜晟，姜晟非常赞同汪辉祖的观点，并且说道："汪某人以署理知州之职，因追缴该州十余年额赋积欠，而致未能远赴桂阳办理所委之差，并受此牵累被弹劾革职。现在却受到那些逋欠额赋之人的诬告，如对诬告者不予追究惩治，何以让汪某心服。更何况正如汪某所言，这样还将会助长此地刁顽之风气，是有伤王法政体的。”于是便将何竹筠等人分别判处流放充军、徒刑，并以此上报刑部结案。

汪辉祖作为一名科举正途而入仕的知县，且有长达三十余年的刑名幕游的历练，竟以非徇私亦非枉法的莫须有罪名而受到革职处分，实在是强权对汪辉祖心中的道义及一生谨遵执守的律例之价值体系的野蛮践踏与摧毁。试想，汪辉祖在奉委之后，延宕两月未前往桂阳勘狱办案，据实而论，事出有因，其情可原，但却因此而得罪臬司，并终竟难以得到臬司的原谅和宽宥，以致被劾革职。其以科举入仕，对做官的道德认知水平，自与那些捐纳入仕者不可同日而语，其任职宁远，署理新田、道州，勤政爱民的官声政绩均有口皆碑，更有长达三十四年的游幕佐治经验，对大清律例可说是烂熟于心，且无论是是游幕佐治还是临民施治，均以谨小慎微而著称，何以在何刘氏母子四人命案上疏忽如此？在二百三十年后的今天看来，除了与他自身亢直狷介的性格与客观上游幕多年所积累的干练声名远播的自负多少有关外，其内在的也是往往并不被道义守护者所甘心承认的原因，恐怕还在于其内心对道义坚守暨道义赋能的过于执信。性格亢直狷介，便不会逢迎阿世，而客观上因其游幕所积累的声名，便容易让同官与上宪自陷于被其恃才傲物而带来的有意冒犯的臆想伤害之中。往往被视为恃才傲物者，其或许并非真有所倚恃而确实真正存在之“才”——才情与才能，是最容易在不经意间激起周遭之人内心深处总在千方百计遮掩与潜藏的自卑，而这种被重新唤醒的自卑，是会点燃能够焚毁一切敢于冒犯其好不容易才掩藏下自卑而树立起来的官爵尊严之怒火的。对此，汪辉祖在其《病榻梦痕录》中，是有着深刻的自省自识的，并且这种自省自识并非是被革职罢官之后才有的。汪辉祖既已有此“明哲”之识，何以未能在官场仕途中全身而退？或许，在其他人眼中的恃才傲物者，其所恃之才是为道义加持和情怀赋能的真才，必然会在道义和情怀的挟裹之下，以其势不可遏的惯性在固有的轨迹中前进，并会有意无意间去冲撞世道人心中卑琐的铜墙铁壁，直至粉身碎骨。汪辉祖被革职之后，并没有陷入怨天尤人的诗骚情伤之中，反而面对这样一个并不完满的人生结局，开始了他特有的反躬自省。

回想起自己生母病入膏肓时，用极其微弱的声音告诉他的那两个字——“烦难”，对此两个字的丰富内涵，于汪辉祖的人生阅历已作了非常翔实的注脚，虽时时铭记于心，常常警策自诫，但“烦难”之事从来相伴左右，“烦难”之境似乎从未离他而去，其生母徐太宜人的这句临终遗言，之所以成其为相伴一生的魔咒，自与其一生之中临事不苟且、遇人不苟合的个人品性有关。这样的回忆，其实是汪辉祖对其命运遭际一种云淡风轻般的归因总结，总，便自大而化之，结，自会了然而无所挂碍。他对自己被革职有如是之分析总结：

自余谒选至赴任，在京在里诸知交，或规余毋伉直，或规余勿恃才，急于效用，皆切中病源，奉为韦弦之佩。不幸而有幕名，到湖南即为上官所知。余游幕三十年，稔知仕途要人不可为，上官私人更不可为，不敢稍稍有偏倚。莅宁远，不延幕宾，不任长随，事无巨细，罔弗身亲。县在山乡，土宜粟米苎麻之外，惟产茶、桐、松、杉，日用百需，皆资外来，境虽偏小，商贾颇多。余日升堂，邑人及外商环伺而观者，常三四百人，寒暑晴雨无闲。余欲通民隐，不令呵禁，谬致虚声传播近远。初到时，遇户婚事，率传堂下耆老体问风俗。然后酌判，不轻挞人，欲挞必谕以应挞之由，使心折乃挞。或是日讼简，进堂下人问所疾苦，晓以务本守分之利。讼则终凶之害。故民见余，不甚惧。有狡黠者，与言家常生理，辄得其情。讼费若干，民亦告余，无所避忌，吏役不敢为厉。尝谕两造曰：“官之问事，如隔壁看影戏，万难的确。但不敢徇私得钱，总无成心剖断失平，官之咎非民之辱，再诉当复审，慎勿上诉。若辈称官为父母，名耳，我家自有子孙，我偶忝长民，子孙之为民者正多，我欺民虐民，我子孙必受人欺受人虐。以我故，致民犯斗争，我子孙亦犯斗争；民酿人命，我子孙亦酿人命。”在堂自巳至酉或至戌、亥，疲不可支，将退食，有两造到案求讯，亦勉应之。俾免守候。硁硁之性，为民所谅。折狱不必皆中。或曰，我们官今日错了，旁观者曲为余解曰，我们官哪得有错，必汝不知自省。或劝上诉曰，我们官尚且如此，他诉何益？称我们者，宁俗亲官之词也。余闻之，必反复体访，果有屈抑，必示期再鞫。不惮平反。故民益信余拙诚。间有临审时原告稽颡悔罪求免讯者，畀供相符，即予省释。余亦喜民之易治。凡旧牍有上官批发他处及他处讼牍久诉上官未结者，多乞上官发余讯，上官曲徇其请，余不敢不为速办。而本道所属衡、永、郴、桂有事，累蒙发审，极繁苦，幸可藉手尽分。

且湖南解铅、解饷、办铜诸差，例委简僻之令。余独以勘讼得免，心亦乐之。至庚戌春夏向晦，理事对两造言，气往往不续，又不敢倦怠草率。正欲乞休。有道州之役受州篆，心意烦乱，王故牧任内既多亏帑，复多积欠。民俗骫敝，非病躯可治。据实禀抚、藩、本道，愿辞宁、道两篆，求委别差。会钦命吉公王公查理湘阴仓储，本道见禀，将抚、藩两禀截留，致余书曰："来官恺切，具见实心，兄向来谨饬，自不肯蹈虚行事。但目下省垣现有差务，大宪见此，转致棘手。且王牧已故，不得不藉后人擘画。以兄宏才，自有条理，不可卤莽也。"世公素知己，且揆知时事，亦不能脱然自洁。因尽昼夜之力经营整饬，衰惫弥甚，觉心绪无一刻自宁。卒以告病获咎。然使不失跌，必不能告病，不告病力疾为善化必不可久，薰以香自焚，樗以不材老其天年。余殆一身兼之甚矣。吏之难为也，自维迂拘憨直，万万不能为吏，而数年奉职，居然志可径行，能获乎上，见亲于民，皆初念所不到。匿名之词，小人何足深责。然嫉恶太甚，有以召之宁远等耳。宁远循序而治，得以平和见效。道州权篆追欠之事，其势不能受之，以需求治太急，以致与人乖忤。孟子曰："为政不难，不得罪于巨室子。"子产曰："众怒难犯。"余深自愧矣。我朝纲纪肃清，上官无能作恶，得荷圣天子豢育之恩，仰承神灵之庇，浦公之逾格优待，则钱南园先生之延誉也，姜公之竭力矜全。则藩、巡、首府之公论也。傅公素昧平生，而能受辞博访，体恤周至，实出意外，此宁远官民一体之效也，履险而亨，幸莫大焉。余在长沙养疾，读《史记》以下诸史，日有恒课，摘《二十四史同姓名录》，宁远士民至长沙必到寓问病，固求相见，见余颓废，有泪下者，或以薏苡三四升相赠，谓可去湿治风也，意甚厚，受之恻然。

汪辉祖在被从道州提解至长沙，路过宁远时曾写下《留别士耆诗》六首，兹录于次：

一

春来腰脚渐成顽，乞得前休生放还。
去燕何心经故垒，归鸿觅路出重关。
手栽桃李垂垂实，目送云霞旋旋闲。
未忍轻抛缘底事，讲堂风月郭门山。

二

忆昨星沙问俗时，怀甄旧习剧堪嗤。

秋风卷椽愁非分，古井无波惬所期。
政拙几曾筹注考，形劳幸不废吟诗。
误人翻是舆人诵，虚誉难酬国士知。

三

眠欲先人起后人，新栽椰枥伴吟身。
从知天靳清闲福，敢怅生逢骨相屯。
对影已同孤鹤瘦，写真都作老松皴。
方书稠叠劳相忆，强试梨花几盏春。

四

琴鹤风清愧不如，经营铅椠去徐徐。
他时恐受明珠谤，此日欣看兼两储。
姓氏编从钞史后，乌焉校自退公余。
行人若问郎官富，佳话新添说数书。

五

双鬓何嫌缀晓霜，来时丱角尽颀长。
全家饱吃官厨饭，垂老归寻饵服方。
岂有甘棠怀召伯，翻期朱邑祀桐乡。
庸人侥幸饶庸福，雨渥东畴岁岁穰。

六

听报邮签第一程，风吹五两别山城。
鸿泥过处虚留爪，鱼素凭谁远寄声。
地为经心频入梦，人曾识面总关情。
犹余文字因缘在，待与贻彤更表贞。

汪辉祖写成这六首《留别士耆诗》之后，即很多听闻之人前来索稿，汪辉祖便将其付梓刻印，赠送索稿者和宁远乡绅士人，以资留念。

滞留长沙期间，汪辉祖还着手编撰了一卷《春陵褒贞录》，是其所任宁远知县和署理道州知州时，曾经颁匾表彰的幽隐节孝妇女的事迹的记录。书成之后，即将之寄给宁远的现任知县，以备其将来修撰地方志书时采入。其对临民施治之域成风化俗之拳拳之心，由此可见。

浦霖，浙江嘉善人，生年未考，乾隆三十一年（公元1764年）丙戌科进士，授户部主事，后迁郎中。外放授湖北安襄郧道巡道，后迁福建巡抚，后移湖南巡抚，复任福建巡抚。在福建巡抚任上，与时任福建总督的伍拉纳涉贪纵、婪索，被乾隆斥其为“……以科目进，起自寒微，擢任封疆，乃贪黩无厌，罔顾廉耻”，乾隆六十年（公元1795年）被论罪斩决。

冯光熊，字太占（公元1721—1801年），浙江嘉兴人。乾隆十二年（公元1747年）乡试举人，考受中书，充军机章京。累擢户部郎中。乾隆三十二年随云贵总督、兵部尚书富察•明瑞赴云南，授盐驿道，丁母忧归乡，旋因失察属吏科派，被夺职。后服满被以员外郎起用，仍官户部，直军机。后迁郎中，因从兵部尚书福隆安赴金川军，后授广西右江道，后署广西按察使兼盐驿道。后历官江西按察使、甘肃布政使、安徽按察使，擢湖南巡抚，旋调山西巡抚，后署兵部侍郎，未几授贵州巡抚，后调云南巡抚。乾隆五十九年（公元1794年）署云南总督。嘉庆五年（1800年）召授兵部侍郎，寻擢左都御史。次年卒。

姜晟，字光宇，号杜芗（公元1730—1810年），江苏元和人。乾隆三十一年（公元1766年）丙戌科进士，授刑部主事，累迁郎中。擢光禄寺少卿，转太仆寺少卿，仍兼刑部行走。乾隆四十四年（公元1779年），出为江西按察使，逾年即擢升刑部侍郎，屡受委各省按事谳狱。乾隆五十二年，授湖北巡抚，因济饷朝廷征台军有功，受嘉状议叙。乾隆五十三年（公元1788年），被踏勘荆江溃堤的钦差大学士阿桂以未能疏浚上游涨沙，并坐失察属吏婪索淮盐厘费，被褫顶戴，寻即召授刑部侍郎。乾隆五十六年，出任湖南巡抚。乾隆六十年因偕湖南总督毕沅征剿苗民叛乱有功，被部议叙。嘉庆元年（公元1796年）。加总督衔，嘉庆二年兼署湖南总督，嘉庆四年，坐失察湖南布政使郑源畴阿附和珅，当革职查办，被嘉庆宽宥。因征苗有功，加太子少保。嘉庆五年，实授湖南总督。次年调任直隶总督，坐永定河决奏报延迟，褫职逮问，发河工效力。工竣，予主事衔，刑部行走。嘉庆七年，再授刑部侍郎，往按江西巡抚张诚基剿匪不力，查实后，张诚基被逮问，暂署江西巡抚。嘉庆九年，以刑部侍郎兼署户部侍郎，后擢刑部尚书，嘉庆十一年，以年老乞休，被慰留，以刑部事繁，特调工部尚书，再上书乞休，得允解任留京养疴。后坐其任直隶总督时失察藩库虚收事，降为四品京堂。致仕归乡后，卒于家。

姚学瑛，字光珍，一字朴庵，号梅园，生卒年未详，山东钜野人。其祖父姚迢远、父姚裕昆皆为顺治和雍正、乾隆间封疆大吏。其以贡生起身，历官直隶南宫顺义县知县。泽州、思州、遵义、大定府知府，贵州兵备道，湖南巡道，湖南按察使、布政使。后署任陕西巡抚。嘉庆元年十一月坐事解任，嘉庆二年正月被革职逮问。

王懿德，字良宰，号艮斋，生卒年未考，满洲正白旗人。乾隆十七年（公元1752年）壬申科进士，选庶吉士，授编修。历官安徽庐凤道巡道，署安徽布政使、按察使，乾隆五十二年（公元1787年）任云南按察使，后任陕西布政使，改湖南布政使、署巡抚。后调浙江、江西布政使。

王蓬心，即王宸（公元1720—1797年），字子凝，一字紫凝，一作子冰，号蓬心，一作蓬薪，又号蓬樵，晚署老蓬仙、蓬樵老、潇湘翁、柳东居士、蓬柳居士，自称蒙叟、玉虎小樵、退官衲子，江苏太仓人。一说乾隆二十五年（公元1760年）举人，官湖南永州府知府，以书、画擅名。书法似颜真卿，多藏古碑刻。山水画承自家学，以元四家（指元代山水画的四位代表人物，有两种不同说法，据王世贞《艺苑卮言》，指赵孟頫、吴镇、黄公望、王蒙四人，另据董其昌《容台别集》指黄公望、王蒙、倪瓒、吴镇四人，其画重笔墨、尚意趣，是中国水墨山水的一个高峰）为宗，而深得黄公望法。其画枯毫重墨，气味荒古，脱落形似，仿王绂尤得神髓。其中年的画，干皴中尚有润泽之趣，至晚年枯而见秀，山石都在形似之间。有《绘林伐材》《蓬心诗钞》传世。在有清一代的画坛上，与王玖、王愫、王昱一起被合称“小四王”。

1791年　乾隆五十七年　壬子年　六十三岁

正月，朝廷对汪辉祖革职的圣旨正式下达。

二月初，汪辉祖在接到革职圣旨之后，即禀呈湖南省巡抚，请求批准其返回原籍。正好遇到湖南省全省清查府、州、县府库钱粮，长沙知府潘成栋提醒汪辉祖道：“你在宁远任知县、道州署理知州时，宁远、道州两地的仓廪府库充实无亏空，这是全省上下都知晓的事情。但是如果接任的人因为你的离开，在这次清查府库时把自己的过失推诿给你，反而会给他人留下口实，不如等清查结果回复到省之后，再行离开。”并且告诉汪辉祖，湖南省新任巡抚姜晟有意聘请汪辉祖入幕为宾。对此，汪辉祖采纳了潘成栋知府暂时寓留长沙待全省府库清理工作结束后再行离开的建议，而对其转达的巡抚姜晟意欲聘请入幕的意思，汪辉祖采取自称年迈衰病，闭门谢客的方式，给予了委婉回绝。于是，汪辉祖便打消了立马启程回乡的念头，即于长沙寓所静候宁远、道州两地府库清查的消息。

三月十五日前后，宁远、道州两地先后申详禀报，两地府库并无亏空。永州府知府王蓬心先生为汪辉祖作《九疑山图》《潇湘送别图》，以此为汪辉祖归乡饯行。宁远乡绅樊在廷等还给汪辉祖寄来柏梁体的《联句纪事送行诗并序》，以此相赠作别，表达对汪辉祖造福宁远桑梓的敬意。

序曰：

我侯自道州移病取道宁远晋省，作留别诗六章，惓惓于旧治士民。时侯方调善化，上官未允赋闲，廷等不敢为送行之章。今闻侯得遂初衷，虽为吾楚南人怅，不得不为我侯慰也。方廷等祖道鲁川时，侯即席示长歌一首，谨录侯诗起句作倡，各占一韵，寄申微悃。敝邑素不善韵语，奉侯训迪，粗知体裁，下里皇荂，终惭朴鄙，词皆证实，知不以不文弃也。时乾隆壬子谷日，治晚生樊在廷谨序。

其《联句纪事送行诗》全文如下：

宰山水县俄四春（敬录侯诗首句），德洋恩溥难具陈（樊在廷）；
侯初来兮鬓未斑（乐师尚）；头今雪白精神完（乐大观）；
先劳弗暇终晨餐（欧绍绪）；慈惠第一锄奸顽（王万伟）；
豪猾敛迹萑苻遁（叶，樊在绅）；禺中升堂退定昏（王万伦）；
手披口答聪遍闻（庐学圣）；心听容尽无情言（杨上琼）；
慎刑曾弗轻笞鞭（郑采藻）；治蒋刘狱民无冤（李维翰）；
观者堵墙颂明神（刘永光）；畏威怀德咸振新（樊日新）；
巡部时时平触蛮（骆孔撰）；屏除呵道乘轻篷（蒋汉鼎）；
往往露宿宵弗飧（李高爽）；积劳致疾心力殚（李承纲）；
实敷丁籍躬以亲（欧人杰）；筹利去弊详咨询（田逢源）；
一夫不获痛在身（李承继）；饮射读法何彬彬（王国才）；
相士宜培衣食源（李　芹）；厉士气尤广陶甄（乐之祈）；
侧闻退食手简编（李大年），条示学规崇雅驯（李际可）；
谈经绛帐琴堂县（王定元）；上谒不嫌吐握频（郑文衡）；
凡奉教诲知希贤（欧阳光善）；述所自来太夫人（杨登蟾）；
赠公清节流淇泉（杨际春）；庭训至老肝腑镌（欧辉楚）；

闺行并叨锡类仁（黄岐山）；章明风化彝伦先（李承经）；
撰善俗书比户颁（石光化）；米盐井宠琐屑全（杨永沛）；
亮哉乐只父母官（柏际昌）；治邑奚啻治家然（柏永年）；
屹屹高墉峙南天（杨鸣盛）；卫民宁损旬支钱（郑文治）；
劳心不藉宾友分（欧建元）；谓事必亲治乃勤（陈经国）；
谓任必久政乃纯（李承膺）；卅载佐吏更事繁（邓永波）；
牵丝志不期除还（欧以芹）；前年诏沛赐封恩（柏富宫）；
计捧黄纸焚墓门（李承业）；移节道州封域联（郑攀月）；
我人日望侯来还（石光辉）；喧传下堂伤厥跟（李承南）；
飞笺上达乞归田（黄正中）；宪府否否多萦牵（欧阳永）；
越夏秋冬许投闲（欧阳俊）；归帆行止萧然山（李　卓）；
如婴离母望眼穿（刘廷桢）；惠政在日舆碑传（李崇光）；
有斐君子终弗谖（李光裕）；作歌万一扬清芬（刘绍良）；
何以报侯心绵延（周成凤）；愿侯世世长子孙（张之斗）；
凤毛煜耀鹏高抟（杨之洙）；花开五桂香氤氲（杨　华）；
山阴崖壑湘湖莼（杨之泗）；柴桑松菊北海樽（杨登训）；
兴来觅句酬芳辰（杨上融）；棔颐闲看思洛云（郑廷芝）；
优游眠食安大年（欧洪璋）；洛社耆英今散仙（郑兴璋）；
侯兮侯兮念我民（张兴甲）。

汪辉祖在其《病榻梦痕录》对此联句诗进行了全文抄录，虽然其申明抄录这首共包含六十八位宁远士民的联句长诗，仅仅只是为了记取这些人的姓名，以资留念，但我们依然不难看出，处在遭弹劾而罢职境遇中的汪辉祖，从中除了感受到的宁远乡风士俗淳厚中的温暖，更有世风浇淳、人情凉薄中，感念着公道自在人心的道德力量的倚傍！

其时，正逢湖南巡抚姜晟奉委将离开湖南赴贵州办理公事，汪辉祖便趁姜晟离开长沙前，前往省城各衙门和王公府邸一一告别。并决定择吉日于四月初二日启程回籍返乡。

三月二十七日，湖南省督学张讱斋先生设宴为其饯行。

三月二十八日，长沙府知府潘成栋先生公开设宴，邀请了众多僚属和宾客，为汪辉祖饯行。在酒宴过半时，潘成栋举杯长揖，对汪辉祖说："先生将要返回故里了，当该有话见教于我的。"汪辉祖再三以愧不敢当相推辞，而潘成栋却坚持要汪辉祖即席以言相赠。不得已，汪辉祖起身长揖之后，对潘成栋说道："我有一观点不知当讲不当讲，于此冒昧讨教：为官者无论其职位的高低，都是受朝廷委任而来的，按道理其德行能力都是足以胜任临民而治之职任的，其身份地位自然高于其所辖治的普通百姓。但现在对巡检、典史之类的佐杂官吏，一旦被其所辖治的老百姓所检举控告，就勒令其解除职务并提到省府进行审查质证，对官吏中的不良者严加惩处，虽然是爱护百姓的体现，但是往往在审查核实为诬陷后，对告刁状者却只给予杖责、枷号之类的较轻的惩罚，对受诬陷的巡检、典史却还是仍让其回到原职任上去，刚刚才与所辖治下的老百姓对簿公堂，而后又再以官长的身份南面而坐，如此一来，其尊严体统就受到了猥亵践踏，必将导致那些无赖刁民得以在要挟官长而达不到目的时，会拼着大不了被杖责、枷号的处分，而先让官长受到解职的处分并被同堂当庭质讯。这恐怕是懂得自珍自爱的人不会做的事，但会这样做的人就一定是不懂得自爱的人。这其中的利害关系，请你在晋见拜谒巡抚的时候，一定恺切陈述，倘若被其采纳，也不失为整饬吏治的办法之一。"显然潘成栋非常认同汪辉祖的这一观点，为此而与汪辉祖畅饮数杯。饯别宴会在非常欢乐的气氛中结束了。第二天，潘成栋到汪辉祖寓所为其送行，再次表达了对汪辉祖观点的首肯和认同。对此，汪辉祖一直念念不忘。诚然，官场中的友情唯有同志共趣的加持，才是深固长久的。毫无疑问，市井交游往还，尚可以以是否志同道合进行自主选择，而同朝为官，却因均是受命于朝廷，便很难用道不同不相为谋之标准，而对其交游往进行个人的取舍。于此而论，清标自赏者折节下腰时的痛苦与煎熬，恐怕就不仅仅只是来自斗米升粮之类的俸禄的羁绊了。

四月初一日，长沙县知县黄允洙特意为汪辉祖雇了一条返乡的客船，并与当时署理善化县知县的李其丰一起为汪辉祖设宴饯行。因当时在长沙的旧时同僚候补知县张博（文山）、鄷县知县赵宗文（汉章）、原绥宁县知县叶世经（存斋）、湘乡县知县樊寅捷（柏林）、新任善化县知县冯城（方山）、永明县知县林昆琼（醕叔）、原零陵县知县吴哲（菊田）等人留饮饯行，原定于四月二日动身的汪辉祖，不得已改在四月初四日动身。到了四月初四日，因长沙下起了大雨，不得已汪辉祖只得让随行的眷属在船上举行了启程仪式后，再下船回寓暂缓起身。其时，署理祁阳知县的李树谷（东川）移樽到汪辉祖寓所为其饯行，正好遇到汪辉祖长沙门生毛庆善、善化门生孙鸿、湘潭门生秦松和龙先法等先后来向汪辉祖赠诗辞别，于是便留他们一起饮酒畅叙。那位叫毛庆善的长沙门生，字积安，年龄很小，才刚刚九岁，其仪态不凡，端庄稳重，勤奋好学，在汪辉祖眼中，将来是可望有所建树的。其题赠汪辉祖的四首七律诗，汪辉祖认为诗句清婉动人，李树谷更是为之击节叫好，禁不住连浮几大白，并即席赋诗四章以和。汪辉祖亦次韵相和，因汪辉祖在其和诗的第四首中有“此去居应依木石，他年累不到儿孙。犹余一事真侥幸，手捧鸾章到墓门”之句。当李树谷读到“不累儿孙”句时，不禁泫然以致泪下，对汪辉祖说道：“‘不累儿孙’这样的话，只有你才有底气将其写出来，我本来也有不牵累儿孙的想法，但现在自己的处境事实上牵累到儿孙了，而且已经到了无可解脱的地步。”

原来李树谷是河南夏县人，乾隆辛卯年（乾隆二十六年，公元1771年）举人，其人博学多才，诗酒跌宕，且工书画，为人处事坦荡磊落、耿直率真，但却不善理财，因此，虽在外辗转为官半生，却终竟身无长物，不名一文，自不免有拖累家人儿孙之感慨。

对毛庆善的诗，汪辉祖在其《病榻梦痕录》中有著录：

一

士论传推品谊高，欣承咳唾识清标。
郁林船去惟装石，玉局诗成止和陶。
著录褒贞心自苦，围炉题扇兴弥豪。
方书闻说慵频检，跂脚看山不厌劳。

二

屡陪杖履稔家常，绝胜彭宣到后堂。
白鹤双童锄药地，乌头百尺表贞坊。
雨肥春水鱼虾足，字校秋灯简墨香。
忍为一官抛掷尽，朝衫约束老奔忙。

三

了了曾闻笑小时，钝根况复惯儿嬉。
惭叨齿录逾曹耦，待检牙签补阙遗。
八卦九输苏晋论，一囊虚羡杜陵诗。
服膺绛帐殷勤训，三复芄兰警佩觿。

四

惆怅黄头报晓程，春风吹席去江城。
压装书是来时箧，送别人多门下生。
几处关山劳远望，他年狂简记裁成。
平安为颂东桥竹，会见征书礼五更。

当日傍晚，李树谷和汪辉祖的几位门生，冒雨将汪辉祖送到河边，挥泪告别。因夜雨不便行船，汪辉祖在解缆行船约一里许后，即系锚泊船于江边。第二天早上才正式启程踏上了归乡之路。

汪辉祖在黄昏的雨幕中泪别其门生和李树谷先生之后，船泊江上，春雨绵密的夜色之中，心绪纷乱的汪辉祖，并无半点归心似箭的意兴。接下来几天的江上行程，汪辉祖也一直沉浸在笼罩在郁郁寡欢的沉重之中。

李树谷先生仕途起于华容，过去与汪辉祖素无交往，是汪辉祖被罢官之后才与其结交订约的，而且互相之间一见如故，非常投契，足见其与汪辉祖之间意趣投合的程度有多高。此后两年中，汪辉祖与之尚有书信往还，但仅得知其后来遭清议而丢了官，流寓长沙。再后来也就与汪辉祖失去了联系。

船过湘潭，湘潭知县赵贵览款留宴请汪辉祖，并馈赠礼物，殷勤备至，情意深厚。

船至芦溪过河塘时，邂逅一八十多岁的老人，竟是汪辉祖曾经上任途中与之有过一面之缘的故人。老人非常惊诧地对汪辉祖说："这不是几年前带着眷属到宁远县任知县的汪大人么？我六十多年来，所见过的携带眷属赴任的人很多，但见到卸任返乡时依然携带着眷属的人却极少，能阖家同归故里，真是值得羡慕的啊！"汪辉祖仔细品味这位老人的话中之意，不禁为之心生感慨，因为这位老人的话中反映了当时官场的一个现实，为官者无论其是因为何种原因而被罢职免官，抑或是因为提拔升迁，其眷属一般都不会与其随行，大多为了避免官任交接时家人受其种种繁文缛节仪轨的牵连拖累，往往会先将其眷属先行遣送，故眷属无与其同行者。因此，这次汪辉祖能够带着眷属一同归乡，虽有罢官去职的遗憾，却有难得的阖家同程返乡的圆满。过贵溪时，专门讯问其好友原任贵溪知县鲁洁非，得知其已调任山西夏县任知县了，不免多少有些遗憾怅惘。

闰四月初六日，时遇大风雨，船泊兰溪县城外，汪辉祖携家人弃舟登岸，夜宿兰溪县城。

初七日，早上自兰溪出发，至暮抵达义桥，过塘堤换乘小船，继续着回乡的行程。第二天，汪辉祖抵达萧山县城。之前，汪辉祖因家里人口增多，萧山瓜沥大义里尚友堂老宅已经不敷居住，便在萧山县城汪家巷购置了新屋一所，府邸题额“树滋堂”。汪辉祖一家已从大义村老屋尚义堂移居于此，这次汪辉祖罢任回乡，即居住在萧山县城汪家巷树滋堂新居。

汪辉祖罢任回乡入住县城新居，回想自己一生的经历阀阅，不禁心生感慨，念及自己二十岁开始当家立户时，家徒四壁，一贫如洗。但当时就有一种近乎异想天开的向往，希望日后能够以一己之力新建房舍以奉养两位慈母，并设想其新建房舍的名字就应该以“树滋”名之，自此而后，汪辉祖在亲手抄录书籍时，其署名即为“树滋堂”。从二十岁时起有此妄念，到而今变成现实，时日荏苒，已逾四十余年，念及自己的初衷，不过是让两位慈母由此而得到很好的奉养，而今两位慈母均早已不在人世，不禁泣下沾襟。

其时，汪辉祖长子汪继坊被授直隶州州同之职，援例捐纳而加功二级。并请准在家中举办了加封典礼。

七月，汪辉祖通过阅读邸报得知，其所署理过的道州部分士民，因想要恢复被其废除的额赋实征册上衿户免征的旧例，被时任知州刘国永拒绝。于是刁民借机聚众抗赋，被道、府悉数抓捕归案，首犯李长春被判枭首示众，其余从犯被判斩刑、绞刑和发配新疆充军等。据湖南总督毕沅奏报朝廷的奏章中说，该案起因于汪辉祖署理道州时革衿户、追积欠之举。让汪辉祖感到庆幸的是，当时湖南巡抚姜晟从道州士民那里深入调查了解了汪辉祖在道州革衿户、追积欠的具体情况，并将此详细情况如实奏报了朝廷。汪辉祖想，如果当时自己认可调查此案所委之官员的拟定的不了了之的意见，而草率结案，恐怕现在反而会由此案而受到不必要的牵连。自己在被弹劾而接受调查时遭遇的各种质询审查的痛苦委屈，而今反而成了清白的佐证。事情虽然过去这么久了，现在想起来还让汪辉祖在感到庆幸之余尚还有汗毛直立的莫名惊悸。

回到萧山之后，汪辉祖的腿伤因得到了良医的精心医治而逐渐痊愈，行走已经恢复得一如平常了。

十月，汪辉祖次子汪继墉援例补为国子监生。汪辉祖为此而行黄表礼，向其祖父母和父母行祭表告。

是月，汾州知府张顾堂专函致山西巡抚蒋兆奎欲聘请汪辉祖入幕为宾，汪辉祖以年老体病为由，予以了婉言谢绝。

是月，其子汪继墉娶妻王氏，王氏乃萧山庠生王景祚（日京）的次女。另一子汪继培娶陈氏，陈氏乃长兴县训导会稽人陈士镐（芑洲）次女，其三女嫁萧山贡生周豹文之子周兰生。

也是在这一个月中，汪辉祖为自己治办寿材一副，并在其前和版上题“汪龙庄归室”。为此，汪辉祖题诗一首以志其事，算是为自己预作盖棺定论：

平生愿力志全归，六十三年幸庶几。
得到藏身须茧室，居然无缝是天衣。
材从楚产缘非偶，制比桐棺魄可依。
盖后何时真论定，硁硁素履任褒讥。

出仕宦游，全身而退已属幸运，而得志全神完，更是万幸中之大幸。百年之后，往往盖棺未必有定论，一生之功过是非，褒讥颂贬，何由自主，唯“硁硁素履”，俯、仰无愧，可质青天。这是汪辉祖磊落襟抱的坦荡告白，有所秉执，便无所挂怀。

是年，萧山米价涨至每斗制钱二百八九十文甚至三百余文不等。汪辉祖回忆起自己十多岁时，米价不过制钱九十文至一百文，有时米价涨到一百六十文，就会惊叹其米价之昂贵了。乾隆十三年时，米价涨至每斗一百六十文时，田野里的草根、树皮即被人采食干净了，地下有一种粉状的泥巴也被人挖出来充饥，这种粉状的泥土被叫作观音土，有因为吃了这种观音土而导致丧命的。可最近十多年来，米价二百八九十文至三百文，已经成为常态，有时米价跌至二百文左右，人们反而觉得米价很贱。现在棉花的价格也涨至每斤制钱八十余文了，以前也不过三四十文一斤，自从乾隆五十六年棉花歉收之后每斤涨至百文后，现在的价格还略有回落，但已不知道什么时候能够回复到原来的价格。在乾隆二十六年（辛巳年）库平纹银一两兑换制钱不过七百八九十文，乾隆五十一年（丙午年）也还没有超过一千文，到现在已经超过一千三百文了。番银银圆一块过去兑换制钱不过六百三四十文，而现在也将近一千文。现在市面上私铸银钱盛行，法令禁而难止。民间田产交易，开列契据完成过户，每亩按例收取契税已达上千文钱，而旧的法规中规定每亩收取交易税一百文，并且免七收三，这是曾经作为定例而将其刻在石碑上的。三十年前萧超群署理萧山知县时，将其增加至每亩收取三百文，而在谈官诰任萧山知县的任内，对此逐渐增加。到乾隆四十九、五十年（甲辰、乙已）间，每亩已高达五六百文。几年来，乡民中那些老实巴交、没什么显贵背景的人，每亩输纳须在千文以上，即便是乡绅士民也非缴纳五六百文不可。过去赋税输纳是可以直接以粮米折实入库的，而近年来，缴纳赋税的花户可是饱受官吏的刁难，如果缴纳银两，必须经过银匠代为根据银两的成色进行折扣，一两纹银折合成制钱一百八九十文至二百余文不等。缴纳之米也不得不根据成色进行每斗四十余文或至五六十文的折扣。对这样的盘剥，老百姓并非是没有诉告申控，但都因为弊生于整个官僚体制，最终都诉告无果，无补于事。除了物价飞涨，官府胥吏盘剥甚剧，让汪辉祖忧心戚戚外。另有一事，也让汪辉祖忧心于衷、兴慨不已，钱塘江素来号称风平浪静之地，其西兴岸有一条五庙路约长四华里多，其江面因沙碛淤塞而变得狭窄，自北岸沙滩升高后，即须将船缆套着岸边的石头通过绞滩方能行船，于往来航运是极不便利的。近年来，北岸沙滩越升越高，因西兴岸堤岸多次崩坍，五庙路已经没入波涛汹涌的钱塘江中了，让江岸之人时时都有再次被洪水淹溺的担忧。汪辉祖回想起自己年幼时听其祖父说过，想要平安渡过钱塘江，一定要先向神灵祈祷。自从自己为生计客游他乡之后，也再也不知钱塘江的风浪波涛的险恶了。而今汪辉祖回到家乡萧山之后，再次亲眼见到了渡江者胆战心惊的恐惧神情。在汪辉祖远赴湖南之后，不过五六年的时光，其家乡风物变迁如此巨大，这是汪辉祖所未曾想到的。所谓少小离家老大回，岁月消磨，人事参商，物是人非的变迁，往往让人在对家乡的熟悉中心生时节如流、韶华不再的浩叹，而风物变迁之沧海桑田，更让人在感知家乡的陌生时而不由心生物我不常的惶惑恐惧。

汪辉祖回首往事，自己自乾隆十七年（壬申年，公元1752年）二十三岁入其岳丈王坦人金山县衙为幕宾，自是年被罢官免职归乡，客居宦游他乡四十一年。四十一年中，科举仕进之路并不平顺，甚至可以称得上坎坷跌宕，坐幕为宾的生涯，却以其守职尽责的担当、勤恳严谨的作风、拙朴守分的品性和精于律令规章、老于世故人情的干练，尤其是对儒家道统核心价值的矢志守望，而成为声名鹊起的一代名幕。然自乾隆五十一年（公元1786年）谒选入仕之后，虽民望官声可圈可点，却最终落得被黜落罢官的下场，不禁感怀唏嘘。对此，汪辉祖却处之泰然，表现出超乎常人想象的老道持重，细究其根由，恐怕并非如常人所理解的那样，仅仅是对功名利禄的云淡风轻，而更多的是对儒家道统守望的矢志不渝。

首先，在汪辉祖的人生追求中，官阶仕进并非其人生价值的终极目标，仅仅只是其实现其道义价值目标的途径和手段，这一点不只重要而且首要。汪辉祖在其《学治臆说·衰病当止》中是这样认识的："进一阶，更望一阶，仕路岂有止境。昔人以宦海为喻，孤舟一叶，日颠簸于洪涛巨浪中，力稍怯不能把舵，非入溜，即入漈矣。幸得近岸，奈何不止？"恐怕身在官场宦海中的人，极少有如汪辉祖这般能看到其间的惊涛骇浪和随时都会有"入溜""入漈"的"孤舟"意象。汪辉祖为官的目的并不在升官发财，在短短五年的官场生涯中，屡次辞谢肥缺美差的调任，仅乾隆五十四年辞谢从宁远调往攸县一事即可作为证例，巡抚浦霖拟将其由僻远穷荒的宁远调往繁剧富庶的攸县，这或许于其他人而言，是求之不得的大好事，而他却乞请长沙知府陈嘉谟为其代辞。对此，陈嘉谟不禁惊叹："大奇！大奇！此缺人皆求之不得，君荷大宪特赏，胜宁远十余倍。且地非要冲，君屡辞调，舍此何俟？"汪辉祖自有其辞调的理由："非敢择地也，缺美则事繁，不能亲办，恐负宪恩耳。"巡抚浦霖更是大出意外，甚至怀疑其上进之心："宁远尽可胜任，如何无志上进，岂欲为自了汉耶？"汪辉祖欣然接受了"自了汉"这种基于世故的合理怀疑，并以此为荣："某自分衰茶，甚惧不能了此官。傥容自了，恩幸大矣。盖天下惟处瘠者易了，处膏者即不得了。亘古以来，悲天悯人者不忍了，求田问舍者不肯了，忘己徇物者不知了。无不忍之本领，而省识不肯之滞，不屑不知之愚，则斤斤自了，尚近下学实地功夫。"此番议论，虽是事后的感慨，但足见其对"自了"真谛的彻悟。人生旅程之中，能了得了，须有甘心了却的云淡风轻，忍心了却的决绝果敢，宁肯了却的胸襟境界，知晓了却的情怀智慧，能够了却的造化修为，唯其如此，方能真正一了百了。

其次，儒家道统的宿命在于恪守安身立命的执信。立身天地，务求心安，唯有心安方可行止裕如而不逾矩，心安之时方能临事泰然，心安之处方可之人生泰境，这或许才是汪辉祖真正的精神皈依。所以，汪辉祖对官场的升迁去留，自有一种对得失的达观，正是这种达观，才没有那么多患得患失的游移对志全神完的羁绊，才真正做得到行止的放旷裕如。他在其《学治续说·安命》中有如是申说：

饮啄前定，况任牧民之职，百姓倚为休戚乎？不有宿缘，安能为治？缘尽则去，非可以人谋胜也。能者有迁调之势，而或以发扬见抑；庸者无迁调之才，而或以真朴受知。且有甚获上而终蹉跌，甚不获上而荷提携者。谋而得，不谋而亦得，愈谋而愈不得，有定命焉。知其为命而勤勤焉，求尽其职，则得失皆可不计，即不幸而遇公过挂碍，可质天地祖宗，可见寮友姻族，不足悔也。

所谓“仰不愧于天，俯不怍于人”，在“天”与“人”之间的无愧无怍中，更有敢于将自己置身无限时、空检核的勇毅与自信，这才是对天命认知的真正旷达而致恬淡。

其三，真正体现了身在官场宦海之中的汪辉祖难能而可贵的自知之明。这种自知之明，明在其于官位职守负荷与担当的深刻认知，他认为其被弹劾免职之时，自己已然年迈体衰，难以承载职守重负，故其坦然中自有一种别样的释然。他在其《学治臆说·衰病当知止》有着基于自己切身感悟的独到见地：

膂力方刚，自宜勤劳国事，分无止理，耄年志进，鲜不偾者，不独州县官也。而州县官之职，繁冗细琐，尤非衰病所宜。故自审精神不能管摄，即当凛“知止不殆”之义。

当然，于为官者尤其是念栈不舍之流而言，根源于私欲私利而对权位的不舍不弃，是缺乏家国情怀与担当的不自省，自然也就缺乏自知之明，其认知视阈中本来就缺乏所谓“知止不殆”之义，恐怕很难理解汪辉祖被劾罢官之后所表现出来的洒脱与轻松。

最后，在汪辉祖所体认的道统体系中，个人抱负的实现不止“治国平天下”之“尽忠”大义，更有“齐家”之“尽孝”本心。在汪辉祖看来，自己出仕为官，虽无丰功伟业的建树，却也因其“夙夜在公”的守职尽责，而使自己祖、父先人获得敕封追赠。这种“光宗耀祖”之事，自是汪辉祖“齐家”“尽孝”的题中之义，恐怕这也是在汪辉祖的传统价值体系中最能体现人生完满的重要意涵之一。

端居乡里　世范千秋

1792年　乾隆五十八年　癸丑年　六十四岁

正月，汪辉祖收到朝廷诰命两轴：其父汪楷被晋封奉直大夫，嫡母、嫡继母、生母并晋封宜人。汪辉祖自己亦被封赠奉直大夫，其妻王氏、曹氏被封宜人。这样的封赠无疑是对汪辉祖短暂的仕途政绩和官声民望的官方肯定，这于被弹劾罢官的汪辉祖而言，其意义不仅仅只是一种荣誉那么简单的事。如果说汪辉祖被弹劾罢职，虽然心无愧怍，但难免多少有些许遗憾的话，此时朝廷对其父母、夫妇的晋封、封赠，无异于是对曾经弹劾汪辉祖的莫须有过犯的平反昭雪，这于一生洁身自好的汪辉祖而言，意义自是非凡而无与伦比的。

是月，汪辉祖次子汪继坊，启程赴京参加是年礼部会试。

二月，端居在乡的汪辉祖或许多少有些老之将至的况味与觉识，便郑重其事地向自己的五个儿子交代家事：

余不幸少孤，先人遗田十数亩典质至再，幸得归。原佐幕数十年，增田七十余亩，以四十余亩为累世祭产。五男所受，数亩而已。四年为吏，禄羡无多，不足置产。酌分儿辈，听其治生。惟培（继培）、壕（继壕）稚弱业儒，不得不赖余经理，多男多累，不能为向平五岳游矣！

是月，有来自湖南的一位访客告知汪辉祖，汪辉祖被弹劾罢官之后，永州府知府王宸（蓬心）和衡永道道台世宁亦先后告病辞官归里，这两位与汪辉祖心意相契的上司的告病辞任，与汪辉祖被以莫须有的罪名弹劾罢积是否多少有些关系，我们不得而知，但我们从汪辉祖入仕为官之后的种种官场见闻遭际，已多少能够感觉到乾隆朝粉饰出的承平盛世的繁华之中，已不过是落日余晖之光芒万丈了。

六月，次子汪继坊会试落第归乡，带回一封汪辉祖会试座师王杰的书信。王杰先生在信中说：

去冬张年兄差竣回京，接手书，极承关注，令郎到，又接来书，备悉年兄罢官之由，而其详已得之张年兄口述矣。以年兄之才之守，仅为邑令，方以未得大究其用为惜。君子立身自有本末，区区衔名，何足轻重。至于严谴之说，果有其事，是真无天道矣！甘心罢职而不肯为私人，此等见识，犹为坚卓。年兄气谊学问，愚每为知好者称道之，无不谓当于古人中求之者，世誉之不足慕，益可知矣。近审疾已就愈，深为忻慰。来书又云，息足杜门，安贫自守，益证定见不摇，贫无不可对人者，惟不贫足患耳。游幕之说，断断不可，本省上游，尤非所宜。俟长中丞有信，书院一席，当为致意。长公到处，士民感戴。近去山西时，攀辕卧辙，男女遮道，马不能行。闻之喜不自胜，惜不得身亲见之。寄来家刻四种，皆有用之书，必然可传。已将《佐治药言》及续编重刻装订，俟同人出仕者来见时，人授一编，以广年兄之惠。愚近况一切如前，惟庸拙日甚，衰病日增，自问一无裨补而虚縻廪禄，日夜悚惕不能自释。前岁患脾胃病，几成大证，去年服熟地，佐归汤，渐觉饮食如旧。然以七十之年，又何所望而必为之，疗治者亦姑从家人之意耳。专此布覆，顺候近好不宣！

尺素之书，纸短情长。其中既有家长里短的温情绵绵，足见汪辉祖与座师王杰之间的师生情谊。信中所言更多的却是对汪辉祖被弹劾罢职的惋惜、不平和劝慰，以及对汪辉祖是人而有是境遇的理解、认同甚至首肯、赞赏。其中对汪辉祖欲再次出山游幕的想法，有基于道义世故和汪辉祖个性品格的了解的劝止。信中对与“立身本末”无涉且无足轻重的“区区衔名”的深刻诠释，无疑是王杰与汪辉祖师生之间心灵投契的内核真章所在的体现。另外还特别提到汪辉祖寄赠的《佐治药言》等四种著作，用“重刻装订，俟同人出仕者来见时，人授一编，以广年兄之惠”的实际行动，王杰的这一举措，无疑是对汪辉祖一生践履著述的异乎寻常的极高嘉勉与赏赞。

是月，因乾隆五十七年（壬子年，公元1792年）夏钱塘江西江塘张神殿、荷花塘等处塘堤坍崩塌陷，绍兴知府李亨特曾借款抢修，为此，山阴、会稽、萧山三县绅士具书呈禀：由萧山县捐银两万两，山阴县、会稽县共同捐银两万两，绍兴所辖盐商捐银一万两，作为修复塘堤还款之用。萧山县知县谢最涓奉浙江巡抚觉罗长麟之命，邀约萧山乡绅会商此事，恐怕是出于修为声望，汪辉祖即在受邀之列。汪辉祖以自己生病为由，予以婉拒。后来浙江巡抚觉罗长麟亲自到塘堤进行踏勘，通过估算，其工程折合工价银两万四千两，拟以一万三千两作为李亨特归还曾经所借之款，另以一万三千两（应为一万一千两，著者按）暂存生息，作为塘堤修缮基金，塘堤的修缮工程交由地方民众自主完成，其开销无须报户部核销，并将此安排具折上奏朝廷。此消息一出，那些想从塘堤修缮工程中牟利的人，纷纷赤膊上阵想方设法想要承揽工程，一时间风声四起。浙江巡抚觉罗长麟传檄至署理萧山县知县的蒋重耀处，要求慎重选取主持此项工程的董事。蒋重耀将汪辉祖和王宗炎（谷塍）上报作为塘堤修缮工程董事，对蒋重耀的动议，汪辉祖和王宗炎不约而同地予以推辞。

五月时，余杭县知县张凤鸾署绍兴府同知，奉浙江巡抚觉罗长麟之命，为此事专程前来拜访汪辉祖，汪辉祖以“在官未能办公，里居不宜干预”为由坚辞不就。之后绍兴府知府高三畏召集修缮塘堤工程的绅士会议，汪辉祖对王宗炎说：“我自有不去参加这个会议的理由。但您却终究难以逃避此事，万一这次会商不能取得妥当的结果，您如果也随我之后而不去参加会商，恐怕会由此让你受到影响牵累。所以，您应答应去参加此次会商。”经此劝说，王宗炎才答应去参加此次会商了。王宗炎参会时，因站在萧山县民众的立场上，与山阴、会稽的乡绅意见相左，果然如汪辉祖所料，未能达成一致意见。其主要的焦点在于，当时盐道改设盐运使，且直接隶属盐院，浙江巡抚已不能统辖，原摊给盐商认捐的款项即没有了着落。为此，会上便有人提议将原来应由盐商认捐的款额摊到萧山县头上，并且将萧山县桃源、长山两乡的田赋用作修缮塘堤工程款的补充，王宗炎作为萧山县参与其事的代表，站在萧山县民众的立场上，自然就没有同意这一提议。

六月十四日，巡抚觉罗长麟因公由台州府返回省城时，路过萧山县境，得知汪辉祖未允出任修缮塘堤工程董事之职，于是亲手书写柬帖嘱其时署理萧山县知县的于鼐臣代为拜访。十五日于鼐臣前往汪辉祖住处向其转述了觉罗长麟的意思：认为在乡的绅士理应承担起所在乡里的公共公益事务，西江塘塘堤修缮工程是公共事务，汪辉祖是不应推诿的。即便不看在乡绅应主动承担家乡公共事务的道义上，就是看在汪辉祖与觉罗长麟系同科进士的私人情分上，以同年情谊的私情相托，也不应该推托此事。如果汪辉祖依旧固执己见，不答应出任此职，觉罗长麟将另行专委贤明之人前来专请。巡抚大吏已说到这个份上，不得已，汪辉祖只得约请曾与其一同坚辞塘堤修缮工程董事之职的王宗炎商议此事，一致认为，专就此事直接向巡抚上书不合规制，于是便共同向署绍兴府同知的张凤鸾和署理萧山县知县的于鼐臣上书，提出了他们自己的关于修复塘堤工程的可行性建议：认为现在出现主动要求承揽工程的人数众多，是因为所预估工程造价虚高，造价虚高则承办工程者就能从中有较多获利，而获利较多就必然引起无数讦告申控。既然塘堤修缮工程名义上是民众自愿认捐筹款，自主兴办，没有报销之类的杂项开支，就应该根据实际工程量对工程造价进行核减。王宗炎还建议，在评估了工程量和工程造价之外，应该修缮的地方还多，可以将原来估算的工程价款核减下来的部分，用于修建未纳入总修复工程计划内而又确需修复的地方，以使之符合初期核定的二万四千两的总工程造价。但于鼐臣并不赞成这些主张和观点，于是汪辉祖便决定不具体参与其间。后来，张凤鸾又坚持邀请汪辉祖参与此事，汪辉祖经再次与王宗炎商定后提出，萧山县过去的塘堤修缮工程最终大多以诉讼控告而收场，就是因为负责工程修建的人就是收纳捐款的人，导致账目容易混淆，往往会由此受到指责指控。现在应该以具体负责的乡绅士民代表总揽大局，而负责收取捐款的殷实富户具体承担各工程标段的修建事宜，这样一来所收之捐款不会有被侵蚀贪污之可能，而工程建设又有人监管督查。既然将其叫作民众自办工程，就应该按照民办工程的造价来计算，比照工部所估算价格经据实精算核减下来之后，再酌情上浮二三分，以供具体负责工程修建者用于请亲托友时必需的开支，这样一来负责工程修建的人就会邀集亲友共同商定符合实际的工程造价的捐款数额。巡抚觉罗长麟行文同意修缮塘堤的总工程价款后，萧山县按照原议定捐银两万两，照时价每两银折合制钱一千二百文，共应收捐总额为制钱二万四千千文，按应纳田税的农田计二十三万亩，以每亩应摊入捐银制钱一百零五文计则可，而工程所需的另外四千两银，则需要其他县协助捐缴来加以解决。商议妥当之后，汪辉祖即直接上折将减价增工的建议禀告觉罗长麟，得到觉罗长麟许可后，命令绍兴同知张凤鸾邀同萧山乡绅对需要进行修缮的塘堤重新另行估工估价，考虑到汪辉祖足伤尚未痊愈，则命令张凤鸾、于鼐臣两位前往汪辉祖住所商议有关事项，不劳烦汪辉祖为此奔走。当时正好萧山县举人何其菼（葭汀）会试下第归乡，即委其作为萧山乡绅代表与张凤鸾一道对需修缮的塘堤进行踏勘估算：原估算共需条、块石计二百七十三丈，折算成工程价款需制钱二万八千九百余千文，依照民办工程核减价款仅为一万八千一百十四千文零九十五文，另增工二百二十余丈，尚节省钱六千三百八十七千文。参与工程建设的乡绅董事概不支领薪俸，仅预留一部分作为工程建设中必要的纸张、饭食、舟车应酬开支，由专委的经办人凭票据报销，其余日用杂支则由董事局中具体经办人开单据交由汪辉祖，由汪辉祖计日照单支付。要求此项塘堤修缮工程建设，必须做到条规统一，并一律照章办理。这一方案深得巡抚觉罗长麟认可，并专委绍兴府同知张凤鸾监督工程建设，同时下令工程竣工之后，由董事将报销账册亲自整理后直接交浙江按察院，由浙江按察院分送各衙门备案，不必交由各衙门稽核审查，以避免各衙门吏役借机滋事侵扰。西江塘堤的修缮工程得到了巡抚的充分理解、信任和支持，更得到了塘堤沿岸乡民们的全力配合襄助，因此，工程推进十分顺利。正当工程顺利推进之时，正好遇到浙江巡抚擢升调任两广总督，汪辉祖担心因此大局的变化而影响塘堤工程的顺利建成，心中不免惶惑不安。幸好新任浙江巡抚觉罗吉庆到任后，在对西江塘塘堤修缮工程的巡阅之后，准予一律照旧运行。

八月初一日，西江塘塘堤修缮工程在汪辉祖主持下，开局收取捐银。

十月初一日，按估算核定的工程造价开工兴建，是日天气晴好，这对塘堤修缮工程而言，无疑是一个好兆头。至十二月二十日，工程虽因连绵雨雪天气而暂停施工，但因为前期工作推进有序高效，于整个工期并无大的影响和妨碍。

参加西江塘塘堤修缮工程的董事，除汪辉祖和王宗炎外，尚有萧山知名乡绅郑飞鸣（绪肩）、吴斐（菉奄）、何其菼（葭汀）、韩城（仙霞）、蔡英（云白）、丁仲举（昂若）、来起恬（充宇）、徐藉（念兹）、陈培（惠沾）等，负责具体事务的只有王宗炎和丁仲举两人，虽然汪辉祖觉得自己只是挂了一个虚名，并没有参与多少具体的事务，西江塘堤修缮工程，其功不在我，但客观地说，他是推进整个工程的核心人物，也是掌控大局的灵魂人物，其作用是关键性的。

何其菼，字师韩，号葭汀，世居萧山芹沂桥。据传生而奇慧，七岁娴声。曾有人以“四明不让天台秀”为上联向其索对，其菼以“五岳先推泰岱尊”相对，为时人称奇。年十七即补县学生，不久即擢为廪生。乾隆己亥年浙江乡试中举，六试礼部不中，后选直隶州州同。为人性情通达敏锐，虑事缜密周至，能批郤导窾，洞中机要。嘉庆年间卒，年四十六。有诗文集《小春浮稿》传世。

是年底，绍兴知府李亨特调任杭州知府，专请嘉兴府知府李坦派丁斋吉持其名刺延聘汪辉祖为其佐理幕务，汪辉祖以其正在办理塘堤工程为由予以推辞。

年底，汪辉祖收到宁远县王定元的来信，得知其在宁远任知县时，自己非常赏识的宁远县学中的三位生员，在是年的湖南乡试中，其中两人已中举。对其在宁远任知县时一力兴办学堂整饬学风而取得如此骄人的科考成绩，汪辉祖自然很是高兴。

是年，汪辉祖辑集成书的《双节堂赠言墨迹》十册，刻石付印。汪辉祖在其住所后面的竹园修建撰美堂三间，周围以回廊相绕，上奉神堂，四壁嵌入《双节堂赠言墨迹》石印刻版。

是年，汪辉祖撰写并完成了《学治臆说》三卷。

是年，其长子汪继坊的次子甘儿（小名，后正式取名世铭）出生。汪辉祖为还先人遗愿到云栖寺建水陆道场。汪辉祖自称素来对佛经内典懵然无知，为此，汪辉祖还专门翻阅了莲池大师的《云栖法》一书，以期从中了解水陆道场法事中的种种宗教仪规。既然仅仅只是为了却先人遗愿而做道场法事，对释家内典的知悉程度，恐怕也是无关紧要的，而对自奉儒家道统的汪辉祖而言，其虔诚的不是这场法事，而是对先人及其遗愿的顶礼致敬。

对此，在汪辉祖的“夫子自道”中，有更直白的阐释，在其汇编成书的《竹窗随笔》里，他作了如是自圆其说的申明：

事事从根本着力，乃知天下无不忠不孝，神仙成佛作祖，皆非伦外之人，实与吾儒道理异室同堂，空虚寂灭，特释氏流弊，亦如吾儒以文字为学，与圣道无关也。

十二月，汪辉祖再次收到其座师王杰的来信，这封信应是其子汪继坊下第回乡时带回来的那封书信，汪辉祖复信之后的回信，信中说：

王年兄到京接手书，得悉年兄近履增和，足疾业已痊愈，快慰之至。西江塘工，义关桑梓，且屡承中丞之敦恳，亦不可以过却。况为之画策而已，无利焉，尤觉青天白日，何所顾忌。惟是盛名之下，干谒必多，其端断不可开。官场中嗜好，咸酸各异，此一是非彼一是非，既无所利而徒召物议，安知不更为身累耶！竣事后即杜门息足，决意安贫，此则年兄识见坚定，尤愚所素佩服者也。家居课子，亦人生乐事。愚谓书院一席，若距家不远，似尚可就，以荐主为去留，年兄就之，当不至是，即至是，亦无甚关系耳！愚近境一切尚叨平适，惟老病日增，支持不易。而感荷圣恩优渥，刻骨铭心，午夜悬悬未知息肩何日！寄来墨迹，均已收到。高门至行，自足千古。愚之俚句，拙书何足增重，未免益滋惭愧。祈年兄以后勿以示人，徒令士林中间生评论，更觉无谓也。羽便布覆，并候迩祺不具。

信中除了师生情深谊厚的寒暄问候，更有基于师长对门生殷切关怀的告诫劝勉。

1793年　乾隆五十九年　甲寅年　六十五岁

正月，汪辉祖次子汪继培生子，取名汪美成，因其出生时正值汪辉祖新辟建的“撰美堂”落成，故取名美成，以志纪念。后改名汪世铭。

汪辉祖在其萧山县城新置宅院中所兴建之“撰美堂”中，写下了《撰美堂四箴》：

敬先箴

奕奕斯堂，世德流馨。传纪颂赋，歌赞箴铭。乞言卅载，稽拜涕零。绳绳勿替，敬妥先灵。

藏书箴

诒孙有谷，书为良田。稽古有获，是谓丰年。可以用世，可以乐天。储藏非易，卖文之钱。来无不义，书难求全。勿散勿亵，庶永吾传。

守身箴

吉士守身，严于处女。远嫌慎微，动循规矩。青蝇玷圭，辱不在巨。宁介毋随，勿狂与腐。小人所讥，君子所取。徇物者愚，人贵自树。

治家箴

克振家声，务本为大。姻莫系援，交毋向背。勿吝而鄙，勿夸而泰。重学尊师，守常远怪。御下宜宽，睦邻须耐。要言不烦，此其大概。

是年，汪继培参加绍兴府府试，取得第一名的好成绩，这无疑是对汪辉祖罢官卸任之后，家居课子的最好回报和慰藉。

是月，浙江巡抚觉罗吉庆踏勘西江塘堤工程，命令在新建塘堤与原旧塘堤之间的接缝处加筑堤基，并新增筑塘堤后坡陀，在塘堤外加砌块石，要求对旧塘堤颓缺之处培三都土，还要求要预备好日后于此修建镇水庵的石料。

四月初十日，西江塘修缮工程全部竣工。所有修复工程的各工段工程开支以及一切所委职事、杂役、董事薪水，加上修建管理塘堤的公共设施以及添雇的书吏杂役等等额外支出费用，都在原估算工价的节省项下给予了支销，与原估算工程造价相比较，尚节余资金制钱三百七十八千文多。撤销西江塘修缮工程董事局时，汪辉祖将相关账册簿记资料和因工程资金节余而未收取的各项捐款情况，一并归齐整理送交萧山县衙备案。

五月，作为主持西江塘修缮工程的乡绅董事，汪辉祖与王宗炎一起赴杭州，向浙江巡抚觉罗吉庆汇报工程竣工情况，并报送报销的相关账册，巡抚觉罗吉庆当面向其表达了肯定和赞赏。并有意延聘汪辉祖入其幕中佐理襄助巡抚衙门事务，汪辉祖以自己年老眼花，晚上在灯下已看不清文字为由，予以婉拒坚辞。

六月，浙江巡抚觉罗吉庆就西江塘修缮工程竣工一事向朝廷奏报，并将汪辉祖作为工程主事者列名于上。汪辉祖通过参与西江塘修缮工程，与绍兴同知张凤鸾交好。

张凤鸾，号东厓，山西猗氏人，生卒年及生平未详考。己亥（乾隆四十四年，公元1779年）举人。品性质实，清俭自持。令余杭有贤声，署绍兴同知，擢海宁州知州，引见归途，告病回籍。

七月，汪辉祖次子汪继培参加院试，拨入府学第一名。汪辉祖汇录《双节堂赠言续集》共二十二卷，并付梓印行。这部《双节堂赠言》，汪辉祖自乾隆三十年（乙酉年，公元1765年）向师友乡谊乞请对两位苦志贞一守节尽孝抚孤的慈母赠言以来，历时近三十年，其中既有汪辉祖当面向四面八方的仁人君子求请的，也有汪辉祖慕名而向素不相识而有名望的人辗转乞请的，往往不乏再三再四甚至八九次恳切乞请，其中不少是其转托自己的师友代为乞请的，不一而足。据汪辉祖回忆，为乞请赠言，光是亲自书写的信函就不啻万余封。幸蒙各位贤明师友不吝惠赐，其应答的信函和赠予的墨宝等，尚未石印成书的，汪辉祖将其装订成五十三册，共九轴十袠，珍藏起来，留给后人以作纪念。为此，汪辉祖作绝句六首，题名《记事诗》：

一

忆从乡国达京师，名士名公不我遗。
初念何曾能到此，先灵呵护乞言时。

二

二母心随笔墨传，乌私非此若为怜。
锦囊卷帙天涯共，坐咏行哦三十年。

三

千金一字写松筠，共励孤儿善守身。
老病于今惟欠死，盖棺忍玷赠言人。

四

解识亲尊身自尊，此身可易受人恩。
公卿何处无东阁，不为征词不到门。

五

百牍千函往复还，封题稽拜泪痕斑。
他年携向泉台读，万一双亲许解颜。

六

重重笺轴护银钩，冰雪精神文字留。
莫笑传家无长物，官箴人样是贻谋。

诗中对乞请赠言的目的、意义、作用及其所经历的曲折艰辛，进行了一一揭示，其中“老病于今惟欠死，盖棺忍玷赠言人”一联，自谦中既是汪辉祖自己心迹的剖白，也表明其乞请赠言的良苦用心的大义所在。

八月，汪辉祖携其子汪继培赴省城杭州参加是年乡试。借此机会，与浙西故旧知交相会于杭州。此时的汪辉祖无官一身轻，既无仕进的追求，更无烦冗事务的侵扰，纯粹地交友游玩，自然其乐融融。

十月，拟建西江塘修缮工程竣工碑，打算将其立于笠山庙北。为此，与王宗炎一起再次赴省城杭州拜谒浙江巡抚觉罗吉庆，向其送交竣工碑碑模样稿草图。王宗炎是乾隆四十五年（公元1780年，庚子科）进士，年轻时追求文名声誉，一生好学不倦。乾隆四十年（公元1777年）与汪辉祖一同进京参加礼部会试时订立私交，其时王宗炎才刚刚二十岁，这次与其一同参与西江塘塘堤工程的修缮工程，让汪辉祖更加了解了其为人老成持重，考虑问题缜密严谨，做事能分清轻重缓急且有决断斩伐的能力。于是汪辉祖便让自己的儿子汪继培拜其为师，向其研修学习儒业。

这年中，汪辉祖将其所撰之《双节堂庸训》付梓，并慎重地将其分送五个儿子。

是年，汪辉祖第三子汪继壕娶妻来氏，来氏系萧山县贡生来作楷（端植）第四女。其子汪继墉生次子，因其生日与汪辉祖相同，故取小名叫生儿，后取名世鉎。

这一年，浙江萧山市面上库平纹银一两兑换制钱一千四百四十五文，番银也随之涨价。夏天时，一斗米的价格涨至制钱三百三四十文，以前米价到每斗制钱一百五六十文时，就会有饿殍出现。现在米价贵到如此地步，已成常态，而百姓尚还能维持基本的生活，汪辉祖想到这是因为整个物价普遍上涨的缘故，因为以前只是单一的米价上扬，而现在其他的鱼、虾、蔬菜、瓜果等，都普遍上涨，水涨船高，虽然米价贵了，但那些贩卖鱼、虾、蔬、果的小贩和村夫农户也都还是能够得以糊口。

1794年　乾隆六十年　乙卯年　六十六岁

正月，其长子汪继坊赴礼部参加会试，其自乾隆五十二年（丁未年，公元1787年）至今，已经参加五次礼部会试，也算是科场中屡败屡战的老将了。

是月，汪辉祖戊子科同年，浙江省布政使安阳人田凤仪，将汪辉祖所著的《佐治药言》和《学治臆说》两书，各印一百五十册分送其僚属幕宾。其《佐治药言》一书亦被王杰在京城重刻印刷一千余册，用以分送前去参见拜谒的官场中人。汪辉祖在其《病榻梦痕录》中为此感慨道：“刍荛末论，过蒙大人先生赏识至此，真为万幸！”

二月十七日，汪辉祖塾师郑嘉礼（字又亭）病逝，享年八十岁，汪辉祖与郑又亭先生之间，虽为师生，却情同父子。此时天人相别，让汪辉祖回首历历过往，不禁悲从中来。汪辉祖一生之中对其非常尊崇礼敬，从不敢直呼名讳。而汪辉祖对郑又亭先生呼其名号也自不敢应答。每次与汪辉祖交谈，郑又亭先生都必讲儒家道统经义，且对汪辉祖家事的了解和关心，大大小小、方方面面，无不周到备至，将汪辉祖视同自己的亲骨肉一样。在汪辉祖将赴湖南宁远县任知县时，郑又亭先生还谆谆告诫说：“利不如名，须做好官为要！”当汪辉祖从湖南罢官卸任归乡之后，郑又亭先生非常高兴，有一天，郑又亭先生见到汪辉祖，对他说道：“阿孟不懂得礼数，认为我应该称你的字号，我认为你对我非常谦恭，我也就不能由此见外而薄待于你。因此，我对其他的门生弟子都称其字，而对你汪辉祖则直呼其名，阿孟哪里知道其中的缘由呢？”（阿孟是郑又亭先生之子郑王宾的小名）汪辉祖回答说：“先生对门生弟子直呼其名，是理所应当的规矩。况且对辉祖而言，我因父亲早已过世，已不能侍奉左右了，先生是我父亲在世时延请来训导教诲我的老师，见老师您也就如同见自己的父亲，您现在虽然依然很年轻，但还有我这样的白发弟子，难道如此这般的美好光景，不是人生的一大幸事吗？”郑又亭先生听后非常高兴，闲暇时便会拄着拐杖到汪辉祖住所来，与汪辉祖相见。师生每每交谈终日，兴致勃勃，竟然让人看不出半点疲倦的样子来。

是年元旦节，汪辉祖前去向郑又亭先生拜贺新年，郑又亭先生留汪辉祖在家吃了茶点，先生又向汪辉祖宣讲了忠恕违道不远一节的儒家经义，并由此申发，对以人治人的观点进行了引证论述，在援引历史事件进行辩证时，依旧条理清晰，逻辑严密，十分翔实周延。一月二十九日，汪辉祖再次前往拜会时，郑又亭先生因午睡未起，未能得以相见，不想竟成千古遗恨。对恩师郑又亭先生的病逝，汪辉祖悲恸万分，号泣欲绝，亲撰挽联曰：“父命从游成就孤儿心独苦，师门再到拜瞻遗像泪长悬。”这副挽联既是对汪辉祖与其塾师郑又亭先生之间的人生过往的纪实写照，更饱含着师生恩谊的浓情厚谊。

四月，汪辉祖长子汪继坊会试再次落第，留馆京城参与“山阴四十一都一图”的编撰工作。

是月，汪辉祖为自己在萧山黄盛坞修建的生圹建成，并在生圹前的石碑上题写“归庐”二字。从此以后，汪辉祖便自号归庐。还用号称会稽才子的陶元藻（凫亭）先生曾写的《生挽诗》之韵写了一首诗刻于石碑背面：

彭殇古齐致，七尺谁永存。
堂封亲缔造，休旺都莫论。
敢烦钜公表，手书题墓门。
忆昨事奔走，卜宅虚东屯。
江南更江北，风转秋蓬根。

归叹此千古，致谢黄埃昏。
庶几保肤发，未辜鞠育恩。
譬若潮已退，沙际留余痕。
过客任凭吊，云来荐清樽。
群山俨供揖，万象供咀吞。
及今筋力健，飞萝时一扪。
他年洒然去，底问歌招魂。

汪辉祖在自己的生圹建成之后，还将其亡妻王氏移葬于左穴。汪辉祖为此而作《纪事诗》六首：

一

西小江边陟彼岨，经营茧室辟榛墟。
发肤到此方全我，手足他年待启予。
气恰乘生除五患，身还慎疾避三虚。
归叹一觉游仙梦，不更人间僦寓庐。

二

踏遍晴峦复雨峦，芒鞋到处万峰攒。
行从鸟道穿云上，脉认蛛丝倚杖看。
岂有邻墦争尺寸，悬知岁奠得平安。
半身胸次耽高旷，罗拜人来布席宽。

三

松杉郁郁草芊芊，溪涧潆纡赴大川。
敢信冈峦城郭似，端期封树子孙贤。
枕山雅惬寻幽性，近水偏宜上冢船。
料理陈人先合窆，凭棺从此了前缘。

四

地镜山经互短长，不须儿辈费商量。
一邱幸自生前定，七尺从渠化后藏。
漫饰头衔留俗眼，聊凭手笔记年光。
几人出宿归无日，生许频游乐未央。

五

鸾胶续后世缘深，偕老曾期幸到今。

可易婚嫁初得了，翻怜衰病两相侵。
灌园图践天涯诺，同穴盟迟地下寻。
待觅肩舆秋并上，临风先和白头吟。

六

生小身宫值溢河，桑榆谁乞鲁阳戈。
残棋几著枰将撤，百岁三分二已过。
临穴何须殉老子，易名只合唤苏何。
还愁他日烦亲故，费唱山头蒿里歌。

五月，汪辉祖次子汪继墉赴京城。是月，汪辉祖归陈氏之妹卒。这位同父异母的妹妹，虽为汪辉祖嫡继母王太宜人所生，但与汪辉祖年岁相差不大，感情深笃，且与汪辉祖一样，在其成长中同遭幼年丧父、家道衰败之苦境，而今遭此变故，汪辉祖自然悲从中来，难以自已。

是月，汪辉祖得知长沙府知府潘成栋升任辰沅道道台，不久即卒于辰沅道道台任上，回想自己当年因遭弹劾罢官滞留长沙期间，潘成栋对自己的关照，心情十分沉痛。

六月，在京的长子汪继坊转寄到汪辉祖座师王杰的手书一函，王杰在信中写道：

闰月初，令郎至京，接手书，备悉年兄前此经理塘工，始及未及履祉绥佳，慰甚，慰甚！比维家居课读，益觉优游自乐，渐与当事迹疏，可证信道日笃矣。书院一席，非不可就，视其来意之敦诚与否，以定去就可耳。所刻《臆说》《庸训》二书，出处胥资阅之，深为忻赏，来札云：“天下无不可效用之地，儒者无不可效用之方。”此实见道之言，非反身修德者，不能及此。四令郎，亦得入学，可喜之至。所云教之读有用之书，益可以知家学也。予尝谓子孙不以能文得官为贤，惟愿以知廉耻明道义为贤，穷通知有命在读书，不为利禄则出处俱可自信。年兄与愚真可谓同志者。愚近景尚幸平适，第衰病日增，不堪劳顿，夙夜趋直，勉强支持而已。报称无闻，马齿徒增。去冬贱辰，仰蒙恩眷，锡赉骈蕃，弥深惭悚。年兄惟当规其不及，俾免丛愆，乃亦为过情之誉，益切汗颜。专此布谢，顺候迩祺不备。

收到此信，汪辉祖感慨良多，王杰一生数为乡试、会试主考或同考官，可谓桃李满天下，其门生弟子不可胜数，但却独对汪辉祖知遇赏识有加，每次收到汪辉祖的信函都会亲笔回信，而且时常对汪辉祖谈及做人为官的律己之道，唯恐汪辉祖言行有失检点。汪辉祖对王惺园先生寄厚望于自己成为完人之深心，念心系怀，由此更加自勉。古人所谓人生得一知己可以无憾者，汪辉祖觉得在王惺园先生这里就得到了最好的印证体现。由此，汪辉祖在其所著的《病榻梦痕录》一书中，对王杰每次的回信都全文予以抄录，以此作为自己与恩师之间这种同道知己关系的证见。

八月，汪辉祖携其四子汪继培赴杭州参加是年乡试。八月初七日，突然接到浙江省督学的悬牌公告，汪继培由绍兴府学改归萧山县学。原因是浙江省学政李潢非常重视经书的背诵，举凡经过科举考试而入学的生员，没有经过背诵经书之专项考核者，都须于该年之七月至省城杭州参加复试，复试时将每个县尚未录取进学的童生的备选卷中的前几名考生，与参加复试的生员一同参考，将其称之为考夺。通过考夺让童生中的优异者得以无条件补进，将考夺中被黜落的县学生在县学中的名额空出来，让补录进学的新晋生员入府学，而县学中空出来的名额，将原府学的生员拔归。汪继培入府学年余即由府学改归县学，就是因为李潢的这一考夺制度实行的缘故。

十一月，汪辉祖为自己制作寿衣，并有感而发吟七律一首：

斟量要领放宽裁，旧典朝衫待赎回。
至竟终随黄土化，当初只是赤身来。
裹非马革生何幸，兆得牛眠死莫哀。
闻说王孙曾裸葬，未能免俗亦堪咍。

是月，汪辉祖阅读邸报获悉，时任福建巡抚浦霖获罪。得知这一消息，汪辉祖大为吃惊，回想自己在湖南宁远任知县时，所认识的巡抚浦霖，还是一个政纪严明，且没有声色玩好方面的不良风闻的人。其办事严谨，对所有公务都亲自办理，当时的藩、臬二司根本没有机会从旁瓜分其权柄的可能。而浦霖属下的府（直隶州）、县（散州）吏到省城长沙，无论早晚，他都一定会亲自接见，并详细询问地方治理的相关情况，公事完毕之后即马上谕令回其任所。对其身边随扈要求也极为严格，平时要求其随扈弁兵出省城之后，必须每天报告其行程，如有未经允许在外逗留超过一、两天的，会立马予以当面训诫。与下属交谈时虽不苟言笑，但在讨论公事时却极其和蔼且能够推己及人，对像汪辉祖这样莽撞憨直的人，在委任其办理公事时，也一定会主动听取其观点意见，即使有时在申诉看法观点时，显得琐碎唠叨，但都能得到其包容宽待。汪辉祖曾经与同僚一起拜会浦霖时，浦霖对与汪辉祖一起去拜会的同僚说："亲民爱民的官吏应当以勤奋工作为本，宁远知县汪辉祖之所以是好官，就体现在勤奋上。因为勤奋所以每件事都有切切实实的见解，这些见解和观点即使未必都让我赞成和满意，但我却乐意听他把看法讲完，即便像禀报气候变化之类的小事，各地方长官对此都不是很在意上心，只有宁远的禀报中没有一句空泛的虚话。我经访察都是确实无误的。而你们这些人，仅仅只是倚靠衙门里的幕友去处理公务，哪有不误事的道理。"接着还当面表达了对汪辉祖的肯定和赞许："湖南全省幕宾风气不良且日甚一日，幕宾与主人不能做到休戚与共，我所知道的是，汪辉祖知县在做幕宾时是一定不会如此的。"这些话让汪辉祖在深感愧不敢当的同时，也为之而感戴莫名，认为自己唯有兢兢业业、奋发自励，才不至于辜负浦霖勉励之意。在乾隆五十二年吏部对汪辉祖进行三年考诠时，湖南藩、臬两司对汪辉祖的评语是"居官谨慎，办事勤勉"，而巡抚浦霖将其改为"居官整肃，办事安详"。听说，有一知县拟被调往繁剧之县任职时，浦霖对此提议进行了否决，其理由是该知县在职任考廉时，其作答的文字，字迹潦草，书写越格，并由此推定其不会认真做官。其对属吏的考察，严谨如此，足见其为人做官的风格。在乾隆五十二年至五十三年期间，湖南有一繁剧之县的知县出缺，浦霖即交代统摄宁远的衡永巡道世宁具禀申调汪辉祖补此缺，汪辉祖竭力吁请道府两级长官免除这一提议。浦霖得知这一情况后，对衡永巡道道台世宁说："汪辉祖的能力是完全能够胜任这一职任的，为什么却缺乏上进心呢？难道他想成为一个得过且过的自了汉吗？"世宁将这话转达给汪辉祖之后，汪辉祖为之申辩道："我汪某人自认为自己年老体衰、工作能力也不强，最担心的是不能在现在的职务上履职到位，倘若有幸能够包容宽待我现在这样的履职方式和施政成效，已经是对我最大的恩德了。"后来，道台世宁将这话转告浦霖时，对浦霖说道："汪辉祖非常感谢巡抚大人的提携栽培，只是因为他本人太过于拘谨了。"浦霖对此评价道："于为官者而言，拘谨不失为一种很好的品质，这样的人是能够在艰苦的岗位上坚持恒久的，称得上是真正的自珍自爱之士。"从此，也就没有再提起调动汪辉祖的事。到乾隆五十五年时，因为汪辉祖的资历深长，按照朝廷官吏管理的惯例而准备将汪辉祖调任至湖南首县长沙府善化县任知县。时署理长沙知府的张博在给汪辉祖的信函中说："巡抚让我转告你，善化县虽属繁剧冲要之地，希望你到任之后不要沉溺于应酬往还之中，要义无反顾地去施展自己临民施治的抱负。”其对人才的爱惜，由此可见。让汪辉祖百思不得其解的是，浦霖这样一个在湖南巡抚任上，方方面面的表现都称得上是循吏好官的人，调任福建巡抚之后，为什么一下子就丧失掉自己气节操守了呢？难道真有“橘生淮南则为橘，生淮北则为枳”这样的事么？还是因为福州那个地方社会风气不良，以至让为官怠惰而至气节丧失？浦霖乃正途进士出身，曾任户部主事、郎中，外放任巡道，后擢升巡抚，履历丰富，一路走来，其官声政绩很好，为什么到了六十六岁时，却晚节不保，因过犯而祸及子孙后代呢？汪辉祖不禁想起《左传》中那句“非无贿之患，而无令名之难”的话来，每次回味这句话，便不禁深深为浦霖的晚节不保感到惋惜痛悼。

十一月二十四日，汪辉祖所编撰的《二十四史同姓名录》一书杀青完稿。接着开始编录《家藏书目》至十二月初三。完成对《家藏书目》的编录之后，汪辉祖专门为之撰定了序文：

积书贻子孙，子孙未必能读，人多信之，故蓄书者鲜然。独不闻积财贻子孙，子孙未必能守乎？何求田问舍之惟恐不广也。余少孤露，先世手泽仅坊刻《古文阶凤》《陈检讨“四、六”》二书，《纲鉴正史》约一部，假诸舅氏，未几归焉。年十四五，见《五经类编》，如得琅嬛秘简。既补博士弟子，家奇贫，衣食出两母十手指力，不能具一卷书。间从友人借读经、史、古文选本，率意钞录，不终卷，辄索去。已而读律糊口，寄迹官中主人，有插架书，稍稍翻阅，官事不易了，未能卒读，读亦无所得也。忝赋鹿鸣，年已三十有九，游京师，辄闻大人先生绪论，甚愧向学之晚，亟走琉璃厂西门，市得《汉书》归寓读之。南还佐幕，以馆修益市正史昼夜读，其后稍市他书之涉史事者，旁及诸子，而于群经势尚不遑。及成进士，益惭枵馁，修入较丰，先人遗事以次告竣。馆苕霅间，与书贯习者七八年，聚书数十百种。谒选都门，增所欲备，约载一车。请急过里，汇录书目都为二本，一随行箧，一度书楼。手自编扃，携钥以行。罢官归来，启钥见书，幸无蠹敝。会移居城南，即于宅后隙地筑楼三楹，中奉神主，藏书左右。重加整比，略涉远碍，细意汰毁，因区门类：恭列御制钦定于首，余遵《四库总目》编次收贮，四库之例缕分子目，余书本无多，不复析析编。惟余“史部”立“备史”一门，纪掌故者入之；“子部”立杂考一门，记琐事者入之，以便检阅。榆阴衰促，家无余资，不能再聚书矣。虽所聚之书，类塾本，恒见绝无枕秘，然毕生心力，尽此区区，得之不易，则思守之不失。世世子孙，不得赠人，不得假人。即遇密交、懿戚、贵人、达官，不得违吾此训，私为赠假，度仁人孝子，罔有瑕疵，别具经史副本，留传家塾。非能考订著述，不必登楼启视，致有损失。坊、培、壕三房同守此规，墉、堺不得过问。培儿尚知幕学，匙归收管。培如他出，听其交托，但不得付不知学问之人经手。曩读《平泉花木记》，窃笑李卫公之未达，今亦不免过计，行自笑也。余薄宦未久，又不善治家人生业，惟望儿辈他日收稽古之益。古人以书为良田，获且无算，达可以经世济物，穷亦不失为学人。如其不材，即与以田宅，其能长裕乎？癸丑析产以来，培、壕遇余所嗜书，辄以受分市产之资，时时增益之。四年中，续置不少，此即培、壕之田宅矣。两儿嗜好已不尽同，培喜收经集，壕喜收类书及说部，各得其性之所近，余亦不复强之使一。听其别立书目，附度楼西，随时检阅，各从其便，不必援公书之例。两儿当奋志于学，毋自舍其田，余有厚望焉。

这篇序文虽只是编成书目之说明，交代家中藏书编目凡例、所藏之书的由来和保管使用的具体规则，但其中最核心的内容，却是汪辉祖心中那个儒学道统能够得以借此世代传承的执念，蕴含着汪辉祖作为儒学道统的守望者对真正能够千秋万代的家族基业的独特理解。因此，他将序文写成了家规家训，可谓呕心沥血、竭诚抒志。至午夜而序成，心中释然，便酣然入睡。或许是因为太过劳累，睡后醒来，汪辉祖便感觉右手麻木，渐及右足，以至不能起身站立，甚至到了几乎不省人事的地步。过了四五天之后，才稍稍有所好转。汪辉祖自认为这次病情很是严重，恐怕难逃一死了，于是为自己撰制了两副挽联，其一是：

胜有余惭名过实，
差无遗憾死如归。

另一副是：

读圣贤书曰怀刑曰守身历种种风波此日发肤还父母，
为衣食计也求田也问舍成区区基业他年颜面任儿孙。

在病中，汪辉祖对自己认为须要生前有所交代的事项，做了如下的安排，一是嘱托好友王宗炎（谷塍）代书《书目序》。二是让其夫人将自己衣箧中质料成色尚好的衣服进行了分拣，并分送给侍奉在自己身边的两个成年的儿子继培、继壕各数件，让他们能穿则穿。因为在汪辉祖生病期间，汪继培和汪继壕二人难免会代其出席各种社交应酬的场合，因此，汪辉祖便将自己质料成色好的衣服分拣出来，分送二人。

汪辉祖回忆自己十七岁时，因为艳羡别人身上穿的单纱衫，因接受别人的银钱而替人代写生员岁考的文章，被嫡母、生母流泪训诫之后，才知道一个人衣着的好坏并无关自身的荣辱，且由此渐渐懂得了缊袍敝衣并不让人羞耻的道理。二十二岁后，汪辉祖游幕他乡时，仅仅只携带一口竹制衣箱，冬、夏季衣服都装在里面。那一年冬天极其寒冷，汪辉祖岳父王坦人先生将一件皮裘送给汪辉祖穿，被其谢却了。后入江苏常州知府胡文伯幕，担任幕宾时所穿的衣服也还是用便宜廉价的高丽布（高丽，清时对现朝鲜的称呼，其所产之布，以丝为经，以木棉为纬，其自然纹路有如蠡壳上的花纹，是一种物美价廉结实耐磨的布料）做的袍子和褂子，当时坐幕为宾的人，衣着穿戴并不十分讲究，坐馆为幕者，穿裘衣的都极少见，衣服颜色中也少有穿红青色的。即使到了乾隆二十四、五年间，有个别穿反裘马褂的幕宾，也会被众人侧目而视并受到众人非议。乾隆二十四年，幕主胡文伯曾赠给汪辉祖先生一件灰鼠皮的褂子。乾隆二十六年，有师长之谊的幕主浙江秀水县知县孙尔周曾送汪辉祖一件羊皮袍子。自那个时候以后，汪辉祖才开始穿上皮裘的，而且也不敢作为日常服饰来穿，只有在重大节庆和重要社交活动场合作为盛装服饰穿用。乾隆三十三年，汪辉祖在乡试中举之后才自己置办了一件山羊皮袍褂，作为进京参加礼部会试的服饰。其余的衣服不过是棉布夹衣，自己一生并没有置办过一件红青色的褂子。在衙门中以元青色作为素常衣着的颜色，见达官显贵时才穿红青褂子于沈青色袍子之外。汪辉祖坐幕衙门时，并没有置办过谒见达官显贵的专门行头，往往在必须穿戴的时候，即借穿幕友的衣服出去应酬。对此，汪辉祖直到晚年卧病在床时，还沉浸在当年幕友间的这种高情厚谊的回味中。汪辉祖回忆，在自己年轻那个的时候，汪辉祖在一同参加礼部会试的举子中，所见到的穿着较奢华的反皮裘的人，还是很少的，十人中不过一二人而已，足见当时的社会风气还是比较简朴的。到了乾隆四十年，汪辉祖参加是年礼部会试时，几乎所有举子都穿着奢华的反皮裘衣了。官场中为官者穿华丽服装也是始于同一时期的乾隆三十三、四年间，从此以后，官场衣着是越来越华丽了。在汪辉祖看来，其家乡浙江萧山一带社会风气，本来是崇尚简约质朴的，但近二十年来，也都变成奢靡繁丽起来，至乾隆六十年时，萧山一带乡绅宾朋宴会聚集时，男宾们冬天都穿反皮裘衣，而夏天则都穿细纱绫罗，已经将冬天穿绵羊皮、山羊皮衣视为不入流的衣着了。而夏天也已经看不见穿葛麻布制作的衣服的人了。甚至妇人女子们也都冬穿皮裘而夏穿羽毛缎了。足见其整个上流社会中已经弥漫着奢靡浮华的风气。

1796年　嘉庆元年　丙辰年　六十七岁

正月初一日，汪辉祖病情进一步好转，其偏瘫的右半边身体已经能够稍稍活动起来了。

正月初七日，汪辉祖将在身边已经成年的两个儿子汪继培、汪继壕叫到跟前，口授遗嘱，并将此内容致函逗留京城的另一个儿子汪继坊。要求他们努力向学并力争自立，应树立正确的对待人生际遇尤其是穷达进退的人生观，切勿因为急躁冒进而沦为有识之士鄙视唾弃的笑柄。

正月初八日起，萧山一带寒风凛冽、雨雪交加，天气非常寒冷，让人穿着厚厚的棉袄也不能御寒。如此的奇寒天气持续了三天，这对于汪辉祖这样一位卧病在床的年近七旬的老人而言，无疑是倍受煎熬的。

在这样的天寒地冻中，卧病在床的汪辉祖想起了十二月二十四日晚上自己曾做过的一个梦，在梦境里，有人邀约汪辉祖一同来到一个旷野中，只见眼前一座金碧辉煌的宫殿，巍然耸立，宫殿正中开着东西两扇大门，汪辉祖自己穿戴着朝珠补褂的官服，在将要进入这座宫殿大门时，见另有一位身材颀长而长髯的人，也穿戴着朝珠补褂（补子上绣着蟒蛇图样）先候在东门处，问汪辉祖道："你为什么不穿绣着蟒蛇图样补子的朝服呢？"于是，汪辉祖便换上了绣蟒的朝服，然后从西门进入到宫殿里面，大殿里大堂两边庑廊边簇立着一排排大树，有被用绳索系执在树上的人站在台阶上。台阶非常严整高峻，里面有一个人走下台阶来，用手巾拂拭了一下汪辉祖的脸，汪辉祖并不知道梦中的自己是何等模样，但所看到的与其一同进入宫殿的那个人长着一部长髯，经此拂拭，其面目就变得狰狞起来，那位长髯者从东边台阶上去后，进入大殿大堂，而汪辉祖则从西边台阶拾级而上，也进入了大殿大堂。一头戴红纬帽着青袍看起来像官员随扈的人，将汪辉祖引导至大殿中堂，只见里面面南坐着一位须发皆白、头戴一顶两锐翅上缀满了无数夜明珠纱帽的人，夜明珠熠熠生辉，显得光彩照人，一位穿着红色蟒袍的随官将汪辉祖引见给面南而坐的人时，汪辉祖作揖施礼，那位南面而坐者出位起身答礼后，对汪辉祖说道："你过去审理的积案，劳烦你自行进行清理。"于是便发佥，命令坐在其西北边的人从与面南坐在同一几案旁边的官员手中取过簿册，并送到汪辉祖的手上，这个时候便有鬼卒押着囚犯跪在汪辉祖的面前，汪辉祖便按照手中簿册一一进行审讯，顷刻功夫便了结了好几个案子。汪辉祖感觉每次恍惚入梦，便进入了这样的审案程序之中，因此，汪辉祖感觉自己整天都在昏昏欲睡之中，睡入梦乡的时候特别多，而清醒的时候非常少。如此状态持续有十几天的时间。在汪辉祖审理这些案件时，清楚地记得其中有一妇人手里捧着一块帛帕，上面写有几行朱红的字，向南面而坐者跪拜，声称要控告汪辉祖，汪辉祖听见有人控告自己，不禁惊惶起身，那位妇人自称是秀水县的虞氏，因受到一位姓许的调戏，自己不堪其辱而自杀，而汪辉祖当年任秀水县衙刑名师爷时，并没有判决那个调戏虞氏的许某为其偿命，汪辉祖一一阐明自己当时之所以未拟稿判决许姓县民偿命的理由。南面者听完后，告知那位妇人，汪辉祖在这件案子上并无过犯差池。那位妇人又申诉说，汪辉祖办理自己不堪羞辱自杀的案件中所禀呈的定谳意见就是一种徇私，汪辉祖对此又做了解释，南面而坐的人再次告诉那位妇人，汪辉祖如此办理没有过错。于是提笔在那位妇人的帛帕上写了几个字，将帛帕交还妇人，妇人方才叩首离去。凡在梦中所审理的案件，一睁眼醒来，其具体情由便完全忘记了，唯独这件事，醒来之后还清清楚楚如在眼前。汪辉祖记得这是发生在乾隆二十六年的一件案子，是汪辉祖在浙江秀水县孙尔周幕中所办过的许天若案，大概是这件案子与汪辉祖有着非常直接的干系，神灵事先便向汪辉祖透露过其中的信息向他示警过了，因为在上年的十月份，汪辉祖就听说萧山史村有一位吃斋念佛的老妇人，就曾梦见汪辉祖与几位官长坐在一起，一位少妇指名控告汪辉祖，认为汪辉祖在一次有关妇人的案件判决中存在枉法不公的嫌疑，恐怕就是指的这件事，出乎意料的是，到此时才入汪辉祖自己的梦中。又经过了几天如此相类的梦境，要汪辉祖自行清理的积案，都一一审理完毕，那位南面而坐者起身对汪辉祖说："请你立即回去，不再劳烦于你了。"于是便将汪辉祖送出大殿中堂。当汪辉祖走到大殿外台阶处时，外面突然风雨大作，天空乌云如墨，汪辉祖见此情景，再想返身进入大殿，却被随扈的官吏阻止了，并催促其赶快下阶出门。走出殿堂大门之后，感觉又是红日当空，别有一番清朗气象。仿佛有一个人伴随汪辉祖走了数里路，恍惚中，汪辉祖感觉沿途风波震荡、帆樯错杂，仿佛有一个人将其推下了船，汪辉祖便从梦中醒了过来。从此以后，汪辉祖虽然卧病在床，但醒着的时候多，而睡入梦乡的时候就少了。只在正月十四日的那一天，在梦中办理与案件相关事宜时，旁边只有一个随扈的官吏，并没有其他的侍从，面南而坐的那人地位极其尊贵，坐着一句话也没有说，汪辉祖也没有具体审理某一件刑案，仿佛如人间衙门里秋决时的情景。

二月初一日，汪辉祖专请塾师於保延（巩垣）代写家书，还特意向其口授了一份遗嘱，一同寄予在外的汪继坊。告诉汪继坊，在其病逝后，从病亡的当日算起，只许在家停柩三日举办丧事，不能为了不必要的虚文观瞻，大肆操办。以后每年上墓祭扫时，家里的妇女也不得参与墓祭。

二月初五日，汪辉祖的病情开始大有好转，双足已能伸缩自如了，而先前不能伸展的右臂也慢慢可以伸展了。

在汪辉祖病重期间，前来探视看望的人很多，大都是因为担心会有一病不起、不治而亡的后果，现在见病情好转，以前来探视过的人，又都纷纷前来表示祝贺。汪辉祖虽然病情大为好转，但饮食起居依然不能自理，还需要人贴身服侍。自重病卧床以来，两个儿子继培、继壕服侍得小心周到、无微不至。于是，汪辉祖为了表示对他们二人精心照料自己的奖励，便从家藏的属于公共图书的书籍中，拿出部分图书分送二人。汪继培喜欢读儒经和考古方面的书籍，就送了他一部通志堂的《经解》和《通典》《通志》《通考》各一部；汪继壕喜欢读杂览方面的书，便送了他一部《说郛》，嘱其各自收藏、检阅，并且申明这几部书都不算在家庭公共藏书的书目之内。特意嘱咐好友王宗炎将此次赠予之事记载于原已写就的藏书书目书序之后。

当听说浙江省督学将来宁波府考核生员课业，于是便命汪继培专心一意研习举子课业，服侍病中的汪辉祖的冗杂事务，即专由汪继壕负责。此情此景，让汪辉祖回想起，从前，自己在乾隆二十年坐幕常州府胡文伯衙中时，跟随骆炳文先生研读律例，当时骆先生已经七十三岁了，其子才刚满十二岁，常向汪辉祖请教一些学问方面的问题。有一次汪辉祖因为骆先生晚年得子的缘故，而与其讨论过这件事。骆先生对汪辉祖说道："只有年纪这么小的儿子才算是自己真正的儿子。假使自己二十岁即娶妻成家，一两年后就有了儿子，到现在儿子都已五十多岁了，早已经自己成家立业，有了属于自己人情往来的生活圈子，哪里还能陪侍在自己的身边膝下呢，即便是自己病重且将要死去，对五十多岁的儿子来说，恐怕也已经是无关紧要了。我这个儿子尚不足十二岁，在我死的时候，一定会因为很依恋我而悲伤地为之恸哭的。因此说，只有这么小的儿子才更像自己真正的儿子。”当时，汪辉祖觉得骆炳文先生的话，多少有过于偏激之处，而今经过几十年的人情世故的风雨历练，才知道当年骆先生这句话还是真有见地的实在话。汪辉祖忆此往事而心生慨叹，其中意味自然深长。

四月，汪辉祖的第四个儿子汪继埣到京城参加是年的礼部会试，汪辉祖不禁由此浩叹，成年的孩子必然都会因为各自的前程而四散各方。人生树立，子孙的开枝散叶，必定会渐次远离自己，这是人生最无可奈何之事，汪辉祖有此觉识，而所有的人，无论其是否有此知识，也都概莫能外。只是，对有觉识的人而言，无可奈何的绝望之外，会另有一分别样的无可如何之旷达而已。

是月，收到汪继埣到京城之后写来的家书，信中告诉家人其参加完会试之后，因老父卧病在床，即会立即打点行装归家。这让尚在病中的汪辉祖感到了一丝欣慰。

从四月起，汪辉祖让服侍其生活起居的儿子汪继壕代其编撰完成《二十四史同姓名录总目》十卷，完成分编一百六十卷，得姓名一万四千五百多，其中辑录出来的同姓名的有四万三千多人，存疑待考的四卷。辽、金、元三史中同名录八卷。继培、继壕两儿分别纂录《逸姓同名录》一卷、《字同名录》一卷、《名字相同录》一卷。并专请朋友进行缮写誊抄，并言明如后人能将其雕版付梓成书，即其将纳入家族公共藏书书目中，且嘱要将日后印成之书分赠缮写誊抄的人，以作为对缮写誊录人的酬谢。

至四月底，汪辉祖的病情进一步好转，已经能够扶杖移步行走了，但右脚依旧感觉麻木而疲软无力，右臂尚还疼痛得厉害。医生用黄耆方进行医治，并让辅以薏苡食疗的辅助食物。医、养结合，康复之中的汪辉祖病情稳定向好。当年汪辉祖被弹劾罢官后寓居长沙时，曾任过知县的宁远县民，前来探视汪辉祖时，常以升斛薏米相赠，因探视的人不少，竟至积到了两石之多，当时想到这小小薏米中包含着曾经辖制之地的百姓对自己践履的肯定之深深情意，于是便将其带回了萧山。因为自己平素并不常食用，到现在还存有不少，每天吃着这带着宁远百姓心意关切的薏米，汪辉祖深深感念着尚义重情的宁远父老乡亲对自己的浓情厚谊。

黄耆方，又称黄芪汤，中药基本方剂名。以黄芪为主药，配伍以熟地黄、芍药、五味子、麦冬、天冬、人参、甘草、茯苓等，主治喜怒惊恐，房室虚劳，致阴阳偏虚，或发厥自汗，或盗汗不止，或气虚自汗。

是时，萧山秀才来磻（渭滨）告诉汪辉祖，时任御史的钱南园先生病逝于御史任上。想到自己才离开湖南不过四五年的光景，而曾经熟悉的上司竟已无一现存了，不禁让汪辉祖大为唏嘘。

钱南园先生之所以死于御史任上，据称与其耿介率性、敢于诤谏的性格有关。据称其在丁忧复职补缺时，本有他任的机会，但却在任前引进乾隆时，因其先前弹劾国泰的壮举，而被钦定补授御史缺的。据《清稗类钞》载："钱南园通政澧，以通政使督学湖南，风裁峻厉，士子慑服，而官僚亦畏之。留任六年，将及瓜期，以内讳归，旋丁外艰。先有会同匿表案办结，移交湘抚浦苏亭中丞。浦乃饰辞入告，绝不为南园留地。上责之，降补主事。乾隆甲寅，赴部补官，已有缺矣，时有乡人精六壬者，占之云：'此缺决不能补，当仍复清要之秩。'笑置之。不数日引见，上问：'汝是参国泰的钱某，何久居里舍耶？'南园谨奏两次居忧之故。上命查有员外缺出，可即补。逾日，特旨补授湖广道监察御史，旋命入军机处行走。"占卜之类，当然是扯淡，而得补监察御史，当与其往常践履作为有关，这才是真正的原因。

长夏无事，汪继培、汪继壕二子在检点汪辉祖过去的诗文案箧时，将其曾经写作的诗文稿翻检出来，请允准将其编订成册。汪辉祖自谦地认为自己才识不高、学问荒疏，学养根基并不深厚，所写作的诗文并无值得称道、可资垂范的章法，但基于对自己一生历练的自我珍爱和家学传承的需要，还是听从了两个儿子的建议，开始整理自己一生所创作的诗文。

汪辉祖在乾隆十五年（庚午年，公元1750年）至乾隆二十五年（庚辰年，公元1760年）间所写之诗，曾编辑成《纪年草》六卷，刻印付梓的有《独吟草》一卷；乾隆三十五年（庚寅年，公元1770年）有《题衫集》三卷；乾隆二十六年（辛巳年，公元1761年）至乾隆四十六年（辛丑年，公元1781年）编辑有《辛辛草》四卷；乾隆五十一年（丙午年，公元1786年）编辑有《岫云初稿》二卷；乾隆二十六年（辛巳年）至乾隆三十五年（庚寅年）、乾隆四十七年（壬寅年，公元1782年）至乾隆五十一年（丙午年，公元1786年）间尚有部分零散诗稿失编；乾隆五十二年（丁未年，公元1787年）至乾隆五十六年（辛亥年，公元1791年）间的楚中杂咏也未编定。乾隆五十七年（壬子年，公元1792年）返乡归田之后，其诗作更少且零散未集辑。所写诗余（词）则只有《吟愁湖词草》两卷，是乾隆十一年（丙寅年，公元1746年）至乾隆十四年（己巳年，公元1749年）间写作的，后因其自我感觉所作之词并不满足协律的规范，自此之后，便再未写作。而骈体文则结集成《龙庄四六稿》二卷，大多是汪辉祖代人应酬之作，自己意兴所至而钟情属意创作的并不多。乾隆四十年（乙未年，公元1775年）会试中试之后，才开始写作古体散文，但汪辉祖自认为并不符合古体散文的法度。而此前在散文写作方面，汪辉祖专心一意所作都是应科举考试之需要的八股文，主要是为了满足科场考试的揣题摩意之作，不免有抄袭雷同之嫌。因此所保留下来的不过数十篇而已，其中《策拾》十卷，汪辉祖自认为这些文字“多拾前人唾余，绝少心得”。汪辉祖自己辑录的文字有《骈体钞存》八卷、《词律选钞》四卷，二十二岁时还手抄了《兔园册》，还抄录了《正史总目》，其间在编撰史姓名录时的校订类文稿，已经刻版付梓的有《史姓韵编》等书，分录于历年编撰的著作之后。

对自己的诗、文的整理结集，汪辉祖有着自己独到的见解，他认为：“文以载道，无关惩劝。偶然适性陶情，赠答纪事，皆可不录，无庸为枣梨祸也。”这一看法无疑不仅承继着中国儒家“惜墨”的传统精神，更重要的是承载演绎了中国文人士子在为文时对载道化人的责任担当。汪辉祖回忆起自己在乾隆二十二年（丁丑年，公元1757年）于胡文伯幕中时，曾随同胡文伯一起办理船差案中，曾将其间的见闻记录下来写成了一卷《舟见录》，其第一篇即从记录一种叫沙飞的船起，再到各式小划船，共计载录有七十余种各式各样的船状貌，详细地记载了各式各样小船的名称、形成的制式制度等等，是足可资以船运制度发展史的考证敷用的，但这本书稿后来不知被谁拿走了，想起来不禁让汪辉祖感到遗憾怅惘不已。

汪辉祖回想自己早年生长在偏僻乡野之中，足迹未曾踏入都市巨邑半步之前，与其志趣投合的人，只有同宗族的兄长汪铨（克标）秀才，学人佐士湘（荆）、同宗族的子侄辈的汪永祚（昌年）和汪永祺（介甫）、学人星辰（旋）等几位，而今克标与昌年、介甫、星旋等都相继过世，而佐荆兄也已年高体衰，即便汪辉祖罢职返乡后，虽又与其同居乡里，且还意趣相投，但每年相聚在一起的机会也不过三四次而已。同邑之中的贡生郑王宾（觐瞻）

因其未居乡里，平素也极少与之交游往还；自从参加乡试时认识於体乾起，即与之有了交往；在进京参加会试时认识了来江皋，与其交往半生；现在住在萧山城南的王宗炎（谷塍），因与汪辉祖比邻而居，而今交往才逐渐多起来。与汪辉祖交游往还的还有孝友诚笃、胸无城府的贡生蔡英（云白），工赋多才、通达事理的举人何其裘（葭汀），还有尺步绳趋、精心劲气的秀才丁仲举（昂若），更有明通爽直、议论端纯的阁臣中书古国楠（梅），敛才笃志、内朗外凝的乡试夺魁的敦金钊（山），这几位都是正值盛年的豪俊之士，其未来发展的成就当是无可限量的。汪辉祖在其重病期间都得到了他们诚挚的探视问候，在这样的情深意厚谊的氛围之中，让重病之中的汪辉祖从他们的情谊中油然生出对人世间美好的无限眷恋，也有了屈大夫“悲莫愁兮生别离，乐莫乐兮新相知”一样的情愫盈怀溢襟。

其时，大病初愈的汪辉祖在阅读邸报时得知，京城里市面流通的小钱每五文值制钱一文。由此，让汪辉祖想到官方邸报公开披露这一信息，有在禁止使用小钱的法令下变相允许其在市面上流通的权宜变通之嫌。在汪辉祖看来，如此公开兑换的情况尚未在浙江省通行，但如果官方对此不厉行禁止，势必在民间愈演愈烈，以至一发而不可收。现在每个番银圆值制钱一千七八九十文，已在市面公开交易。而因为受到法律的禁止，私下就有一番银圆作价制钱一千一百三四十至七八十文的交易发生，这种情况在省城杭州尤其突出。银价也因此一天天下跌。在汪辉祖看来，主要是因为钱庄里面的银价并不稳定，各种市面上流通的钱币纯度不一、价格参差，在交易的时候，兑换计量不方便简易。汪辉祖特别提到，当时市面上流通的番银圆的兑换价格明显高于官方发行的库银圆的价格，这一极不正常的现象，已然昭示着朝廷对整个经济的控制和主导力正在下降。他在其《病榻梦痕录》中回忆道：“余年四十岁以前，尚无番银之名。有商人自闽粤携回者，号称洋钱。市中不甚行也。唯聘婚者取其饰观酌用无多，价略与市银相等。今钱法不能画一，而使番银之用广于库银，小钱之利数倍制钱，不知其流安极。番银又称洋银，名亦不一，曰双柱、曰倭婆、曰三工、曰四工、曰小洁、曰小花、曰大戳、曰烂版、曰苏版，价亦大有低昂，作伪滋起。甚至物所罕见，辄以洋名，陶之铜胎者为洋瓷，髹之填金者为洋漆，松之针小本矮者为洋松，菊之瓣大色黑者为洋菊，以及洋毯、洋锦、洋绮、洋布、洋铜、洋米之类，不可偻指。其价皆视直省土产较昂。毋亦郑声乱雅之弊欤？”其时欧洲正在兴起的工业革命，新兴资产阶级正在为工业化大生产而产生的工业消费品，掀起了一浪高过一浪的寻找新的贸易市场的热潮，已经使大清帝国的国门悄然洞开，东西方贸易开始兴起，其对古老的大清帝国自给自足的自然经济的冲击甚至摧枯拉朽式的毁败，已显端倪。毫无疑问，这种冲击对汪辉祖这样一位心系民瘼的人而言，所带来的焦虑是巨大的。

汪辉祖写了两首《昔有》诗，表达衰病老迈中对青春年少时光的追怀，将其送与尚在身边且已成年的两个儿子汪继培和汪继壕。兹录于后：

一

昔有两间屋，晨昕西夕照。
长夏苦炎威，炊烟杂茶竈。
我依二母居，一经课后效。
床前书几陈，蚊蚋常缭绕。
摊书纺车旁，形影互相吊。
庭闱乐复乐，宽窄那计较。
即今扩新居，高爽向南曜。
虽殊广厦观，幸免偪仄诮。
是处可延伫，堂謻随所到。
谁云热虽避，废书日坐啸。
古贤容膝安，努力事雠校。

二

昔有一束书，无多手泽在。
雒诵功易殚，文章溯流派。
一瓻偶借人，何处得津逮。
勤勤尅期钞，腕脱敢云惫。
一隅以三反，周行问向背。
揣摩专且精，幸邀葑菲采。
即今万牙签，经史颇萃荟。
余力罗百家，编辑及细碎。
爱博情转疏，读多不求解。
譬如宝山回，空手独自慨。

古贤昔分阴，青春可能再。

六月，萧山酷暑难耐，汪辉祖是一个极其不耐暑热的人，在酷暑难耐中难免更加烦闷焦躁。家人建议汪辉祖说，新建起来的撰美堂相对清凉，可以入内纳凉休憩。汪辉祖庄肃而严厉地对家人说：“此撰美堂里面供奉着祖先灵位，收藏着购买收集而来的各类书籍，堂下嵌有石刻庋书版。自己曾经有言在先，不允许子孙后代将其辟为书塾，或将其当作客人寝卧的地方，不是重要的祭祀典礼，不得轻易入内。我自己怎么能够带头破坏这个规矩，给后代子孙留下口实呢？”

是月，汪辉祖大病初愈之后，又开始忙碌起来，为亡友於体乾撰写了墓志铭。曾应举人倪皋（南岗）之求，为其曾祖伯倪兴公撰写家传，原来答应两年完稿，现在完成后即寄予倪皋。陶元藻（字龙溪，号篁村，又号凫亭）年前夏天曾请汪辉祖为其所著《全浙诗话》写一篇序，汪辉祖生病之后便没有完成，在陶元藻再三再四的敦请催促下，此时为其完成后序一篇。应山阴县朱姓节妇的内侄孙朱继英之请求，为之撰写了《朱节妇赞》。应桐乡监生施宪祖之请，为其守节之母作五言古诗一首，托好友鲍以文转交。另填词《望海潮》一阕题丁昂若《观潮图小照》，这些都是汪辉祖口授，经由其子汪继壕记录缮写完成的。这些事做完之后，汪辉祖觉得自己所欠文债已经清偿，并打算自此以后对诗文往还之类的应酬不再参与了。

六月二十一日，其子汪继坊从京城返乡，借此机会，汪辉祖将自其曾祖父以来萧山城乡流行的祭祀俗规进行了汇集梳理，并让汪继坊亲手钞录下来，汪辉祖亲自为之作序，令外甥孙继英代为缮写誊抄，分寄给寓居于京的其子汪继墉和汪继塝。在这篇自序中，汪辉祖回顾了自己一生长成立业之经历中的幸与不幸，在看似云淡风轻的叙述中，所表达出来的是对自己不幸之中的幸运的感恩戴德，其中所诠释的是汪辉祖对人生命运及其幸福观的价值体认，结合汪辉祖的一生经历阅伐，细细品味，令人深省：

余少羸多病，生三岁始能行，年十五行不二三百步，腹辄下坠，足肿筋凸于肤，骨见衣表。每饭不过一盂，不能食肉，日恃药以生。兼丁家变，扑捉是惧。两母爱护如烛当风，惴惴恐不育。旁人皆以为必难成立。既娶妇，外舅尝谓汪郎恐不及三十。惟郑又亭师为母慰解曰：“此子作事有恒，且知惜福，必能永年，无虑。”比游幕为养，岁必病或二三次、四五次不等。年三十，病大剧，几无生理。是时家四壁立，膝下止一女，无可为生，亦无可为嗣，属吾妇为女择人童养，事终两母，天年黄泉相见。吾母梦先人有留垃圾之语，垂绝得甦，饭可二盂，精神渐觉强固，终年不病，步履亦康，可行四五里。然九月至四五月，夜寝，两膝尚不能舒也。至年四十六，十月间，寝觉膝湾微汗，伸缩自然。从此日健，能耐劳勚。我汪氏始祖迁萧以来，传世二十，历六百余年，未有科第，余以肤学开先，衰龄入仕，获免大戾归田。数载课子读书，婚娶皆完，孙男林立，芋羹豆饭，夏葛冬裘，差免饥寒，不劳奔走。回念孤寒陈迹，过分多多，薄植粗材，所向如意，先人积庆，钟于一身。去腊患风颇重，复得从容调治，迄于今，兹可不谓重徼天幸欤！

在是年的正月间，朝廷颁诏各府、州、县衙，举荐孝廉方正之士并由朝廷予以表彰。萧山县的士民便具名推举了汪辉祖，被一同推举的还有两位学人之师，一是海宁州的俞超（潄园）和兰溪县的诸葛谓（筠堂），上报待核准。萧山县知县桐城人方于泗（春池）两次为此到汪辉祖家中访察致意。对此，汪辉祖倚枕口述了一封信，命其小儿子专程送呈方春池，坚决予以辞谢，在信中汪辉祖申明了自己辞谢的理由和看法：

日前屡枉旌旟，未克抠迎，小儿传述面谕，将以辉祖充荐举之数，闻命惶恐，背汗交流。伏念辉祖早岁曰孤，寄身宾幕，垂衰筮仕，终挂弹章。草土余生，幸延喘息，授徒自给，等于蒙师。此古人所谓德不修而行不著于时，道不充而材不适于用者。未知执事何所取之，且圣人有誉必有所试，辉祖受治未久，亲炙未深，无寸长自见于左右，未知执事何所信之？熙朝盛典，断不当以无可取，录不足征信之人滥膺荐牍。况举主重任也，与受举者相为终始，辉祖倘不自揣，忝荷齿芬，将来不肖之身设有瑕玷，则所以负执事知人之明者甚钜，自累累人，辱莫大焉。故菲材冒滥，辉祖分不敢居在，贡举非人，执事义宜自重，知己之言，感深膈腑，过情之誉，愧怵梦魂，用敢！

后来，萧山知县拟定申详将此呈报绍兴知府，绍兴知府郏县高三畏（枕山）也在申详上将此信函并加上自己的批语之后，转呈浙江督学仪征阮元（芸台），阮元对此写诗称颂并予以批示：“（汪辉祖）两节母五言古诗由本学转颁。”诗中将汪辉祖被荐举和自己主动请辞的事迹都有所牵缀。其诗云：

龙飞在丙辰，兴廉复举孝。
我为风化司，咨询遍学校。
既无左雄试，恐致别居诮。
安得尽如君，举以答明诏。

汪辉祖收到这首诗之后，自谦地认为愧不敢当，当即禀报致谢。

对汪辉祖坚辞荐举一事仍由浙江学政行文转报浙江巡抚觉罗吉庆，浙江巡抚准萧山县知县拟出汪辉祖辞谢孝廉荐举的公文送浙江布政使衙门备案核销。

六月二十八日，在呈递给萧山县知县辞谢荐举的正式文书中，汪辉祖申明了自己之所以请辞荐举的客观原因：自己在署理道州知州时，曾因受委办理桂阳县何刘氏母子四人命案中，受弹劾而罢职一事，是不符朝廷褒扬孝廉方正之例的。兹录于后：

为旷典不敢滥邀乞赐详销事：伏查乾隆五十五年辉祖于署道州任内，十月初六日奉臬宪委赴桂阳县检验何刘氏母子四命一案，关查邻境谙练仵作未到，十二月初五日公出代验江华杨古晚仔命案，初七日在尸场失足跌伤左腿，医治不痊。至五十六年正月二十九日详请解任调理。因失跌之前未赴桂阳检验，十月间附参革职。五十七年闰四月回籍。长男举人继坊援例就职直隶州州同，加级请封从五品职衔。近年足疾渐瘳，授徒自给。前邑中绅士谬采虚声，具呈公举，过蒙俯允，当即辞谢。今闻郡宪又赐结荐，仰奉抚宪行司结报，訾起不虞，惭无可释。伏念辉祖髫龄失怙，恃母以生。壮岁依人佣书为活，学无根柢，行乏方闻。居家则为子未能，窃禄则服官无状。加以聩聋洊及，衰病相寻。自赋闲居，惟课功于占毕比婴末疾，难征效于耆苓荣乡里以封衔衣冠。忝列冀阶梯于进用，才识惭虚。闻荐牍联翩，扰私衷而歉仄。欣逢盛典，敢希褒异之名，伏处衡庐自乐涵濡之化用，敢沥诚上渎摅悃叩辞。伏乞鉴详转请销案。庶名器不假群材，钦相士之公而奖励真，特诏收得人之效矣。

是年，汪辉祖创笔撰写《元史本证》。

1797年　嘉庆二年　丁巳年六十八岁

汪辉祖居萧山城垣，课子、孙读书。

二月，汪辉祖病体康复，目能视字，便校书。取《廿四史同姓名录》书稿进行校核修订。

五月，身体进一步好转，已能书写，手书《家藏书目序》及《城乡祭规序》，并以之赠子孙。四子继培岁试名列翰林院前茅，从此得以领取朝廷廪膳补贴。绘《汪氏三代合像》二轴，与其继妻曹氏同绘生像。撰“撰美堂”楹联。撰写《敬先箴》《藏书箴》《守身箴》《治家箴》，并请同里乡试举人汤金钊书写出来，以作家传。

汪辉祖与汤金钊堪称意趣最为相契的忘年之交，自此以后，书札往来络绎。

汤金钊，字敦甫，一字勖兹（公元1772—1856年），先世由萧山青田迁居长河，再迁至萧山城厢西门外，汪辉祖归里迁居萧山县城厢后，与汪比邻而居。乾隆五十九年（1794年）举浙江乡试解元。后于嘉庆四年（1799年）中己未科进士，选庶吉士，授编修。嘉庆十三年（1808年），入直上书房，嘉庆十九年，母丧丁忧回籍。嘉庆二十一年（1816年）期满回任，不久升礼部侍郎。嘉庆二十五年转吏部左侍郎。道光元年（1820年）兼户部侍郎。道光六年父丧丁忧归乡，期满入直上书房，实授户部侍郎。道光七年任左都御史，礼部尚书。不久充上书房总师傅。调任吏部尚书，工部尚书，户部尚书之职。道光十八年，以协办大学士调回吏部。咸丰四年（1854年），值其乡试中解元六十周年之际，特加封太子太保衔，并赐御书“庆衍恩荣”匾额。1856年卒，终年85岁，谥文端。

闰六月，汪辉祖罹患疟疾，经医治痊愈后，又罹患脾泄之症，使汪辉祖身体受到极大的损害。

八月，宁远县县民携宁远绅耆柬札来访，见其重病在身，表达了望其病后复出的良好祝愿。汪辉祖作书答谢致意。

九月，其四女出嫁。

是月，其妾何氏病卒，嫡子向汪辉祖请教立何氏神主牌位之法，汪辉祖告之，上书“先庶母”，下书“嫡子某敬立”。

十二月，同族节妇李氏欲以夫兄之独子立继，族人数年不允，李氏诉于汪辉祖，汪辉祖遂援引乾隆四十年之上谕，说服族众准予立嗣。

1798年　嘉庆三年　戊午年　六十九岁

正月初三日，其座师王杰来书。

正月二十五日，汪辉祖回座师王杰书。

是年，汪辉祖居萧山，嫁其第五女于归安县孙氏。

1799年　嘉庆四年　己未年　七十岁

汪辉祖居萧山，其孙汪世锦出生。

是年，重建双节坊。

是年，与同里汤金钊交好，并有书信往还。

六月八日，令其子代笔致书汤金钊，信中请汤金钊代其向戴均元乞双节堂赠言。兹录汪辉祖致汤金钊的书信如下：

弟自壬子旋里，得见曲江风度，即与十三兄（指王宗炎）言，阁下必当为桑梓第一人，并常与同人、儿辈数数言之。今乃始基，深自信相契之有真，相期有在，不敢以俗例道贺。所喜者，堂上盛年具庆，阁下他日可以黑头言色养。此则尊大人纯孝之美报，阁下能以福德承之，为可钦羡耳。读重午日手书，初入词垣，酬应丛集时，即荷垂念草土病夫，足见十四兄老先生古心高谊，兼征局度从客，异时远到之模实忻。且感鄙性朴戆，向承阁下虚怀过爱，每有所言，不知自检，闻者或讶其率，而阁下优容采纳，幸矣。

来翰商及立身之要、为学之方，所见者大非专务进取之士所可几及。弟老而无闻，何足知此，然"守身"二字，是第一生功力。出处不同，守之境界亦别。惟正路是由，脚踏实地，无论遭际，总可头头是道。弟阅事近五十年，所见仕路人不少，大概走此一路者，毕竟颠朴不破。故鄙见以存诚务信为本，充之可以希贤，约之亦不失为端人。功名事业，根基于此，皆可自立。阁下醇笃开朗，未审以为然否？

阁下词章之学之才，即今所就，已为词垣冠冕。弟向谬论学以致用为要，玉堂储才，为异日大用。凡古大臣处常处变之所历，今国家大经大法之所在，及古今事势不同之故，须于读书应事时，一一究心，则刻刻皆有进境，皆有经济。吾乡先辈西河先生之文学，终不若文靖公之勋望也。阁下英年笃志，何所不成，愿勿仅以文人自励，是则区区之素所望于阁下者，敢因下问而一布之。

弟近日眠食如常，书亦倦检，其衰可知。率候升安，不敢令儿代缮，力疾草草，不备上敦山十四兄老先生阁下，弟汪辉祖顿首。六月八日。可亭先生（即戴均元）得间，乞代求双节文字为祷。培儿秉笔请安。

八月五日，再致书汤金钊，向其乞双节赠言，并请代向其在京师的其他友朋乞双节赠言，兹录其信札如下：

仲夏一函奉答，昨闻十一兄言，不随书籍同寄，想早荷照入矣。词林工夫，阁下尽足望。

十四兄老先生读书通古今，储他日致用之本。弟谬谓今日需才孔亟，不学者既蹈无术，徒以粉饰为能务。学者又多迂疏，于时事无济，故有一分识力，始有一分事业。此则非通达事理、稽古有素者，不足以当之。阁下年力志趣，皆优为之，幸勿以词章自隘也。潭府安嘉十一兄，又入仕途，日前言别，弟亦不作世故语赠之，恃阁下交好故耳。

弟今年精神大惫，不茹斋而不知肉味者五月，于兹执笔，更苦举步必得人扶掖，生真如寄矣。尚有请者，近日才人辈出，阁下必多相识。旧存先慈事实三本，附呈左右，千万为弟择人而请，期其必得。弟一息尚存，此念一息不辍，数十年专赖知交推爱，今日所恃为阁下一人，知我最深。切祷切祷，临缄翘切，顺请升祺不既，培、壕两儿秉笔请安。敦山十四兄老先生阁下，愚弟汪辉祖顿首。八月五日。

戴均元，字修原，号可亭（公元1746—1840年），江西大庾（今大余县）人，祖籍安徽休宁。乾隆四十四年（公元1779年）己亥科进士，授编修，迁御史，嘉庆初历官工部、刑部、户部、吏部侍郎。嘉庆十一年（公元1806年）授南河总督，嘉庆二十三年授军机大臣，充上书房总师傅，拜文渊阁大学士，晋太子太保。嘉庆薨，奉立道光，因撰遗诏有误，罢军机大臣。道光三年（公元1823年），督治漳水，次年致仕回籍。因所监修嘉庆陵地宫浸水，逮京治罪，拟重辟，念其耄老，免罪释归，卒年九十五岁。与其兄戴第元及兄子戴心亨、戴衢亨均为乾隆朝进士，时称“西江四戴”，因其兄子戴衢亨亦官至军机大臣、体仁阁大学士，故时人誉之“一门四进士，叔侄两宰相”。

1800年　嘉庆五年　庚申年　七十一岁

汪辉祖居萧山城厢，其孙汪世锫出生。

正月初四，汪辉祖致书汤金钊一函，兹录于次：

正月二日，尊公大人惠临，敬询潭禧增佳，并稔寄回家言“做官原应劳苦”一语，闻之忭慰无似。从来士习、官箴，皆因不明此义，其趣日非。今阁下以此语慰亲，以此志许国，为醇儒，为名臣，岂第为桑梓人望哉。辉祖病废余生，更无他说，为阁下捧土益岱之助矣。家乡自去夏后，盗劫公行，阮公下车不及一月，大案立破，民可安堵，已先受其惠。浙西之漕务亦清，真大臣经济也。辉祖眠食如常，而步履更艰，无可如何。顺候升祺，呵冻濡毫，欲言不尽。辉祖顿首上敦甫十四兄老先生阁下。初四日。去冬奉札敬缴谦任。

四月二十四日，汪辉祖再致书汤金钊一函，向汤金钊及其友人乞求双节赠言，兹录于下：

辉祖顿首奉答敦甫十四兄老先生阁下，二月六日得人日手书，不啻面唔，并惠到赠言二首，具见吾兄锡类之仁，感佩不可言。似征词一事，弟亲为之，尚不易得，况代为请乞乎？必请之非了世故，而应之者亦有至情，方可不朽吾亲，兄勿讶其不易也。弟以无足轻重之人，而三十年来，求无不应，全仗吾友沈青斋启震、邵二云晋涵、孙迟舟辰东三人鼎力。三君始皆孝廉，殚力征求。有未得者，弟复到京面恳。初集有终未识面者，皆三君力也。故间有代作，后见面而复改正书示者，惟其难，是以佳，能事故不受促迫耳。

任子田先生曰："如欠龙庄债，吾知必不以负约绝交。欠龙庄双节诗文，则不得不措其一种，真性人一何忍负之。"子田先生已作古人，念此语犹为泣下。纪晓岚师曰："子乞言时尚为诸生，今已作选人。二母去世已久，犹以此事为急，至诚可格豚鱼。我岂豚鱼不若者，然非惬意，不敢以应。"今所到五古，盖亲见其三易稿、两易韵矣。伏望吾兄勿讶其难，而谆告以白首孤儿待报九原之诚，其庶有悯而许之者，世世子孙当铭大德也。

弟幸眠食如常，惟步履更难，作字更苦，谷塍言兄留心经济，甚慰。惟"有治人无治法"六字，真当今要语。以圣天子洞悉民隐，为百姓谋利益者，百姓不能自言，至尊曲折代言之。弟草土余生，每读恩纶，不觉涕零，而亲民者若惟恐民之知也，真不解其故。利于民则不利于官，借弥补亏空之一言，下以欺民，上以欺大吏。为大吏者亦若亏空，必可弥补，忍受其欺而不问究之。弥补何如，民不能知，大吏亦不能权其实在出入而确核之。大吏无不洁己，州县愈可肥家。官不爱民，民不亲官。弟生如寄，未知亏空何时补足，而圣恩之实能逮下也。兄不从此处留意，则积储亦病民之术耳。

病手不能多书，顺申谢悃，并候升祺，不宣。庚申四月廿三日，辉祖顿首谦侄叩缴，培、壕两儿侍笔请安。

十二月十三日，汪辉祖致函汤金钊，除向汤金钊受托代乞双节赠言外，并致意其对自己的儿辈着意关照栽培，兹录于后：

辉祖顿首上敦甫老先生阁下，七月三日得五月廿三日手书，并征示赠言三首，皆自有作意。古人所谓事情相称者，非应酬之作，固由大君子锡类之仁，然非阁下之推诚以求，何能致之。衔感五中，言不能喻，前后五公已令儿坊代谢，并乞多多转道余有乞而未得者，祈命儿坊亦为亲叩。向者初集皆蒙良友布悃，已登姓氏卷首。二集俱是亲求，今初集之刻入作者诗文本集，已二十余家。良友之德，没齿不敢忘。今将没齿矣，而阁下念之谆之，一致于此，真求之而不敢必之，乃得之如是，是先人之灵爽凭之也。当且有报于冥冥者，非辉祖所能知矣。抑有重望者，鲍以文兄得明《双节堂跋》，旌于宣德年，跋于靖庆中，皆撰人姓氏，而节妇姓里无考。辉祖附刻二集后，辗转属考，意不可得。昨年儿子于书肆旧帙中，抄得堂记一篇，佚作者姓名，而小序所载事迹与跋相合。节妇是妯娌，夫姓朱，子为侍御，是以作者多达人名士。佚名之人，似系明末人。以二百余年，元仍尚为征文，见朱节妇之流泽甚长，窃以望之子孙，而辉祖不肖，恐不能得之，是可惧也。

阁下德学并懋，祈有以训儿辈耳。辉祖精力大惫，观所写字，可见其概，昨得句云："万一加年儿福命，寻常送日病时光。"其意当阁下知之。草草敬请升安，屡札谦光溢分，祈福之至，不勿再尔，余不尽言，诸维丙照。十二月十三日，辉祖再顿首上。

是年，汪辉祖完成《元史本证》一书。

《元史本证》，乃汪辉祖积穷年之力，以《元史》文本为凭，除间有录自钱大昕《廿二史考异》外，不假他书，校勘厘正《元史》之事迹舛阙、音读歧异，故谓之《本证》，分为《证误》（23卷，1800余条）、《证遣》（13卷，1000余条）、《证名》（14卷，900余条）共3700余条，《元史》素以芜杂为人所诟病，经汪辉祖辨讹补漏、去芜存精之后，其史料价值为之大增，尤其是对蒙古人、色目人的人名音读异译之考订，更足以让人信服。该书除个别条文明确注引钱大昕《廿二史考异》外，尚有未注引的由其子汪继培增补的个别条文。此书受到《元史》学家的普遍推重，认为研读和利用该书，以科学方法整理研究《元史》，方能使元史理臻信实。

1801年　嘉庆六年　辛酉年　七十二岁

是年，汪辉祖居萧山城厢。

三月六日，汪辉祖致书汤金钊一函：

弟今真木偶，一切儿培自能面言。惟屡荷征词，以宠先人，感难言似。各处儿培礼应代为叩谢，乞十四兄命之，有应乞者再命亲叩。可亭先生幸阁下转为致意，培当以年家子面请也。此时除乞言外，更无一事到心矣。废物可愧，草候升安不一。敦甫十四兄老先生阁下，弟汪辉祖顿首。三月六日。

另有一函，系从汤金钊后人手中得到的汪辉祖手迹，但并未注明致书对象，据胡适先生考证，疑其或许是汪辉祖写给其他人的，但从此信札来自汤金钊后人家藏，再加之据汪辉祖本人著述可知，汪辉祖晚年归里乡居之后，只曾委托汤金钊为其在京代乞双节赠言，故普遍认为，此书当为汪辉祖致汤金钊函，兹录于此：

阁下今在词垣有声望，为大君子所推垂，辉祖为二母乞言后启曰，□□没齿□□□矣，且有道德而能文章者，多萃于京师。老病无以自通，事实五本，乞阁下为我求之，即没齿，幸无孤此志也。辉祖顿首。表章里人，亦公之事也，不敢以时日记，又恳。

此信函与前六封信札，据胡适先生考证，系汪辉祖于嘉庆四年（公元1799年）所书，著者未见胡适先生考订本末实证，故未采信。

1802年　嘉庆七年　壬戌年　七十三岁

汪辉祖居萧山城厢。

是年，孙汪世钤出生。

撰写、修订《三史同名录》《元史本证》和《贻谷燕谈》。

长孙汪世钟娶妇沈氏。

《三史同名录》，又称《辽金元三史同名录》，由汪辉祖辑录后，其子汪继培进行了补订，共40卷。取辽、金、元三史中同名者分别辑录，辽、金以名为纲，而以异姓者分列于后，元以蒙古、色目及辽金部族为主，而以汉姓者附存之。首字以韵相次、次字以部相从，考订其异同，各为次第，旁考及五代、宋、明诸史，以资参证。每一名字之下，详细注明同名者每人职衔爵位及出处卷数。有《辽史同名录》5卷、《金史同名录》10卷、《元史同名录》20卷，同名见于二史、三史或异史同名各止一人，及一史已有同名，而他史别出一人者，为《总录》2卷，《五代史》《宋史》《明史》之人名同于"三史"者，为《附录》2卷，另有《叙录》1卷，即汪辉祖编撰此书的原委、凡例和总目录。

1803年　嘉庆八年　癸亥年　七十四岁

汪辉祖居萧山县城厢。

二月，汪辉祖厘定《元史正字草稿》《二十四史希姓录》《读史掌录》《过眼杂录》。

是年，孙汪世锡生。长孙女嫁叶氏。

《元史正字》，又称《元史正字草稿》，共8卷，汪辉祖将《元史》中讹舛异体字进行厘清订正而撰写的，对研读《元史》有辅助性的工具书作用。

1804年　嘉庆九年　甲子年　七十五岁

汪辉祖居萧山城厢。

八月，其子汪继培乡试中举。

其孙汪世铣出生。

1805年　嘉庆十年　乙丑年　七十六岁

汪辉祖居萧山县城厢。

四月，其子汪继培会试中进士。

是年岁暮，好友鲍廷博来访，汪辉祖与其分手后，作遗令，一方面总括自己生平行状，另一方面亦以此告诫后人：

自忆平生，秉性戆直，不能谨言。虽幸亲知曲谅，未干大戾，而事后之悔，纷不可追。惟敬鬼神三字，服膺勿失。向幕游时，每到馆次日，斋诚诣城隍庙诉不得不幕之故，默誓神前：念稍苟且，神夺其魄。是以兢兢自懔：凡不可入庙之事，俱不敢为。后吏宁远亦然，水旱祈祷，无不立应。疑狱二事，灵佑昭然。此余治心之实学也。自读姚端恪公：“常觉胸中生意满，须知世上苦人多”之句，偶生怨尤，立时悔悟。佐幕时自撰：“苦心未必天终负，辣手须防人不堪”一联，书以自警。尤举念可质鬼神。病废十一年，犹得徼天之幸，及见子孙辈读书成立，未必不由于此。吾子孙善承之而已。二三月来，痰多气滞，精神愈惫，不愿开口，不愿见人，并不愿闻家事。命继坊重缮曾祖以来祭规，俟吾夫妇百年后，城居三房轮值，墉、埗二房乡居不便，酌付祭产数亩，令其自祭。因念余身后百事预备，口定终制，撒手即可治敛，附身附棺，诚敬如礼，断断不可用僧道鼓乐树灯等项。余四世单传，房族无应服之人，距乡路远，不须分帛。自至亲密友之外，不必遍讣。七日原可发引，或有月日避忌，亦当选择，但不可解放军远停住中堂，致使魂魄不安。吾墓远在山阴，会葬以劳亲友，宜敬辞之。万不可已者，及门而止。俗例至亲有祖道之祭，此最无谓，当以遗命勿受。吾生无益于世，然守先人之训以节俭自持，儿辈治丧宜体此意，惟馈奠依礼用牲，此外素膳最宜，不必行酒，无得丰侈肴馔，烹宰暴殄，陷吾于不节不俭。可以此语，揭于柩前。亲友食于有丧之侧，谅不以口腹责人也。丧事称家，切不可负债饰观，贻吾后累，吾平生不敢累人，又何忍死累子孙。余一生谨慎不敢造孽，未必仗二释解脱，即有罪恶，亦非二氏之徒所能忏悔，七七毋令僧道僧道治忏醮，余治命如此，万勿故违……

1806年　嘉庆十一年　丙寅年　七十七岁

是年，汪辉祖居萧山县城厢。

是年，撰《梦痕录绝笔》。

中秋后，撰《俟命诗》四首：

一

得过中秋亦见霜，未来岁月可谁量。
起居是处需扶掖，眠食由来自主张。
去早去迟心总惬，名存名没事何常。
惟余一念增凄惋，师友凋零孙两殇。

二

萦回畴昔闷难堪，阅历因缘仔细探。
可奈物情争绚烂，几曾家食恣肥甘。
生涯到此生余几，世务关心事尚谙。
邸报传钞频额手，纶言崇朴圣心覃。

三

结习深深老蠹鱼，精勤聊借补荒疏。
销磨岁月经兼史，检查篇章卷更舒。
润饰尚期师一字，工夫何忍负三余。
十年前与家人约，欲回首时先废书。

四

茧室亲营十一年，口裁终制意欣然。
不丰不俭行吾素，全受全归去自便。
嫁娶早完儿女累，时尽仅畀子孙传。
巡檐索共梅花语，便许勾留只信天。

得过且过，中秋已过，万类霜天，草木凋零，垂老迟暮中的汪辉祖对未来岁月已无所期许，已时时处处需人“扶掖”的“起居”生活固然有诸的不便与无奈，但在汪辉祖看来，老病衰朽之人，尚能“眠食”自如，已是万幸中之大幸了。对人生已了无挂碍，生死由天便是惬意，声名存没更无须挂怀。唯有故交零落，让其心中戚然。人生过往已成烟云，功名荣华、世事道义，虽辗转眉头心上，却也无须萦心系怀。经、史浸润，立言著书，是自己一生岁月消磨积习使然，更是自己一生之孜孜以求，衣食温饱的劳顿，父母子孙的奔波，临老终去，连生命的去留，也都不可如何，而不得不任由天命。汪辉祖悲秋情愫里，在垂老迟暮的况味中，表现了自己对待人生及生死的达观态度。

1807年　嘉庆十二年　丁卯年　七十八岁

汪辉祖居萧山县城厢，病重。

三月二十四日，为其第五子汪继壕继娶娄氏。

三月二十四日未时，汪辉祖辞世，享年七十八岁。

回望汪辉祖一生，在幼孤家贫艰困中，在两节母的庇佑严饬下，不屈不挠，矢志律己，一生科举求仕，游学、课徒、佐幕、服官、著述，不甘平庸，力争上游，其孜孜以求的勤勉努力与熠熠生辉的幕业政绩，诠释了他名、字中焕曾辉祖的美好意涵，成就了他生前与身后的美名。汪辉祖辞世之后，一时哀荣昭彰，显耀无比，不少名流显宦纷纷为其立行树传。王宗炎述其行状，阮元为之立传，洪亮吉撰墓志铭，潘世恩书墓表，汤金钊作祭文，吴锡麟撰诔，梁同书、王绍兰为之作像赞，邓廷桢为其题像，吴骞等作挽诗。无不将“名幕”“循吏”“良臣”的赞颂之辞作为其一生的盖棺定论。王宗炎在其所书的汪辉祖行状中。用“事亲为孝子，佐治为名幕，入官为良吏，里居为乡先生，教子孙为贤父师，可谓有德有言、学优而仕者”概括他的一生。洪亮吉在其为汪辉祖所作的墓志铭中也有类似的评价：“计君一生，在家为孝子，入幕为名流，服官为循吏，归里后复为醇儒。律身则全受全归，应物则实心实政。呜呼，君亦可为完人矣。”汪辉祖用其一生之行藏书写演绎了醇儒、名幕、循吏和孝子贤孙、良师益友所应有的题中意涵。后世编撰的《清史稿》《国朝先正事略》《国朝耆献类征》《清儒传略》《清儒学案》和《萧山县志稿》等史籍文献中，都有汪辉祖的专传，且无一不对其推崇备至。汪辉祖其人其事的品行功业、其书其学的造诣学养，自清中晚期而至近现代甚至于当代，无不有着其自身存在的特殊价值和影响，更是以绍兴师爷第一人、清代第一刑名师爷的声名而影响深远。

附录

循吏汪辉祖传

阮元

君姓汪，名辉祖，字焕曾，号龙庄，晚号归庐。浙江萧山人。父楷，官河南淇县典史，娶方氏，无子。侧室徐，生君。方卒，继娶王。君生十一年而孤，王与徐抚且教，世称汪氏两节母。君才识开敏，年十七补县学生员。练习吏事，前后入诸州、县幕，佐人为治，疑难纷淆，一览得要领。尤善治狱，平情静虑，侔镜揣形，多所全活。以其暇读书，年三十九举于乡。又七年，成进士。需次谒选，得湖南永州府宁远县知县。县杂猺俗，积逋而多讼，前令被讦去，摄者政姑息，黠者益伺间为挟持地。流氓强横，势汹汹，君下车即掩捕其尤，而趋余党出境。征赋期迫，君用书告民，剀切诚至，民读之惭且感，相戒勿负好官，不逾月而输赋足额。治事廉平，尤善色听，剖条发蕴，不爽轻重，及其援据比傅，惟义所适，律之所穷，通以经术，所决狱辞，不可殚述。人藉藉颂神明而君亦焰然，听毕辄问堂下观者曰："允乎？"佥曰："允矣！"遇罪人当予杖，呼之前曰："律不可逭，然若受父母肤体，奈何不肖亏及之。"再三语，罪人泣，君亦泣。或对簿者反代请，得保全去，卒改行为善。延见绅耆问民疾苦，四乡广狭肥瘠，人情良莠，皆籍记之。然后教民多种植、知礼让、惜廉耻，诫昏礼之费而民知俭，禁丧礼之酒而民知哀，僻塞之俗，翕然丕变，岁以大稔。复行乡饮酒宾兴礼，祭建节孝祠，行保甲，政声大播。他邑有讼，闻移君鞫则嘉。宁远当食淮盐而邻境多食粤盐，淮盐直数倍于粤，民多食粤私，大府遣营弁微服侦捕，人情惶扰。君为帖白上官，请改淮引为粤引，久之未报。君引例张示谕民零盐不及十斤者听，侦弁谓君故纵私，闻于总督。君复揭辨，谓县官当绥靖地方，张示于民势非得已。揭上，总督镇洋毕公沅大嘉赏，立驰零盐之禁，时伟其议称莽知县云。官宁远未及四年，以足疾自劾免，时大吏已疏调君善化，疑君诡疾有所避，竟坐是夺职归。民空邑走送境上，老幼泣拥舆不得行。君归里值西江塘告险，关数邑田利，巡抚觉罗公长麟吉庆，先后遣官劝君董其事，不获辞，兴事任工，定费钱二万八千九百缗，用君议增工倍之，而省钱六千三百余缗，工用坚实。君一渡江谢巡抚，归而闭户积书数万卷，不问外事，暇辄手自雠校以撰述课子孙。嘉庆元年，诏举孝廉方正，邑人以君应，君辞。君少尚志节，老而愈厉，持论挺持不可屈撼，而从善如转圜。尝自谓生平得力在吃紧为人四字，故其自治汲汲孽孽，不予以暇，性至孝，痛父早殁，而母孤苦，抚己成立，撰父母行状，乞天下能文章者，以没身为期，凡传志铭诔赋诗数千百篇，汇为《双节堂赠言集》，多至六十二卷。自以孤子所系甚重，故终身于守身之义凛凛自防，罔敢陨越，官私一介不取而不以所守自矜。有誉之者，君怫然曰：‘为淑女蹇修而称其不淫可乎？’为文质而有法，诗寄兴深远，尤邃于史，留意名姓之学，读书贵通大义，凡所论述，期实有济于用，所交多老宿以道谊文章相切劘。所著书有《元史本证》五十卷、《读史掌录》十二卷、《史姓韵编》六十四卷、《九史同姓名略》七十二卷、《二十四史同姓名录》一百六十卷、《二十四史希姓录》四卷、《辽金元三史同名录》四十卷、《龙庄四六稿》二卷、《纪年草》一卷、《独吟草》一卷、《题衫集》三卷、《辛辛草》四卷、《岫云初笔》四卷、《楚中杂咏》四卷、《归庐晚稿》六卷、《汪氏追远录》八卷、《越女表微录》七卷、《善俗书》一卷、《庸训》六卷、《过眼录》二卷、《贻谷燕谭》三卷，其尤著者有《学治臆说》四卷、《佐治药言》二卷。嘉庆十二年，年七十有八卒。子五人，长继坊丙午举人，第四子继培，乙丑进士吏部主事。

论曰：天下虽大，州县之积也。州县尽得孝廉者治之，则永治矣。予读《学治臆说》《佐治药言》，未尝不掩卷太息，愿有司司之治若汪君也。余抚浙尝行其书于有司，权抚河南，复刊布之，士人初领州县，持此以为治，虽愚必明，虽柔必强。是故学与仕合，济于实用，其道易知，其迹易由，其事尽人能之，而其业亦终身莫能竟。君循吏也，然孝子也，廉士也。呜呼，良吏之必举于孝廉者：观于汪君，其效不益睹哉！

（按：阮文达视学浙江时，汪辉祖尚在，虽未曾谋面，已有书问往来也。）

汪辉祖传

汪辉祖，字龙庄，浙江萧山人。少孤，继母王、生母徐教之成立。习法家言，佐州县幕，持正不阿，为时所称。乾隆二十一年成进士，授湖南宁远知县。县杂徭俗，积逋而多讼，前令被讦去，黠桀益肆挟持；又流丐多强横。辉祖下车，即捕其尤，驱余党出境。民纳赋不及期，手书谕之曰："官民一体，听讼责在官，完赋责在民。官不勤职，咎有难辞；民不奉公，法所不恕。今约每旬以七日听讼，二日较赋，一日手办详稿。较赋之日亦兼听讼。若民皆遵期完课，则少费较赋之精力，即多听讼之功夫。"民感其诚，不逾月而赋额足。

治事廉平，尤善色听。援据比附，律穷者，通以经术，证以古事。据《汉书。赵广汉传》钩距法，断县民匡学义狱；据《唐书。刘蕡传》断李、萧两氏争先陇狱：判决皆曲当，而心每欿然。遇匪人当予杖，辄呼之前曰："律不可逭，然若父母肤体，奈何行不肖亏辱之？"再三语，罪人泣，亦泣。或对簿者，反代请得免，卒改行为善良。每决狱，纵民观听。又延绅耆问民疾苦、四乡广狭肥瘠、人情良莠，皆籍记之。

宁远例食淮盐，直数倍于粤盐，民食粤私，大吏遣营弁侦捕。辉祖白上官，以盐愈禁则值愈增，私不可纵，而食淡可虞，请改淮引为粤引。未及报，辉祖即张示："盐不及十斤者听。"侦弁谓其纵私，辉祖揭辨（辩），总督毕沅嘉之，立驰零盐禁，时伟其议。两署道州，又兼署新田县，皆有惠政。以足疾请告，时大吏已疏调辉祖善化，又檄讯邻邑狱，因足疾久不赴，疑其规避，夺职。归里，闭户读书，不问外事。值绍兴西江塘圮，巡抚吉庆强辉祖任其事，帑节工坚，时称之。举孝廉方正，固辞免。

辉祖少尚气节，及为令，持论挺特不屈，而从善如转圜。所著《学治臆说》《佐治药言》，皆阅历有得之言，为言治者所宗。初通籍在京师待铨，主同郡茹敦和，论治最契。同时朱休度并以慈惠称。

（录自《清史稿·循吏列传二》）

萧山县志稿·汪辉祖传

汪辉祖，字焕曾，号龙庄，父楷，河南淇县典史。辉祖年十一而孤，家奇贫，继母王、生母徐，且鞠且诲，至于成立。年十七，补县学生，练习法家言，前后入诸州县幕，得金以养母。乾隆戊子举于乡，乙未成进士。越十年，选授湖南宁远县知县。丁未四年莅任，下车即掩捕流丐之渠，而尽殴余党出境。征赋期迫，为书告民。民读之大惭悔，未逾月而输赋足额。治事廉明，尤善色听，剖条发蕴，不爽轻重。及其援据比傅，惟义所适，律之所穷，通以经术。县民匡氏养陈氏子学义，其后自生子学礼，而命学义归宗。学礼取于李，生胜时病且死，属学义佐治家事。李频年增田百亩，然其契皆署学义李氏合买字，而胜时不知也。既而学义欲平分租入，李诉之县。辉祖钩距得实，学义叩头服罪，悉以田还李氏。刘开扬与成大鹏争山不胜，乘弟开禄病垂毙，负以登山，使子闰喜击杀之，控大鹏殴毙。大鹏诉争山诚有之，无相殴事。辉祖祷于城隍神，夜鞫之神祠中。而闰喜闯门自陈杀人状，狱遂定。人藉藉颂神明焉。顾辉祖自是治狱益慎，听毕必问堂下观者，曰允然后判牍。遇罪人当予杖，呼之前，语以律不可恕，然若奈何辱父母肤体？再三语，罪人泣，辉祖亦泣。或对簿者反代为谢，得保任去，卒改行为善。延见绅耆，问民疾苦，所语皆籍记之。令民广生计，种杂谷，毋泄水，毋烧山。教之为灶以爨，毋悬釜造酱若醢，无徒食盐。诫昏礼之浮费，而民知俭；禁丧礼之酒肴，而民知哀；严嫁孀之法，而民知节；明处女可为继室，而民知娶再醮之耻。岁大稔，复行乡饮酒礼。修城垣，缮坛庙，建节孝祠，葺崇正书院，行保甲法，奸宄远遁。旋兼摄新田令，治如宁远。他邑有讼，闻移鞫则喜。宁远例食淮盐，民因值昂，多食粤私。淮引壅滞，大吏遣营弁侦捕，人情惶扰。辉祖为揭以白，请循郴桂二属例，改淮引为粤引，久之未报。辉祖张示谕民，零盐不及十斤者听。侦弁谓令故纵，闻之总督。辉祖复以邀辨，谓营弁止守功令，县令当绥靖地方，张示谕民，势非得已。揭上总督，毕沅大嘉赏，立驰零盐之禁。在宁远未及四年，辛亥二月，摄道州牧。甫逾月，调善化，以足疾乞休。大府疑诡疾规避，竟坐事夺职归。涂出宁远，民空邑走送境上，有从至长沙者。既归，迁居城南之苏潭，自筑生圹，号归庐。癸丑，西江塘圮，山阴、会稽、萧山三县民输赀合筑，巡抚觉罗长麟檄辉祖董其事。辉祖乃集邑人士议定，减价增工，上之大府。会长麟公擢督两广，继之者觉罗吉庆亦雅重之，所请辄报可。初定条块石工一百七十八丈，需钱二万八千九百缗。用其议，增工至二百二十余丈，省钱六千三百八十七缗。事竣，渡江一谢大府。归而闭门著书，不交当世。辉祖复述邑中牧之宜减，南沙之宜改隶，陈之枢府王文端公杰。厥后巡抚阮文达公允奏准减租，巡抚蒋公攸铦奏准以海宁之南沙来隶，一如辉祖言。嘉庆初元，举者孝廉方正，复以足疾辞。十二年三月卒，年七十有八。性至孝，恸父早殁，两母茹苦鞠孤，撰父母行状，遍乞当世能文章者，以殁身为期，凡得传、志、铭、诔、赋、诗数千百篇，汇为《双节堂赠言集》二十六卷。凡所论述，期济实用。著书甚夥，而《元史本证》《史姓韵编》《九史同姓名录》《二十四史同姓名录》《二十四史希姓录》《辽金元三史同名录》为最著。其《学治臆说》《佐治药言》，行世尤广。子五：继坊，后改名光浩，乾隆丙午举人，候选直隶州州同；继墉，福建长泰县典史；继序，候选从九品；继培，自有传；继壕，国子监生。

（录自1935年《萧山县志稿》）

2019年10月，夜郎迁客初稿于懒逗猫不惹狗斋

2020年9月，二稿于懒逗猫不惹狗斋

2021年1月，三稿于懒逗猫不惹狗斋

2021年3月，四稿于懒逗猫不惹狗斋

2021年4月，定稿于懒逗猫不惹狗斋

2021年8月，再校稿于懒逗猫不惹狗斋